人文体育研究文库

江苏省体育科学研究所博士后工作站期间成果
扬州大学体育学博士后流动站期间成果
南京体育学院国家培育课题"新时代体育消费促进与体育产业高质量发展研究"（PY202002）
江苏省社会科学基金项目"健康中国背景下体育产业结构转型研究"（19TYB005）
南京体育学院体育教育与人文学院学术著作出版资助计划支持

体育产业高质量发展研究

——基于健康中国背景下的体育消费视角

◎ 焦素花 著

南京大学出版社

图书在版编目(CIP)数据

体育产业高质量发展研究：基于健康中国背景下的体育消费视角 / 焦素花著. — 南京：南京大学出版社，2023.3

(人文体育研究文库)

ISBN 978-7-305-26595-2

Ⅰ.①体… Ⅱ.①焦… Ⅲ.①体育产业－产业发展－研究－中国 Ⅳ.①G812

中国国家版本馆 CIP 数据核字(2023)第 025298 号

出版发行	南京大学出版社
社　　址	南京市汉口路 22 号　　邮　编　210093
出 版 人	金鑫荣
丛 书 名	人文体育研究文库
书　　名	**体育产业高质量发展研究**
	——基于健康中国背景下的体育消费视角
著　　者	焦素花
责任编辑	苗庆松　　　　编辑热线　025-83592655
照　　排	南京开卷文化传媒有限公司
印　　刷	苏州市古得堡数码印刷有限公司
开　　本	718 mm×1000 mm　1/16　印张 12　字数 210 千
版　　次	2023 年 3 月第 1 版　2023 年 3 月第 1 次印刷
ISBN 978-7-305-26595-2	
定　　价	55.80 元

网　　址:http://www.njupco.com
官方微博:http://weibo.com/njupco
微信服务号:njuyuexue
销售咨询热线:(025)83594756

* 版权所有，侵权必究
* 凡购买南大版图书，如有印装质量问题，请与所购
　 图书销售部门联系调换

序

焦素花博士跟我做博后研究,她两年时间写出了研究报告《体育产业高质量发展研究——基于健康中国背景下的体育消费视角》,被南京大学出版社纳入了出版计划并由我写一个序言。

这几十年里关于体育产业的研究,已有了许多论文与论著,在研究逻辑与问题结构的分析中有所突破,诞生新思想、新观念,产生新方法,是十分重要的,也是学术进步的表现。焦博士申报博后项目选题时,我与她讲述了我对体育产业研究的立论方式的看法——应从消费入手讨论产业。讲体育消费,要解决消费的观念问题,这也是中国职业体育发展中至关重要的议题之一。体育消费行为变化与新的余暇生活方式生成的关系很难通过几个核心变量来检验(从而构成 A 导致 B 这样的假设),社会生活变化的问题与个人体验和诠释密切相关,更适合通过质性研究,通过深描、扎根、叙事等方式来探究。

我们讨论"体育消费",实际是讨论人的消费行为。它是客观存在的研究对象吗?不是的,客观存在的是具体的某个人的消费行为。这就像牛顿研究的物理学,并不是研究"苹果落地"这个"发生",而是研究"这个发生"如何得以可能,也就是说,牛顿研究的不是"物体",而是"物体的概念"。因此,"体育消费"行为研究的不是"某某某买运动健身卡""某某某跑步或者打球""某某某看NBA",而是这些具体发生了的行为"意味着什么",也就是说,研究对象是要经过思维提炼出来的,注意,提炼出来不等于"创造",熟知并非真知。这个思路在于强调,研究体育消费,其实探究的是消费者行为的主体性特征。体育消费行为并非完全源自于理性,是人的一种主观性心理需求的表现。人们追求体育消费必然有其内在根据,并表现为强烈的行为动机,这种行为动机是一系列复杂的相关因素的综合产物。要形成学术创新,要对体育消费行为追根溯源,通过对体育消费者做行为叙事研究,做一个结构方程体育产业模型的回归分析是不能完成的。

体育学是研究人的运动行为的学科,作为方法论的"运动行为志"的行为叙事研究在体育学术研究实践中,因其研究成果解决问题的有效性而被学界接受。在焦素花博后项目的开题论证会上,我讲了对这个项目问题结构的理解,在特定的时间段里,某种社会环境下体育消费行为出现了变化,我们在文献整理中发现多数研究是从供需关系,包括供给制改革,解决老百姓的需求和供给不足的矛盾等来分析变化原因的。体育消费行为究竟应该如何研究,研究者应如何揭示行为真相呢?我们知道消费是通过环境(比如体育俱乐部、健身房、运动协会等等)对主体系统的影响而产生的,体现了行为主体对这种环境的"主动"关系。人作为解剖学的研究对象,本质上与矿物学的研究对象——矿石没有什么不同,矿石不过是无生命的自然物;然而体育学面对的是活生生的人。历史学研究历史人物,也不是历史上曾经存在过而现在已经消逝的肉体,应该是长存于历史中的精神存在。体育学研究人的运动行为,既不是因素论分析中的相关性研究,也不是具体哪一个人的运动行为特征描述,而是要用具体行为人的切身感口述来验证提出的人运动行为特征的本体论假设。人的运动行为特征的本体论假设,作为体育学的"公理系统",构成其全部推论的出发点和逻辑根据。体育学的实证研究为人的运动行为研究提供证据,但是体育学的根据是本体论的。所以,体育消费行为产生的那些外部条件,可以称之为环境教育,它们能够起到培养人的运动素养的作用。但是客观的环境教育究竟能不能激发主体的文化行为特征,两者并不存在必然的因果关系。这个博后研究项目用供需模型从因素论切入来讨论,恐怕很难获得真实性的把握。而进入体育消费行为叙事研究,在个体材料的基础上获得的代表性分析,要比结构方程的函数关系更接近问题结构的真相。人是运动行为的主体,那么要研究体育参加社会构建,体育在社会文化中的意义,则要把"体育中的人"理解为"历时行为"的主体,为此,研究体育消费就是研究人的运动行为的历史变化。

体育消费具有主动性,而不单单是功能性的。所以研究体育消费,主要的不应该是从供需模型来建立相关性分析。此博后研究项目需要完成三个层次的行为叙事：第一，问题结构的建立，依赖于文献阅读中学术史报告的文本分析撰写，这是叙事中的"事实呈现"部分。第二，有理论依据并有逻辑思路而构建的"文本细读"呈现，对体育消费行为的历时性叙事，这是研究者"现实分析"的叙事部分。第三，依赖于切身感材料形成的口述史证据，这又是与体育消费行为变化"现实分析"部分形成的互证叙事部分。

体育消费行为的理性分析——我认为绝对不能高估理性的魅力，我承认理性是人类的希望，但是理性的局限性亦是明显的。理性可以回答体育消费中价格如何随供需条件的变化而变化，但是无法有效回答各个人的运动素养和项目爱好究竟是如何形成的。体育消费如果从管理学的视角去看，就是如何"创造顾客"，因而有两种基本功能：行销与创新。行销的目的在于将主体人的潜在需求转化为实际需求；创新则是通过人力、物力创造更大财富的任务，用超越已有的方法满足主体人的需求。这里蕴含了一个支配性的动力源，即成本。系统的适配性程度，只有在系统的场景中才能得到检验；任务切割的合适与否，也只有在集成过程中才能查验。要研究体育消费，必须研究消费主体，特别是从内外关系去研究，不能仅仅是从外部条件来讨论。基于这样的立论，我给焦素花博士的项目书做了具体讨论。第一，论题是"变化研究"还是"行为研究"要斟酌。从设计的内容看，项目采用的是现实调研分析，不是历时性的梳理，变化似乎不是重点。第二，报告的指导性思想是从整体上进行审视，但以江苏为调研地，我认为，在研究的过程中，需要对江苏的体育消费人群进行一个整体性的描述，这是对江苏能够作为问题分析与互证的事实材料的重要依凭。第三，选题价值中"丰富与完善"这一方面的内容较缺，要有具体的内容说明。体育消费行为理论的创新不外乎是提出了体育作为文化消费内容的特色——观赏、参与、体验。文化消费研究从"观看"维度做得比较多，而从观赏、参与、体验三者综合与通融去研究得较少。第四，消费行为研究的焦点大多是"供—需"模型，而这项研究是从体育消费者的运动行为切入，关键词为"观赏、参与和体验"，最终落脚到本体论的思考层面。

体育，既存在于一切人群的生活中，针对不同的人，又有差别，比如不同阶层地位的人呈现出差异化的体育参与状况，因此，研究体育消费行为，互证叙事是正道,用结构分析的方式分析人的运动行为,相比较而言,存在很大缺陷。我们习惯于一种"概率论"思维,概率性是或然,不是必然。为此,求"正态分布"体现"客观",然而主体性行为的"客观"究竟应该是什么,我们就追问得少了。口述史材料可以是感觉的、切身体验的,也可以是断论、观点、思想、判断,这取决于你"如何问"。那么,对于口述史逐字稿有一个文本分析与提取证据的过程,就是"材料如何成为证据"。材料本身不一定是证据,只有材料构成"关系"时才可能是证据,也就是如何把"材料做活"。

体育学的运动行为志,以运动情境中"具体的"运动行为呈现为要旨,唯有运动行为者的口述史材料为"质料"的行为叙事,才有可能逼近运动行为实践中的"真问题"。"数据化"证据确实能回答问题,只是这种回答是对运动行为的非直接性判断。只能提供"数据关系"的分析方案不能解决运动"行为"发生本身的问题,为此从运动者的"行为"出发,建立运动行为叙事与数据化测试的互证关系,才是体育学行之有效的方法学。焦素花博士在博后项目研究中,再次实践了运动行为叙事在"体育产业的消费行为"分析中的学术价值,以及探寻问题真相的有效性,这也是此本项目研究书稿的学术创新点所在。

是为序。

程志理
2022 年 12 月

目 录

第一章 导　论 …………………………………………………… 001
　第一节　研究背景 …………………………………………………… 001
　第二节　研究问题 …………………………………………………… 007
　第三节　研究关键词 ………………………………………………… 009
　第四节　研究意义 …………………………………………………… 011

第二章 研究内容结构与研究方法 ……………………………… 015
　第一节　研究内容结构 ……………………………………………… 015
　第二节　研究方法 …………………………………………………… 019

第三章 文献综述及理论框架 …………………………………… 028
　第一节　文献综述 …………………………………………………… 028
　第二节　理论基础 …………………………………………………… 042

第四章 改革开放以来我国体育产业发展的历史回顾及体育消费观念史证
　………………………………………………………………………… 048
　第一节　改革开放开启体育产业的萌芽发展(1978—1991) ……… 048
　第二节　市场经济推动体育产业的改革深化(1992—2000) ……… 055
　第三节　奥运筹办带动体育产业的发展壮大(2001—2013) ……… 063
　第四节　中华民族伟大复兴促使体育产业的全面崛起(2014至今)
　　……………………………………………………………………… 070

第五章　我国体育产业发展的内在逻辑、经验及瓶颈问题 ………… 084

第一节　我国体育产业发展的内在逻辑 …………………………… 085
第二节　我国体育产业发展的经验提炼 …………………………… 090
第三节　我国体育产业发展中的瓶颈问题 ………………………… 095

第六章　体育产业发展形成体系的历时性跨国比较分析 ………… 099

第一节　英国职业体育产业制度的发展历程及其原因分析 ……… 100
第二节　美国职业体育产业制度的发展历程及其原因分析 ……… 107
第三节　我国职业体育产业市场的发展现状及反思——以江苏苏宁足球俱乐部破产案为分析个案 ………………………………… 113
第四节　西方现代体育产业市场的演化路径及其推广局限 ……… 119

第七章　体育消费实践的社会建构与其产业制度变迁再思 ……… 126

第一节　国外体育产业体系经验镜鉴 ……………………………… 126
第二节　我国体育消费实践中的悖论事实及社会学分析 ………… 131
第三节　体育技能形成的社会建构 ………………………………… 138
第四节　制度中的历史：制度变迁再思 …………………………… 140

第八章　健康中国背景下的体育产业高质量发展思考 …………… 146

第一节　当前我国体育消费促进产业发展存在的问题 …………… 146
第二节　体育产业高质量发展的研究进展及其困境 ……………… 151
第三节　健康中国背景下体育消费促进体育高质量发展的路径选择 ……………………………………………………………… 160

附　录 …………………………………………………………………… 169

1　访谈提纲 …………………………………………………………… 169
2　访谈对象的基本情况 ……………………………………………… 171
3　体育产业统计分类表(2019) …………………………………… 172

第一章 导 论

第一节 研究背景

体育——社会发展和人类进步的重要表征,象征着一国综合国力水平及社会文明发展程度。"党的十八大以来,以习近平同志为核心的党中央,坚持以人民为中心的发展思想,积极推进体育强国与健康中国战略,并创造性地提出了一揽子新理念和新思想,这为做好新时代体育工作指明了前进的方向,并为做好一系列工作提供了遵循的工作原则。"[①]2014年10月20日,国务院印发《关于加快发展体育产业促进体育消费的若干意见》,目的是为进一步加快发展体育产业,促进居民体育消费,全民健身也首次被国家提到了战略高度。2017年10月18日的十九大报告中,习近平总书记指出,"实施健康中国战略,要不断完善国民健康政策,为人民群众提供全方位、全周期健康服务。"2019年7月,国务院颁布《国务院关于实施健康中国行动的意见》,成立健康中国行动推进委员会。《健康中国行动组织实施和考核方案》相应出台。2021年3月12日出台的《中华人民共和国国民经济和社会发展第十四个五年规划和2035年远景目标纲要》中提出"到2035年要建成体育强国、健康中国"。[②]

当下,全民健康要从"医已病"向"医未病"转变的思路已经深入人心。如

---

① 罗国亮,王艳.从脱贫攻坚到共同富裕:治理经验承接与内在逻辑转换[J].石河子大学学报(哲学社会科学版),2022,36(2):8-17.

② 中华人民共和国中央人民政府.中华人民共和国国民经济和社会发展第十四个五年规划和2035年远景目标纲要[EB/OL].(2021-03-13).http:ww.gov.cn/xinwen/2021-03/13/content-5592681.htm

何"医未病"？除了维护良好的生活环境，养成良好的卫生和饮食习惯外，加强体育锻炼、强健体魄已成共识。最近几年，伴随着全民健身和健康中国战略的实施，健康观念逐渐深入人心，这为体育产业的发展提供了市场潜力和动力基础。2022年，在北京和张家口举行的冬奥会"带动三亿人参与冰雪运动"目标提前实现，冰雪经济也进一步推动了中国体育事业的全面发展，为全球奥林匹克事业的发展增加了新的血液。那么，为了实现2035年体育强国、健康中国的目标，我国体育产业时下又将面临什么样的机遇及挑战呢？没有全民健康，就没有全面小康。2022年6月24日修订通过的《中华人民共和国体育法》还专门增设了"体育产业"章节，首次从法律层面肯定了体育产业的地位和作用，这对发挥体育多元价值、推动体育产业高质量发展具有重要意义。①

从20世纪的全球化到今天的逆全球化发展趋势②，在全球体系中，机遇与挑战并存，都摆在了中国面前。如果说在上一轮全球化推进过程中，中国利用比较优势战略分享了全球资本转移的红利，确立了中国制造的"世界工厂"地位。那么，今天全球化逆转实质上意味着全球生产价值链条秩序的重新洗牌。③ 体育消费作为一种实践技能形成方式，经济学家一直将它推崇为国家经济增长的重要标志，体育消费在国家的增长绩效指标中具有绝对的核心作用。④ 不过与经济学家关注技能形成的经济结果不同，社会学家更关注技能形成模式所带来的社会后果，例如体育消费生活方式形成对新生代"城乡移民"社会融入⑤以及社会阶层结构的影响⑥等。对于经济社会结构正在经历巨大转型的中国而言，这两个议题被浓缩到一个时代之中，尤其20世纪末以来，我国体育产业研究直面问题、紧跟政策，学者们就管理体制、运行机制、内部结构、外部要素、治理模式及发展路径等不断进行学理探讨，政府也在不断进行体制转型、结构优化、分类细化、动能转化等改革实践。学者们从两个维度展开研究：一是将体育产业置于全球体育产业链的横向比较中，思考我国体育产业的比较优势，谋划产业升级和可持续发展；二是将体育产业纳入国家经济体

---

① 黄海燕,等.体育产业高质量发展的法治保障研究——基于《中华人民共和国体育法》修订的思考[J].体育学研究,2022,36(4):1-11.
② 高柏,草苍.为什么全球化会逆转——逆全球化现象的因果机制分析[J].文化纵横,2016(06):22-35.
③ 王星.走向技能社会——国家技能形成体系与产业工人技能形成[M].北京:中国工人出版社,2021.
④ 江小涓.体育产业的经济学分析——国际经验及中国案例[M].北京:中信出版社,2018.
⑤ 熊欢.凡身之造:中国女性健身叙事[M].北京:社会科学文献出版社,2021.
⑥ 刘米娜.谁去现场观看体育比赛？——城镇化进程中现场观赏型体育消费的阶层分析[J].体育与科学,2019,40(5):84-96.

系的宏观框架下,思考体育产业与其他产业的异同,聚焦产业结构和高质量发展。①

现代服务业中,体育产业已成为我国国民经济发展力量的有机组成部分。2017年的十九大报告已充分认识到发展体育产业的重要性,提出要凝聚共识、汇集力量,坚持新发展理念导向,激发体育产业活力,以应对当前中国社会主要矛盾的变化,使人民不断增长的多元化体育文化需求得以满足。报告中首次提出"高质量发展",经济发展的评价指标也从"有没有"向"好不好"转变。2018年《政府工作报告》围绕"高质量发展"主题的具体措施得以落实,部署的具体措施中,要求深度推进供给侧结构性改革等9方面的工作部署,体育产业亦涵盖其中。针对体育产业高质量发展的迫切要求,中国体育产业研究专家程林林提出了自己的观点,(1)中国经济的发展想要避免"中等收入陷阱",就必须要改善经济结构,其中体育产业的高质量发展大有可为;(2)以中美经贸关系尤为体现的当今国际贸易环境巨变,因此要立足做大国内体育消费市场,亟须发展高质量体育产业;(3)建设健康中国、体育强国也要求体育产业高质量发展;(4)2018年以来,媒体舆情不断出现"体育产业寒冬"(新华社语)及"体育产业冷与热"(《人民日报》语)等话语,2016~2018年资本狂欢基本落幕,体育产业粗放式发展模式带来的负面消息不断出现在人们生活中,这对体育产业的可持续性发展极为不利。针对现实状况,体育产业要实现高质量发展,亟须得到学者们的理论层面的回应。②

全球化逆转的继续蔓延,让依赖传统比较优势发展模式的中国体育产业面临着巨大的挑战,基于资本投入的低技能的职业体育发展方式与社会经济发展之间的矛盾日益尖锐。在经济层面,低技能资本依赖型体育产业的比较优势逐渐消失,技能短缺成为体育产业升级的主要制约因素;而在社会层面,低技能职业体育参与者却占主体。③ 苏宁足球俱乐部解散事件即反映出我国职业体育改革与体育产业发展的现状。中国低技能、资本依赖型体育产业升级与国家社会保护之间的张力,在影响我国体育产业高质量发展方面,日益凸显为问题焦点。因此,中国居民体育消费习惯形成不仅要依靠人力资本培育的经济投入,它是彰显社会公平和社会融入为核心的共建、共享的社会治理

---

① 董红刚,孙晋海.体育产业:以关键词为视角的学术观念史叙事[J].体育与科学,2021,42(5):37-45+65.
② 程林林,等.我国体育经济"学术流派"的由来与现状解构:兼论中国体育产业的高质量发展[J].成都体育学院学报,2019,45(04):1-7+133.
③ 王星.技能形成、技能形成体制及其经济社会学的研究展望[J].学术月刊,2021,53(7):132-143.

议题。

由上可知,我们将要思考这样的问题,到底什么是体育产业的高质量发展模式?一直以来,围绕这样的问题存在着诸多争论,即高质量发展模式到底是服务业主导(去工业化模式),还是依靠实体制造业的(再工业化模式)①。到了今天,尤其是苏宁足球俱乐部解散事件发生后,这种争论基本上取得了共识,如何科学地看待体育产业发展过程中出现的结构性问题,如何提升服务业在整个体育产业中的比重是我们需要关注的问题。②

为了回应中国体育产业高质量转型过程中所面临的现实挑战,近些年,国家采取了诸多措施。就笔者的思考而言,国家出台多个政策发展服务业,意在改变目前我国产业体系中工业占主导的局面,从而在经济高质量发展转向中,缓解社会主要矛盾,满足个体发展的高质量和个性化需求。对体育消费实践技能的生活方式形成体系建设的强调,实质上是改革开放以来国家重建体育运动项目文化发展内涵的一次重要尝试。但是从现有的数据来看,我国体育产业高质量发展形成体系在体育消费实践技能供给方面尚存在着诸多不如人意之处。

首先,作为基础环节,体能形成中,社会各界已认识到体育领域体教融合的重要性,并重视有加。但梳理目前的研究,还不尽如人意:焦素花、张玉婷等在梳理大量体教融合研究的基础上得出结论,体教融合起源于竞技体育,其发展历史可以追溯到20世纪50年代,在70多年的发展过程中,曾出现过体教分离、体教结合、教体结合等发展理念。基于当前中国体育发展的历史惯性及现实需求,体教融合的思想形成和推进,要求体教融合不仅要能够促进竞技体育的发展,还要能够促进青少年健康发展,最终推进体育金牌强国向体育文化强国迈进;学界尽管在"如何推进体教融合"上,已经从理念融合,目标融合,实践形式等方面进行了探析。但总体而言,"体教融合"与"体教结合""教体结合"等不只是字面上的区别,更是观念的更新和体系的全面升级,基于已有文献梳理认识与实践,"体教融合"能否有效推进,还需要学者做更深入、全面的理论探讨。③ 换句话说,在技能形成及产业创新升级中,体教融合的实然性功能在实践领域并没有达到其应然性的角色期待。美国社会学家柯林斯曾对20世纪70年代末对美国社会进行深入研究,而今天我们的状况与他的判断基本

---

① 王星.技能形成、技能形成体制及其经济社会学的研究展望[J].学术月刊,2021,53(7):132-143.

② 孙文树.体育强国:城市体育高质量发展的理论与实践——"落实十九届五中全会体育强国精神建言献策双向交流会"学术综述[J].体育与科学,2021,42(01):6-11.

③ 焦素花,张宇婷.体教融合研究述评[J].体育研究与教育,2022,37(04):38-43.

一致——在社会技能形成中,职业教育并不是万能的,[①]职业教育与工作愿景关系不大,通过工作经验的积累或非正式学习中,也可以获得技能。[②] 相反,德国完全不一样,德国职业教育的地位非常重要。很多学者在分析德国制造产业竞争优势的研究指出,产业工人技能的形成得益于德国职业教育的开展,其技能形成体系是德国制造产业竞争优势的重要支撑。[③] 对比我国的体育教育事实,再看德国职业教育的"反事实",其实最终指向产教融合问题。[④] 从技能供给角度来看,中国的体育教育体系,凸显在人力资本积累上的消极作用,现实中,我们看到很多与产业需求诸多不一致的地方,德国与我们不同,双元式职业教育嵌入到产业的技能需求之中,主体之间的双向亲和行动是技能形成的基本动因。[⑤]

其次,体育产业要实现高质量发展,需要新的产业政策来保障,在规模总量方面,现有的体育产业政策作用显著。2010年3月,《国务院办公厅关于加快发展体育产业的指导意见》(国办发〔2010〕22号)出台,体育产业正式得到国家的认可,两年内,该意见在16个省市自治区落实执行。2014年10月,《国务院关于加快发展体育产业促进体育消费的若干意见》(国发〔2014〕46号)颁布,体育产业真正驶入了快速发展的轨道,几乎所有的省市自治区认真执行。社会资本也乘风而上,开始大手笔投资体育产业。据不完全统计,却在2015年,国内出现的公司并购、股权交易、投资基金设立和主营业务战略转型等一次性投资额超过5亿元的案例达15起,金额达430亿元。2015年,为了更好地贯彻国发〔2014〕46号文精神,推动体育产业发展,进一步科学界定体育产业统计方式,并建立相应的统计调查制度,完善国统字〔2008〕79号文,2015年国家公布《国家体育产业统计分类》(国统字〔2015〕17号),2019年4月发布新版《体育产业统计分类(2019)》,这反映出相关部门对体育产业统计数据的重视。尤其2017年,面对国内特色小镇建设风潮,国家体育总局出台相应的鼓励发展

[①] 李薪茹,等.技能形成中的可信承诺及其制度基础——中国职业资格证书制度演化历程分析[J].学海,2020,182(02):83-89.

[②] 兰德尔·柯林斯.文凭社会:教育与分层的历史社会学[M].刘冉,译.北京:北京大学出版社,2018.

[③] 凯瑟琳·西伦.制度是如何演化的:德国、英国、美国和日本的技能政治经济学[M].上海:上海人民出版社,2010.

[④] 李薪茹,等.技能形成中的可信承诺及其制度基础——中国职业资格证书制度演化历程分析[J].学海,2020,(2):83-89.

[⑤] 王星.技能形成的社会建构——德国学徒制现代化转型的社会学分析[J].社会,2015,35(01):184-205.

政策,为探索体育产业发展提供了政策保障。

可以说,体育产业要实现高质量发展,必须顺应发展规律,凸显评价产业政策"好不好"的标准。与过去不同,现在的衡量标准与社会经济、生态、民生相结合,已经不再局限于体育范畴。但现有的体育产业政策措施制定的思维导向还处于局限在体育部门的单一模式。自1993年起,体育产业相关的政策体育领域的研究成果"以体为中心"痕迹太过突出,往往围绕体育部门的相关利益来表述,较少关注非体育产业部门中利益相关者的诉求。2018年开始,体育产业投资状况表现不良,初显疲态;体育产业结构固化,针对体育赛事的回报问题,业界也微词不断。就此,何论高质量发展?目前已经到了关键节点,必须转变思路。程林林认为,"有关体育产业政策的制定必须围绕各方利益进行平衡,这就需要具有跨学科视野的人才参与其中,从而推动均衡各方利益的产业政策的颁布。"①

最后,如果将历时性视角纳入中国体育产业高质量发展形成分析之中,可以发现,体育消费实践技能既是形成产业市场竞争力的核心要素,也是获得社会地位的渠道。因此,体育产业要实现高质量发展,基点还是要释放居民的消费潜能,增加体育消费的贡献度。尤为明显的是,2018年以来,与体育产业相关的政策思路也在变化。2018年国务院办公厅颁布的《关于加快发展体育竞赛表演产业的指导意见》《关于完善促进消费体制机制进一步激发居民消费潜力的若干意见》表明,体育产业挖掘对于释放消费潜力、保障和改善民生、打造经济增长新动能具有重要意义。

当投资和出口不能为经济发展带来益处的时候,体育消费理所当然成为抓手,与供给侧改革配合,接过接力棒,做出应有的贡献。体育产业的高质量发展,除了带来经济效益,更重要的是还会给社会带来积极影响,如在促进收入增长的同时,刺激消费欲望,提高人们的消费能力。经验事实表明,当消费者的自主消费过程预期得到满足时会有无以言说的幸福感。与其他产业相比,体育服务业参与感、体验感突出,更能影响消费者的情绪和心理状态。可是,影响中国体育产业高质量发展的背后原因是什么呢?改善和提高中国体育消费技能形成体系的难点和突破点又在哪里呢?这就是本研究的理论关怀。

---

① 程林林,等.我国体育经济"学术流派"的由来与现状解构:兼论中国体育产业的高质量发展[J].成都体育学院学报,2019,45(04):1-7+133.

第二节 研究问题

目前国内关于体育产业高质量发展方面的研究较多,这些研究要么从体育产业发展的角度引介西方资本主义国家体育产业发展经验;要么从体育产业政策制度的角度介绍西方体育产业制度形成体系对于中国经济社会结构转型的借鉴意义。很少有研究关注西方国家的体育产业发展体系形成及相关政策安排在中国社会制度环境下能否适应。基于这样的判断,本研究选择中国社会制度环境下具有较强中国特色的体育产业发展体系及相应的体育消费实践作为分析对象,试图借此进一步深度挖掘中国体育产业高质量发展的研究。另外,笔者以此作为研究对象,还存在重要的现实理由。(1) 20 世纪 80 年代以来,我国体育产业伴随着实践领域的摸索、学者的理论探讨、国家相应政策的出台而发展,三者的互动聚焦于国家与社会、事业与产业两组概念,正是在国家要求与市场需求、体育事业与体育产业的交织中,"体育产业是什么"才逐渐清晰。(2) 中国体育产业发展体系是一个浓缩着文化传统的制度安排,其相对应的体育消费实践在中国文化制度情景中是一种重要的社会关系类型,它与欧美的体育产业体系既有相似之处,也有本质的区别;(3) 20 世纪中后期,职业体育产业渐进佳境,产业运营成熟,以英美为主导的国家举办职业联赛取得巨大成功,收益颇丰,市场运营机制得以形成。自 20 世纪 90 年代以来,经济全球化发展,人们的经济文化需求强烈,职业体育作为一种能够满足人类文化需求的精神文化产品,受众范围不断扩大。另外,随着经济发展水平的提高,人们的闲暇时间日益充裕,体育参与感强烈,体育运动参与人群扩大,竞赛表演、体育用品、运动培训、体育传媒、运动员经纪等一系列衍生产品,日渐成为占据主流的全球经济产品。2000 年后,各个国家国民经济构成中,体育产业地位日益重要,甚至影响国家在世界格局中的位置。在发达国家,体育产业甚至从前期的所谓"新兴产业"转为"支柱产业"。即使在 2008 年全世界金融危机中,各国经济普遍低迷,但体育产业表现突出,成为产业发展的典范。今日发达国家的体育产业表现更为多元,形成了以竞赛表演、运动休闲产业为主导,体育用品、体育旅游、体育传媒、体育商务与贸易等产业相融合的良性运行的制度体系。立足于全球体育产业发展的视野,发展中国家主要还是依赖体育用品制造、零售与批发的低端利润收益,中国尽管宏观经济表现为高速发展,也不例外,这似乎表现很为尴尬,这更加凸显了本研究关于中国体育产业高质量发展研究所具有的现实意义。

总之,以中国为代表的发展中国家在"体育产业如何收益"的问题上,一直以来困难重重。易剑东等人指出,"从产生原因分析,存在两点。第一,从西方发达国家的经验传递来看,诸如美职篮、英超联赛等高水平职业体育赛事商品,本身已经是一套成熟的运作制度体系,用它们的专业化标准来审视正在寻求发展的发展中国家的职业体育产业,起始点有误。第二方面,要从自身着手,反思中国体育管理体制本身。在中国经济转轨、社会转型、文化转制、政府公共服务职能强化的环境下,中国体育产业制度变迁究竟如何,这一议题具有强烈的时代性。"①因此,本研究认为,通过对中国体育产业制度变迁演化过程进行历史分析,不但能够挖掘出中国经济社会发展方式转型过程中体育消费实践所面临的现实本土化问题,也可以借此呈现巨变下的中国经济社会治理机制的变迁图景。

具体而言,从中国体育产业政策演进的观念出发,通过对改革开放以来体育产业政策文件及期间发生的重大体育事件进行历史梳理及文本分析,考证伴随着实践的探索、学者的争鸣、政策的表述。为此,本研究针对下面五个方面进行了研究。

一、改革开放40年以来的我国体育产业发展变迁中,体育消费究竟起到了那些作用?

二、对我国体育产业发展体系的变迁过程进行分析,从制度变迁的历史过程,阐释我国体育产业高质量发展的有效制度缘由,同时解释又是什么力量导致体育产业发展陷入困境及危机的;

三、通过体育产业历时性跨国比较分析,反思我国体育产业发展体系的社会建构。

四、揭示围绕体育消费的体育产业制度变迁产生的行动政治图式,探索这背后潜藏的利益冲突结构,挖掘形塑制度变迁轨迹的动力机制(或者逻辑基点),进而对制度变迁理论进行反思。

五、在建设"健康中国"背景下,爬梳体育消费促进产业发展中存在的问题,以及对体育产业高质量发展的具体界定,并提出了体育消费促进体育产业高质量发展的路径思考。

如上所言,体育产业从起初的朝阳产业,走向"国民经济新的增长点",后又成为"推动经济社会持续发展的重要力量",到今日成为"国民经济支柱性产

---

① 易剑东,等.中国体育产业政策研究:总览与观点[M].北京:社会科学文献出版社,2016.

业",国家强调创新发展、科学发展、可持续发展、高质量发展,这四个关键节点连接组成了中国体育产业发展的历史变迁谱系。另外,从体育消费的生活方式视角来看,欧美政府的各项产业政策在中国是否匹配?娱乐、休闲、健康等其他领域的体育消费政策又是与体育产业发展怎样相联系的?欧美职业体育、社会体育、学校体育是如何实现有机联动的?本研究试图从中抽离出关键自变量,并据此建构统一的理论解释框架,以期对中国体育产业制度变迁的整体轨迹——体育消费技能形成的有效和失效——进行较为全面的解释分析。

第三节 研究关键词

一、体育产业发展现状

21世纪的今天,体育产业是朝阳产业,是国民心中极具活力的产业类型,具有高渗透性、适用性的特征,被国内外认为健康与绿色产业。体育产业是我国国民经济的重要组成部分,不仅具有市场经济效益,还能促进个人的全面发展,推动社会文明的进步,它具有商业性质与社会功能性相结合的统一体特性。因此,发展体育产业意义突出。改革开放以来,体育产业的发展深受我国经济体制改革的影响。社会主义市场经济体制建立,随着改革深化,以各种形式为载体的体育产业进入新兴产业行列,成为现代服务业的重要构成。然而,从相关数据来看,我国体育产业在国民生产总值的占比不到1%。我国体育用品制造业的发展已经有了一定的基础,但与体育产业发达国家相比较,仍然有一定的差距,这些差距主要集中在产业规模、市场竞争力、产业管理体制等方面。从国际环境角度来看,我国体育产业发展深受经济全球化红利的影响,挑战和机遇并存。另外,体育产业发展与我国体育政策颁布等制度变迁密切相关,当今国内外体育产业政策研究,不仅能够为时下我国体育产业政策体系完善提供镜鉴,而且能够在现实中促进我国体育产业的积极发展。

二、体育产业与体育产业政策的关系

体育产业得益于体育产业政策的不断完善,两者相辅相成。体育产

对国民经济增长贡献大，但体育产业发展与经济支持又紧密相关。在国家层面上，我国政府出台了相关政策促进体育产业的发展，无论是经济政策还是其他相关支持政策，国家都从宏观层面提供了保障。已有研究主要集中在不同国家间体育产业政策对比研究以及政策变迁理论的适用和制度本身的历史沿革方面。已有研究表明，我国体育产业政策变迁的外动力主要来自中央经济体制改革的重大决策，及体育自身变革的时代号召，内动力主要来自体育事业发展、体育体制改革和体育产业发展的内在需求。

三、体育产业、体育市场与体育消费的关系

体育产品的形成与消费息息相关，体育市场进程的开始也就意味着体育产品被人们当作商品消费。体育消费包括竞技体育比赛观赏、体育设施及体育用品购买等。当没有市场行为出现时，体育消费就不会存在，更谈不上体育产业的产生与发展。计划经济体制下，大一统的管理模式使各种体育设施、运动队伍、竞技比赛等被集中计划运行。体育场地、设施等尽管稀缺，也没有货币作为交流媒介来进行流通，人们观赏比赛，基本没有付费交易的实现。这时期的体育实践行为不具备市场行为的特征。

经济体制改革的推进使前述情况得以完全改变。当体育消费与市场体系发生联系时，体育的市场化与体育的商业化也发生联系，那么，体育交换的货币化必然催生体育产业。相应地，形成一个完整的体育产业系统，体育市场与体育产业的学术概念才能得以确立。体育产业、体育市场与体育消费彼此联系、互相依存，三者在互动的过程中共同发展。总之，体育市场的培育极为重要。发展体育产业，从哲学上来讲，就呈现为一个事物的两个方面。是先有体育供给市场，还是先有体育消费，这意味着，体育产业的讨论，不能顾此失彼，而要着眼于体育消费者、投资经营者的行为，在两者互动过程中，体育产业得以显现，体育产业结构则与体育市场的形成过程相互调整。

四、体育产业分类

依据《体育产业统计分类（2019）》（见附录3），体育产业作为集合体，包括为社会提供的各种体育产品。体育产品涵盖有形的体育用品和无形的体育服务等，其分类及范畴等如下："体育管理活动，体育竞赛表演活动，体育健身休闲活动，体育场地和设施管理，体育经纪与代理、广告与会展、表演与设计服

务,体育教育与培训,体育传媒与信息服务,其他体育服务,体育用品及相关产品制造,体育用品及相关产品销售、出租与贸易代理,体育场地设施建设等11个大类。大类包括中类,中类又有小类,共有中类37个、小类71个。"

五、体育产业在健康中国中的作用

全民健康紧系国家繁荣富强,是全面建成小康社会的基础,因此要提高人民健康,加快建设"健康中国"进程。体育产业作为民生健康产业和国民经济体系的重要构成,对全民身体素质和健康水平的提升作用显著,发展体育产业有利于优化健康产业结构。首先,发展体育产业有利于维护人民身心健康。健康不仅仅是个人问题,也是国民经济的持续发展的支持,大众只有健康,才能高效地创造价值。其次,发展体育产业有利于优化健康产业结构。近年来,全民健身潮流的兴起,大众健康观念被塑造,健康消费需求旺盛并逐渐升级,以治未病为目的,以个性化、高端化为特征的各类健康消费需求出现。体育产业的高品质发展有利于促进各类运动健身服务等的需求增加,从而优化健康产业需求结构。最后,发展体育产业有利于培育健康生活方式。在我国,体育产业与人民生活息息相关,被誉为民生与幸福产业。近年来,体育产业持续发展,在创造美好生活方面发挥着不可替代的作用,多种多样的体育服务品类丰富了人们的生活。

第四节 研究意义

基于以上国内外背景,本研究中,笔者爬梳了我国体育产业体系形成的过程性表现,对体育产业顶层设计的政策进行整理及分析,并预测趋势,全面探讨我国体育产业发展的道路。为实现体育产业2035年预期目标,促进体育产业高质量发展提供理论及制度依据。

如上文所言,体育产业发展体系不仅成为国家经济增长的驱动力,而且是西方国家克服经济社会转型危机、实现经济效益与社会治理共进的重要基础条件。改革开放四十年以来,我国经济发展成绩突出,世界第二大经济体地位稳固。但易剑东、程志理等发现,宏观经济高速发展的中国,体育产业却主要依赖体育用品生产制造、零售与批发这样的模式来获取利润,这是不可持续的,依靠资本驱动的经济增长并没有带来效率的提升,相反还存在着边际递减效应。目前，中国体育产业发展体系面临着结构失衡、供给模式统一、运行机制差等问题，难以在社会治理、市场配置、协会参与、公共利益等运行环境中高质量发展。如果中国体育产业想要呈现出法制化、商业化、民主化、开放化和多样化的趋势，就必须给出一个明智的应对答案。因此，对于中国体育产业及其制度变化的历史研究，对中国的体育产业具有重要的现实意义，也可以为亚洲及非洲体育发展提供有益的借鉴。

美国次贷危机爆发，引发了全球金融海啸，全球经济发展持续放缓，国际产业模式进入了震荡和重组时期。为了适应新的全球经济格局和新的工业格局，发达国家正积极在政策法规、市场机制、基础设施、政府服务、科技研发等方面进行现代化配置。经济自由主义者提出批评，认为发达国家进行旨在提高国家软实力和国际竞争力的产业政策改革有问题，尤其是国家干预，这是资本主义理念的后退。然而，不可否认的是，全球金融危机后，产业的正常合理化发展离不开国家宏观经济干预和政府指导，这已逐渐成为共识。"就转变经济发展方式而言，从一直以来的劳动密集型为主，到如今向技术密集型发展的转型，建设创新型国家被公认为一个基本路径。"[1]舒尔茨强调，"递增报酬的重要基点，存在于人的知识积累和技能提高。"[2]居民消费实践技能水平的提升，能够在正外部性方面促使产业发展，因此"人力资本积累率的提升，是从传统向现代经济增长转型的标志。"[3]在刘遵义等人看来，新兴工业化经济的竞争优势不在于廉价的劳动力，而在于技术政策与技能形成体系制造出来的"无形资本"。一般来说，自主创新并非技术进步直接作用下的结果，而是在一个"制度包"共同作用下实现的。

经济及产业结构的不合理，是我国经济发展中的问题所在。金融危机后的中国经济，必须改变过度依赖固定资产需求和投资的格局，刺激国内消费，发展第三产业。2003年5月，国家统计局发布《三次产业划分规定》，其中，文化、体育和娱乐归属于第三产业。2008年，中国第三产业增加值占比仅为34.5%，2021年增加到53.3%，但与发达国家相比，仍然相差甚远。因此，大力发展第三产业十分重要，它是调整和完善我国产业结构的关键，相应地，对体育产业的发展也提出了更高的要求。

西方发达国家的经济历史已经说明，当人均国民生产总值从1 000美元增长到6 000美元，将启动消费时代，居民的休闲、娱乐需求最为强烈。2008年

---

[1] 王星.技能形成的多元议题及其跨学科研究[J].职业教育研究,2018(05):1.
[2] 西奥多·W·舒尔茨.报酬递增的源泉[M].姚志勇,等译.北京:北京大学出版社,2001.
[3] 小罗伯特·E·卢卡斯.经济发展讲座[M].罗汉,等译.南京:江苏人民出版社,2003.

中国人均GDP为3 266.8美元,2012年增至6 100美元,虽然仍远低于发达国家30%的水平,但中国作为一个整体,对休闲娱乐的需求,已经从追求健康转向追求高品质生活。居民体育消费实践技能是一种内部技能形成方式,其相关研究对于我国经济发展方式转型具有针对性价值。此外,改革开放以来,地方政府为加快体育产业的发展,根据国家的宏观调控,出台了一系列政策文件。2006年7月25日,为了发展体育产业,国家体育总局发布《体育事业"十一五"规划》,将"完善体育产业政策"作为新时期积极发展我国体育产业的重要途径。2010年,《国务院办公厅关于加快发展体育产业的指导意见》中提到"到2020年,建立一批具有国际竞争力的体育龙头企业和集团,形成具有中国特色和国际影响力的体育产品品牌;建立以体育服务为核心的体育市场,组织和完善体育产业,规范、繁荣体育市场;为多种所有权形式的存在创造条件,同时,不同经济部门参与进来,与体育产业共同发展",并求"各地区和有关部门……在实践中紧急制定和不断完善体育产业发展的具体方法措施"。2011年,国家体育总局发布了《体育产业"十二五"规划》,十二五期间体育产业发展的目标是,全面落实《国务院办公厅关于加快发展体育产业的指导意见》确定的各项目标和任务,进一步完善体育产业扶持政策,建立体育产业发展政策体系;继续保持体育产业快速发展……基本建成规范有序、繁荣发展的体育市场,促进体育相关产业发展,壮大体育产业整体规模,增强我国体育产业的整体实力,建立具有中国特色的体育产业体系。

此研究的理论意义在于通过历时性观察中国体育产业制度的变迁过程,对制度变迁理论进一步思考。经济学或者理性选择理论,一直坚持理性行为的基本假设,认为理性为"单个的行动主体拥有的,且先验于任何制度的外在属性",①所以"经济学或者理性选择理论主张从微观的个体功利主义理性选择来解释宏观的制度变迁过程与结果。这种取道'动机还原'的逻辑或许能够解释制度变迁在一个固定时间断面的表现,但是如果把这样的解释置入历史变迁过程,就会导致前后矛盾的情形。"②本研究通过历史比较研究发现,在体育产业制度变迁的过程中,行动者在具体情景下的选择往往都是理性的,但在不同的历史时期,理性化的内容却有很大差异。换言之,理性也是根据实际情况的,对于行动主体而言,其理性逐利行为在不同的环境下,尤其在不同的制度中,是被具体呈现的。在制度变迁过程中,正是具有不同利益偏好的行动者之

---

① 弗兰克·道宾.经济社会学[M].冯秋实,王星,译.上海:上海人民出版社,2008.
② 王星.师徒关系合同化与劳动政治——东北某国有制造企业的个案研究[J].社会,2009,29(4):26-58+224-225.

间的互动塑造了制度演化的轨迹。因而本研究为我们反思制度变迁提供了一个全新的思路：我们不应该拘泥于抽象的理性解释，而应该关注行动者理性化的具体内容，即在所谓的"利益最大化"过程中，为何行动主体优先选择这一措施而不选择其他？对这个问题的回答或许是我们理解制度变迁过程的更好的切入点。

第二章 研究内容结构与研究方法

本章第一节对本书的研究框架结构做了简单说明,简述了本书的研究思路,同时对本书结构内容进行总体性呈现。第二节对本书的研究方法进行说明,由于本研究引入了时间维度,采用历时性比较研究,故在研究方法上也是多样的,既采用了文献考察法、深度访谈,也使用了田野调查中的参与观察和个案研究法。

第一节 研究内容结构

一、研究思路

我国的体育产业从"朝阳产业"走向"国民经济新的增长点""推动经济社会持续发展的重要力量",成为"国民经济支柱产业"。国家强调创新发展、科学发展、可持续发展、高质量发展这四个关键节点连接,组成了中国体育产业发展的历史变迁谱系。本研究试图从中抽离出关键自变量,并据此建构统一的理论解释框架,以期对中国体育产业制度变迁的整体轨迹以及体育消费技能形成的有效和失效进行较为全面的解释分析。如上所言,一是使用韦伯理念型方法,从经济社会学制度主义视角,讨论体育产业形成体系的内涵与特征,比较分析发达资本主义国家体育产业形成体系的多样性,阐释不同国家体育产业形成体系下体育消费实践的状况;二是以体育产业形成体系为分析框架,对中国的体育产业形成体系与居民体育消费实践进行分析——首先,梳理和归纳中国体育产业形成体系的内涵与特征,尝试以"制度冲突"为视角解释其对体育产业发展的影响;其次,思考中国居民体育消费的社会保护与体育产业形成类型之间的相关性。

其实,近年来,在社会保护与经济发展关系上,学界已经取得了一些共识——"社会建设是城市发展从粗放型往高质量发展的基础",这是释放中国经济增长潜能的基本轴,但是二者之间到底如何进行协调,依然存在着诸多盲点。本书将围绕"体育消费实践技能是联系体育产业形成体系与社会保护之间的制度桥梁"这一论点展开讨论。一般而言,技能在惯常的话语体系中,无论是学术话语还是政策话语,多是作为人力资本的组成部分而存在,并嵌入到经济生产活动之中。因此,经济学视技能为"经济增长的引擎"。伴随着人力资本理论取得大家的认同,"技能"一词在宏观经济学领域使用越来越少,反而在人力资源管理的范畴内增多。在此理论架构中,技能形成事实上属于企业组织或者社会个体的一种投资选择策略。从社会学的研究视野来看,社会学家将之认定为一种劳动能力,在劳动关系的结构中讨论技能,突出了它对使用者的工具性;另外,技能也可以被用来作为对抗资本的依靠。工人通过技能或者技能组织来维持劳动过程的安全,强化对生产过程的控制权,并以此为与资本谈判斗争的筹码。至此,技能具有强烈的社会色彩。[①]

从体育消费的生活方式视角来看,欧美政府的各项产业政策在中国是否匹配?娱乐、休闲、健康等其他领域的体育消费政策又是怎样与体育产业发展产生联系的?欧美职业体育、社会体育、学校体育是如何实现有机联动的?体育产业系统决定了文化消费的舒适性,即一个体育消费实践场域的舒适性和享乐性。对于消费者来说,体育消费行为不但具有工具性功能(健身、拉动消费等效用),而且具有目的性功能(生活性享乐与愉悦)。随着生活水平的提高,现代人选择体育消费生活方式时,越来越看重其体验性的自目的性功能(享乐),而不仅仅是工具性功能(效用)。本课题以体育产业制度变迁为研究对象,笔者进一步深化了西方体育产业影响机制的分析路径,试图厘清体育消费行为变化与新余暇生活方式生成之间的互动关系,回答资本、习惯是如何作用于行动者以及消费实践场域与行动者之间的互动关系,即回答资本、习惯是如何作用于体育消费行为,以及消费实践场域与消费者之间的互动又是如何形塑消费行为变迁轨迹及新余暇生活方式生成的问题。这就需要我们梳理链接体育消费行为变化的制度结构与生活方式形成之间的因素。因此,本研究除了从历史文献分析中洞察其中的关键影响因素外,还通过田野调查,深入体

---

① 王星.走向技能社会——国家技能形成体系与产业工人技能形成[M].北京:中国工人出版社,2021.

育消费行为实践，观察相关行动者围绕资本、习惯、场域而展开的体育消费行动。我们发现，行动者的资本、习惯正是连接体育消费行为变化与新余暇生活方式生成的中间因素。围绕体育消费行为方式而展开的不同体育产业及消费政策类型决定了体育消费行为变化和新余暇生活方式生成的效果，同时也塑造了体育产业政策演变的走向轨迹。

二、内容框架

本书共八章，除了第一章"导论"和第二章讨论研究框架及研究方法外，其余各章均围绕第一章所提出的问题展开研究。下面六章的主要理论任务有两点：一是建构理论框架，对改革开放 40 年以来中国体育产业形成体系的变迁轨迹进行解释；二是拓展思考体育产业形成体系与居民体育消费实践技能生成的现实与理论意义，分析不同社会政策对居民体育消费实践生成产生的重要影响，同时借此对体育产业、体育消费理论、政策等进行反思。

第三章是文献梳理和理论解释框架建构。第一节通过梳理西方体育产业形成理论的学术脉络发现，体育产业的政策选择是西方国家非常重要的理性选择，也是西方发达资本主义国家进行经济社会治理的主要内容之一。不过在体育产业变化发展过程中，体育消费实践方式既不是消费者个体能够自主决定的，也不是仅依靠国家体育产业及消费政策的支持，它必须与其所处的宏观经济社会治理制度环境相匹配。外部因素和内部因素这两个变量影响了体育产业发展及个体消费行为形成的方式。外部因素与经济资本密切相关，内部因素涉及个体社会化水平（技能掌握水平、教育层次、人际关系、习惯等）。前者涉及收入保证，后者涉及消费行为选择问题。其次，在体育产业发展及体育消费方式与区域、其他制度相匹配的过程中，产生了产业及消费结构的制度背景，区域及制度背景也会直接塑造体育产业及消费行为变迁轨迹甚至命运，并会对体育产业升级及消费新业态的形成产生重要影响。本章第一节将会全景展现体育产业制度的变迁过程，从而完整呈现西方体育产业形成的理论解释框架。根据本研究的研究问题，第二节将对西方体育产业理论中国化，建构解释中国体育产业制度变迁过程的理论框架。西方体育产业形成的理论对西方国家的体育产业发展及居民体育消费行为的演化过程具有较强的解释力，能够给我们很好地理论积累和启示。但面对中国体育产业发展及体育消费行为的变化图景，我们要进行相应的理论重构：一方面，中国体育产业发展往往具有很强的"在时性""在地性""在场性"，这与西方国家的体育产业发展完全不同;另一方面,在中国体育产业制度演化的历史过程之中,国家干预往往扮演着非常重要的角色。

第四章引入时间维度,用已有的理论框架对中国体育产业制度历时演化过程进行分析,这是本研究的重点内容。第四章梳理阐述了改革开放40年以来体育产业制度演化过程的四个历史阶段——改革开放开启体育产业的萌芽、发展(1978—1991),市场经济推动体育产业的改革、深化(1992—2000),奥运筹办带动体育产业的发展、壮大(2001—2013),中华民族的伟大复兴促使体育产业全面崛起(2014至今)。改革开放至今,城乡居民的收入增长飞快,伴随经济的增速,居民的消费结构也在改变,表现为从"温饱型"的状态逐渐向"小康型"的状态转变,我国居民的文化消费类型也实现了从生存型向发展型、享受型阶段的迈进。在这一章中,通过回溯历史,我们重新回到体育产业制度变迁转折的那些关键历史时刻。在体育产业不断变化发展的环境下,中国体育消费行为的原有单一的物质型模式逐渐被打破,以实物、欣赏、享受、发展为主的多元体育消费模式持续升温,并逐步成为大众社会生活中不可缺少的组成部分。在这一章中,笔者试图从纷繁复杂的各种变量中抽离出决定体育产业发展及体育消费实践制度变迁轨迹的关键变量,从而对中国居民体育消费行为的演化轨迹进行解释。

第五章是第四章研究的深化,对中国体育产业发展的内在逻辑、经验及瓶颈问题进行学理分析。

第六章是以英国和美国职业体育产业发展体系的演化过程,以及中国体育产业发展现状中的江苏苏宁足球俱乐部破产为案例,通过历时性跨国比较分析,探寻一个国家体育产业高质量发展过程中相关主体复杂的互动样态,并思考相关行动主体互动对体育产业发展的影响,进而从跨学科的视角反思中国体育产业发展体系的社会建构。

第七、八章用同一理论框架来阐释,尽管中国自1996年开始执行启动内需、刺激消费的政策,但是居民的储蓄率仍居高不下,内需不足是制约经济社会发展的主要瓶颈。这里同样可以质疑是什么原因导致体育产业发展及消费结构的不合理?从方法论来说,证伪比较的方法更具科学性。波普尔认为,除了在科学理论领域之外,这种证伪主义原则同样适用于历史领域。本章正是基于这样的方法论立场,通过挖掘体育产业发展及消费行为变化的背后决定机制,指出历史演变过程中关键自变量的改变或缺失才导致体育产业高质量发展困境及消费结构的痼疾,从而从证伪的角度来验证理论解释框架的科学性。笔者首先对本研究的中国体育产业制度变化历程进行小结,讨论作为一种实践技能,体育消费行为变化是如何被社会建构的。其次阐释体育产业制度变化轨迹的社会学研究对体育产业形成理论的一般意义,对体育产业制度变迁理论再度反思。最后简单讨论了本研究所开启的研究方向未来具有的价值。体育产业制度变迁与体育消费实践技能能够相互解释,目前这在学界已经达成了一定程度的共识。但是在体育产业制度变迁与居民体育消费实践技能生成之间如何解释的问题上,学界缺乏系统的研究。本研究相信,体育消费实践技能形成作为中间机制能够有效地将二者连接起来。本研究在最后对健康中国背景下体育产业高质量发展进行了深入思考,并提出了发展路径。

第二节 研究方法

本研究中围绕研究主题收集及资料分析,采用的研究方法具体包括文献考察法、深度访谈法、田野观察法、个案扩展法等。本节具体讨论本研究采用的研究方法,包括交代本研究收集资料及分析资料的方法。通过研究方法的讨论,试图解决两个问题:一是讨论质性研究的客观性,除了对方法论层面上的思考外,更主要的是分析资料的信度和效度;二是讨论如何使质性研究结论一般化。这是本研究对个案扩展法所进行的思考。

总体而言,无论质性还是量化研究方法,各有优点与缺陷。量化研究注重实证主义基础上的大样本调查,以"样本信息达到实现总体信息的一般化"[1],从而得出相对总体的情况。量化研究以概念化和科学测量为主,确保研究的客观性。量化研究方法的有效实施依赖以下几个条件:一是研究对象是具有规律的社会事实,在我们生活的社会世界里,主观性抽离后,存在一个外在于主观性的客观世界;二是研究对象能够得以统计处理,量化研究方法,首先,需要的是抽取的样本情况,然年后用规范的统计方法分析;三是研究程序的科学性。[2]

就质性研究方法而言,虽然它以建构主义为方法论基础,但同样注重研究结果的真实性和客观性。不过与量化研究方法的大样本分析不同,质性研究方法多通过对案例的深入描述,梳理复杂现象背后的决定机制,从而对因果关系进行阐述。质性研究方法的有效性面临三个方面的挑战:一是研究对象的进入壁垒问题,这是质性研究方法尤其是案例研究首先需要解决的问题;二是

---

[1] 熊易寒.城市化的孩子:农民工子女的身份生产与政治社会化[M].上海:上海人民出版社,2010.
[2] 王星.技能形成的社会建构——中国工厂师徒制变迁历程的社会学分析[M].北京:社会科学文献出版社,2014.

质性案例研究中存在的霍桑效应;三是质性材料如何佐证。

所以,选择什么样的研究方法,不仅要权衡自己所能掌握的资源、资料的获取等因素,最为重要的是要思考所研究对象的情况。本研究中的研究对象是历史进程中中国体育产业制度变迁,由于在不同的关键历史转折点上,体育事项所处的宏观结构环境往往发生巨变,其中无法控制的变量太多,因而用深度描述的质性研究方法显然更为适合。正如有些学者所指出的,量化研究方法是一种比较适合于"测量稳定社会的理论模型和技术手段",历史进程中体育事项发生时,社会往往面临剧烈的变动,具有"伦理性、未分化性以及转型时期的发展不平衡性。"[1]因而,单纯地强调量化研究方法,往往难以追寻"真问题"。[2] 如本节开头所述,本研究的具体研究方法包括文献考察法、深度访谈、参与观察以及个案扩展法等。

一、文献考察法

本研究的文献考察主要从三个路径入手:一是理论文献的爬梳。本研究对国内外体育产业发展形成理论,先是筛选阅读,然后进行了系统的述评,并从学理上将制度变迁、体育消费实践形成及体育产业升级创新之间的逻辑关联进行了合并整理;二是历史档案及文献的整理。这里分为西方体育产业制度的相关历史资料,以及改革开放以来中国体育产业制度的相关研究及档案材料。前者主要来源于大量西方国家体育产业制度的相应经济史文献论著,后者主要是改革开放以来我国关于体育产业治理的档案,以及一些关于体育产业政策研究的历史文献中整理的。这些档案材料既有中国职业体育发展的实际案例,也有政府管理部门颁布的政策法规;既有领导的讲话材料,也有具体的政策文本;既有报刊报道,也有历史影像资料。三是对目前的体育产业制度材料进行整理,其中涉及案例中的政策文本以及大量的数据等,另外还涉及国家企业改制的相关政策文本。在研究中,文献的整理、收集及筛选等都是研究的首要工作,查找文献的种类越多,研究就越可靠。在本课题中,收集来的文献特点如下:① 来处广泛,既有学者的研究述评,也有民间的档案记录,并且国内外的文献都涵盖在内;② 为了增加质性研究的信度,各种数据来源要有互证的关系。

---

[1] 刘少杰.中国社会调查的理论前提[J].社会学研究,2000,15(2):86-90.
[2] 沈原."强干预"与"弱干预":社会学干预方法的两条途径[J].社会学研究,2006,(05):1-25+243.

二、深度访谈法

深度访谈法是质性研究中最常用的基础方法。在深度访谈过程中,笔者主要采用了焦点小组访谈和个别访谈混合的方式进行。通过对同类主题的焦点访谈,就中国体育产业形成中的问题从不同组织角度进行访谈,从而深化对此议题的了解。对于其中信任程度高且经验丰富的人,我们又进行了个别深度访谈。深度访谈是质性研究中最常用的基础方法。有学者指出,深度访谈与通常的访问调查有着根本的差异:深度访谈多以聊天的方式展开,这样可以消除访谈对象的戒备心理,更好地了解真实情况;而访问调查则是以问答形式展开,通过问卷设计获取被访对象的答案。深度访谈会有研究者的感悟加入其中,并据此体会访谈对象的答案内涵;而访问调查则更多是一种测量,利用前期设计完成的操作化量表来测量访谈对象的态度或其他情况。深度访谈还会有旁听,而访问调查多是询问。从这些对比可以看出,深度访谈意在全面了解研究对象生活场景的真实状况。笔者研究中涉及的深度访谈遵循以下几个原则:(1) 自己要切身地融入访谈对象的生活,彼此信任。在生活中感受并做参与式的研究,以此来打消对方的提防心理。另外,联系核心线人从中牵线搭桥,以获得被访人的完全理解与支持。(2) 深度访谈,保证人员身份多样性。本研究中的调研对象包括以下人员:① 体育消费参与者,居民还有社区的管理者;② 体育赛事直接管理者;③ 相关政府管理者及学者等。(3) 深度访谈与文献资料相结合的复证(replication)原则。一方面通过深度访谈更好地挖掘体育产业制度演变过程中的历史故事,另一方面也通过相关的文献资料对访谈的内容进行印证,从而增强访谈资料的信度。

三、田野观察法

社会学中的个案研究方法取法于人类学的田野考察法,它很好地展示和执行了实践社会学的方法规则。个案研究中,取现场事件,通过参与多次、重复观察,获取现象背后的一般性特征,再放入实际情景进行检验。实际上,个案研究存在很大局限:① 研究对象为个案,"个案是一个'有界限的系统',具有独立性的特点"。[①] 如何从个体扩展出一般性,这是研究者要首先面对的问

---

① 费孝通.学术自述与反思[M].上海:生活·读书·新知三联出版社,1996.

题;② 个案中的"地方性知识"如何突破,怎么才能避免自话自说;③ 陌生人入驻带来的"霍桑效应"在研究中如何回避;④ 个案中提炼获取的经验,如何上升为整体性的理论回应。综上,最为核心的问题是如何在个案研究中获取一般性的东西,从而克服个案研究方法弊端。

（一）选择典型个案

这里谈到的"典型个案",字面上理解,就是具有代表性的个案,在这样的个案中内蕴着学术意味。"体育学面对的是活生生的人（living body）,人的运动行为的研究不应该是因素论的相关性,程志理的学术实践给我一个体会,运动行为分析时,尝试虚拟逻辑叙事,构成一个故事,利用'简单的组合'导出复杂系统,称之为'固定的中间形式',用具体的运动行为的切身感来验证,是对人的运动行为本体论的假设,按照某种逻辑、某种假设所进行的尝试。"[①]"涂尔干曾尝试研究澳洲图腾制度,目的是揭示原始宗教的基本形式。"[②]只不过,这种个案,从方法论上来看,带有自然科学的格调,仿佛个案就是代表一般,但何为典型,却不能说明白。因此,从个案到一般,从微观到透视整体,还需要进一步的论证。

（二）微型调查法

微型调查法是20世纪二三十年代中国社会学家比较常用的方法,又可以称为社区调查法,费孝通先生将这种方法形象地比喻为"解剖麻雀",他的灵感来源于其老师马林诺夫斯基的"微型社会学"研究方法。微型调查法,归属于类型归纳的研究理路,通过"地方类型"的调查,总结经验,从局部反映问题,再从整体上归纳,以此凸现整个中国社会结构的特点。在这种方法的指导下,前有费孝通先生的"江南模式"等的人类学方法实践。[③] 后有基于体育学术方法论的理解——程志理提出的"事实—现实—切实三元互证结构"的方法论体系,他认为文献梳理中建立起的问题结构的论证,需要依赖于切实感的口述史证据,讨论人的行为特征如果仅通过外部的数据调查,没有主体行为的材料是不妥的。他举了一个例子,假如说10年前个人的体育消费一年1000元,10年以后,变成了2000元,这翻倍的1000元是如何产生的？如果用问

---

① 焦素花,郭卫玲,倪海宁.体育消费行为变化与新余暇生活方式的生成——《体育与科学》工作坊博后项目论证会学术综述[J].体育与科学,2021,42(2):114-120.
② 爱弥尔·涂尔干.宗教生活的基本形式[M].渠东,等译.上海:上海人民出版社,1999.
③ 费孝通.江村经济[M].北京:商务印书馆,2001.

卷调查,工薪阶层、年龄、性别、职业身份、余暇时间等数据能够获得关于变化的准确判断吗?很难。从目前的文献看,问卷调查用于对人的行为特征的研究时,虽然形式上获得了某种量化的数据关系,但却给出了一个主观的判断。因此这种深入田野的民族志的方法被马林诺夫斯基称为"里程碑意义的事件"。但这种微观调查法也有局限,它仅截取了个案系统的一个或多个切面,限制了时间方面的观念变迁。笔者认同程志理的判断,要研究体育参加社会构建的文化意义,则要把"体育中的人"理解为历史行为的主体,比如研究体育消费就要研究人的运动行为的历史变化,把体育消费视作运动的行为主体的现实表现,由此出发,考察它的内在根据,就是他强调的运动行为志,它作为体育参加社会构建的人性分析的一种方法途径,在叙事的过程中能够实现对"新时代"体育消费行为的"哲学—历史"性反思。[①] 程志理的这种理念与 Anselm Strauss 等的观点一致,"质性研究中理论触觉主要有三个来源,一是文献,二是专业经验,三是个人经验。"[②]因此,人的运动行为特征的本体论假设,作为体育学的"公理系统",构成其全部推论的出发点和逻辑根据。所以个案研究必须在历时和空间两个维度同时进行,那么动态的过程研究对个案扩展尤其重要。

(三) 事实—现实—切实三元互证:直面问题的逻辑结构叙事

程志理基于对学术方法论的理解,针对访谈过程提出"事实—现实—切实三元互证结构"的方法论体系。

程志理认为体育消费行为研究是一个阐释学的问题,它是对意义生成的讨论,人们的体育消费行为在外部环境和内生机制两个条件下怎么产生变化,需要去做田野调查。也就是与体育消费者做口述史,让他们进入行为追忆,生成一个具体的"个体性"故事叙事。这种叙事有体育消费的具体特点,虽然是一个人或者几个人的叙事,但是人在某种环境或者时代氛围中的行为是具有本体论意义的。程志理希望,立足于各个学科对体育消费行为的分析,学生要充分利用各个学科的研究成果,再通过口述史证据来进行验证。这就是在事实分析中体现研究的现实意义,在体育消费者口述史的切实证据中形成互证,这样我们可以明白,体育消费是文化消费的内容,文化的主体意义坐实了体育作为文化消费的社会现实性,这就有了情感的、审美

[①] 焦素花,郭卫玲,倪海宁.体育消费行为变化与新余暇生活方式的生成——《体育与科学》工作坊博后项目论证会学术综述[J].体育与科学,2021,42(2):114-120.

[②] Anselm Strauss, Juliet Corbin.质性研究概论[M].徐宗国,译.台北:巨流图书有限公司,1997.

的、主体追求的等等内生性特征。王智慧提出,综合运用口述史、民族志,比较历史定向分析等方法建立报告中整体的脉络,这实际是对消费事实的再现和还原,需要进一步明确的是报告中所列举的个案调查、深入访谈等方法,究竟运用在哪一个环节上,是为解决哪一个核心问题服务?这些必须要与具体的问题对应起来,比如哪些问题是需要访谈解决的,哪些问题是需要文本建构的,哪些又是通过比较历史和定量分析解决的,一定要明确。

颜军立足于学科背景,也从方法学上提出自己观点,心理学研究人的行为引起人行为以及行为变化的心理原因。现有心理学对人自身认识存在局限,只能是在事件发生前和发生后进行探讨,也就是行为发生前是研究动机,行为发生后是研究心理归因。而真正的过程目前还没有办法完全了解。对于人脑的认识,即使是通过最先进的设备,如心理学最前沿的脑科学研究用的磁共振也只能对一些生理学指标的探索,而人的思维怎样发展,怎样改变,还没办法研究清楚。颜军认为更应关注方法学上的问题,认为本研究中最大的亮点是互证叙事。他很谦虚地说,这段时间他其实也在学习过程当中,因为从事心理学教学研究,所以基本是自然科学主义者,受科学主义思想影响深刻,相对喜欢选择有代表性的样本,通过具体量化和相对规范、严谨的研究假设,得出数字来体现结果,而本研究采用叙事方法是亮点。叙事,可以透视人的认知结构和过程,它是建构经验和指引行为的基础,在别人看来,心理学基本隶属于自然科学的范畴,强调实验性的过程研究。颜军继续阐释自己的观点,其实,从20世纪80年代开始,心理学已经开始运用质性研究方法,当然,在发展过程中,比如最早弗洛伊德对潜意识或梦的研究也是运用经验描述的方法(比如谈话、自然观察,叙事,文本分析等),另外皮亚杰的认识—反应理论,也是与儿童,包括自己的儿子,采用访谈的方式来进行过程观察、总结提炼。报告中采用的方法以叙事为主,他这样说的目的是想告诉报告人,既然采用叙事研究,它本身有内在逻辑,不能用简单的自然科学化这种方法,对叙事以及其他质性研究方法做出简单因素论式的数字评价。针对报告中夹杂因素论的痕迹,他提醒,因为方法上的不同,用叙事这种方式来做,过程才完整,会更细,更有连贯性。

程林林针对该研究方法也不无感慨地说,体育消费是经济学的范畴,我国的消费面临新时代双循环背景(一个是主体性的国内大循环,一个是国内国际双循环相互促进的新发展格局),循环过程既是贸易,也是消费的过程。从现实背景和国家先后出台的政策文件来看,国家对体育消费非常重视。为什么重视?因为消费起不来,这不仅体现在体育消费上,而是整个中国老百姓的消费低迷。如程志理所说,这有文化根源的制约,中国老百姓节俭,喜欢存钱,整个国内存在这样的消费文化氛围。国外可能有借钱花销的习惯,国内还不行。如同样的体育消费,其驱动力表现却不同。从经济学视角来看,消费其实有两个维度,一是欲望,二是支付能力,支付能力不是本报告探讨的范畴,如果从经济学套用这个选题的话,重点肯定欲望上面,经济学中欲望的探讨主要是偏好研究。回顾经济学发展历程,得益于英国经济学家、逻辑学家杰文斯(Stanley Jevons)的学术勇气,他把数学和功利主义哲学结合起来构成现代经济学的逻辑框架,形成了今天的西方经济学。程志理认为可以另辟蹊径,第一,把体认理论作为一个基础的、新的研究方法范式,以三元互证作为分析框架,真正探讨体育消费行为变化过程中发自人内心的真实想法,并构建一个独立的逻辑体系。第二,假如一定要用社会学中布迪厄的场域—惯习理论,不能照搬,中国体育消费行为变化是一个特定的案例,要有所创新的话,他建议不如创新得更彻底些,直接从体认—三元互证结构走出一条路子来,回到哲学层面做一个逻辑上的架构。程志理接过程林林的话题,补充道:"要面对问题本身,不要受到学科理论的限制,就方法来讲,用布迪厄的理论来讨论,可能会被预设的理论所限制,局限在里面不利于揭示问题的真相。学术研究是从现象探寻问题的过程,要避免观念先行,回到问题本身去。"

四、个案扩展法

由上可知,典型个案法与微型调查法在研究中都有重要地位,它们追求的理论目标也基本一致,即通过概略性的知识获取来分析整体,但也存在缺陷与弊端——不能超越个案"界限"的局限性特点。这样的话,个案扩展法,所谓的个案,其场域系统就不再是封闭的,而是开放的,由此,这个个案扩展法,与前两者就有所不同。凡·维尔森(J. Van Velsen)将其总结为以下几点:(1)要关注各种抵触结构的异常现象和意外事件;(2)必须关注和个案相关的历史材料;(3)必须进行社会过程的分析,发现在实际的社会关系结构中,人们如何根据特殊情境的要求,开展行为选择。社会过程的分析建立在三个假设上:第一,个案是开放性的,而不是孤立封闭的;第二,社会规范和制度不是固定不变的整体,相反却有可能是模糊的,甚至彼此矛盾;第三,社会成员对社会规范和制度具有操作能力。①

最后,"就个案扩展法而言,在其分析理路上,'个案'仅仅是一个'隐喻的介质',其背后反映的权力斗争、冲突以及历史、文化等因素,则是研究的主要目的。这样个案扩展法,就成了'微观社会学宏观基础'的有效研究方法。"②迈可·布若威认为,"个案扩展法是一种'反思性科学模式',建立在研究者和研究对象的主体间性基础上"③,"遵循反思性的四个原则、介入、过程、结构化以及理论的重构。"④这里的方法、准则,与黄宗智倡导的实践社会学中坚持的"从实践中来,再到实践中去检验"呈一致之态。

其实国内也有学者提出与此相似的个案研究方法,即"过程—事件分析"。孙立平等人将"过程—事件分析"的实践社会学要素总结为:"一是过程,通过对事件过程的跟踪,全程描述,展开时间和空间维度;二是机制,在主要个案中,它统领所存在各种因素作用方式,具体表现为正式和非正式制度;三是技术,即案例事件中社会参与成员在实践过程中的策略、变通及其'操弄社会规范的方式';四是逻辑,也就是支配整个实践过程的实践逻辑,发现这些逻辑是实践社会学的理论目标。"⑤所以,如果说个案扩展法较多地规定了研究方法的原则,那么"过程—事件分析"则侧重于将这些方法原则用于实际的经验研究中,属于细化和操作后的"研究策略"。孙立平等人在这个方向的努力,为我们的具体研究提供了重要的参考,但是"过程—事件分析"通常关注的是日常生活中的"小事件"(如种洋香瓜、征购粮食等),虽然其分析方法能够在一定程度上达到"以小见大"的目的,但是"小事件"的作用范围毕竟有限,而且带有较强的流动性和偶发性,因此也就带有传统个案研究中"界"与"限"的痕迹,影响了结论的扩展。当然孙立平也将"过程—事件分析"用于中国社会市场转型等"大事件"的研究,⑥不过,这里,"大事件"的分析中,更多地指向制度分析。

基于此,笔者认为有必要对"过程—事件分析"做一个调整,将事件划分为"小事件"与"大事件"。对于"小事件",可以效仿孙立平等人的分析,"大事件"则定义为长时段的历史实践变迁。这不但可以扩张扩展事件分析的视野(不

---

① 迈可·布若威.制造甘愿——垄断资本主义劳动过程的历史变迁[M].林宗弘,张烽益,等译.台北:群学出版社有限公司,2005.
② 卢晖临.社区研究:源起、问题与新生[J].开放时代,2005(4):25-31.
③ Burawoy M. The Extend Case Method[J]. Sociological Theory,1998,16(1):4-33.
④ 卢晖临,李雪.如何走出个案——从个案研究到扩展个案研究[J].中国社会科学,2007,(1):118-130+207-208.
⑤ 孙立平.迈向实践的社会学[J].江海学刊,2002(3):84-90.
⑥ 孙立平.实践社会学与市场转型过程分析[J].中国社会科学,2002(5):83-96.

再局限于制度分析),而且有利于我们洞悉能够决定整个事件进程的力量和机制,提供一种自上而下的视角。在案例研究中,笔者成为案例中的一名实际参与者,选择这个方法的好处在于:一方面可以接触案例分析中的实际情境,另一方面深入第一现场,既可以观察案例发生的全过程,也可以对之进行深度访谈,获得田野调查的一手资料,从而力求更全面地呈现现代城市体育产业发展的实际场景,因此说本研究的质性研究是多层次的。

第三章　文献综述及理论框架

本章为文献回溯及理论框架建构比分，主要完成两个理论任务：一是对中国体育产业形成发展理论进行文献回顾，梳理理论发展脉络并进行评述；二是完成对西方体育产业形成发展理论的中国化改造，来为我国体育产业高质量发展的理论建构提供历史及现实的镜鉴。

第一节　文献综述

市场经济体制下运行的体育，已有上百年。尤其体育产业是发达国家国民经济重要组成部分之一。二战后，西方国家的经济增长迅猛，大众的生活水平也不断提高。体育发展迅速，一方面体现在竞技体育中带有极强观赏意味的职业体育发展尤为突出；另一方面体现在以健身和休闲为主要内容的大众娱乐性体育也发展迅猛。在这样的背景下，体育产业的地位得以进一步确立。[1] 体育真正成为一项产业活动，与资本主义制度紧密联系在一起。人类历史上经济关系的地方化研究最早是关于生产关系的地方化即产业集群的研究，可以追溯到19世纪末马歇尔对英国纺织、陶瓷和冶金等产业的案例研究。[2] 现代体育产业地方化研究的兴起，直接来自一些发达国家成功案例的启示。学者们一致认为，体育作为一项产业，起源于英国。

一、国外体育产业发展及其运行方式分析

通过梳理过往文献，国外对体育产业的概念界定大致有以下几种说法。

---

[1] 鲍明晓.体育产业——新的经济增长点[M].北京：人民体育出版社，2000.
[2] 刘米娜.新"市场共同体"：商户、网络与空间[D].中山大学，2011.

韩国学者朴英玉认为,"体育产业指与体育活动和消费有关的商品、服务的生产与销售等。"①美国学者埃尔菲·迈克强调,体育产业由三块构成:① 参与性体育娱乐活动;② 体育产品和服务;③ 体育维护组织。而在日本,"体育产业主要由体育用品、服务和会费三块构成。"

(一)国外体育产业的产生及基本运行方式概况

众所周知,现代体育、体育产业分别都诞生于英国。该判断的依据如下。美国学者莉萨·马斯特拉莱西思提出两个观点:① 历史上英国人的户外运动项目,基本都与现代体育产业中发展较好的运动项目有关,如足球、拳击、橄榄球等。英国户外运动在全球的传播,基本得益于英帝国主义的殖民扩张。客观上,全球的体育职业化、商业化由此发展开来,这也是西方体育产业开始的一个很重要的影响因素。② 体育产业的经营组织形式的形成——俱乐部体制(Club System),最早也产生于英国。1750年,在英国,纽马克特(Newmarket)有了赛马俱乐部(The Jockey Club)。该俱乐部的治理非常著名,包括实行现代公司制的管理机构,同时又采用现代的规章制度作为保障。很快在英国,其他运动项目也采用类似治理模式,比如板球、拳击等,该模式在许多其他欧美国家也广受欢迎。除了英国,我们还需注意美国。首先,美国也是世界上商业体育项目运营较好的国家之一,比如篮球、棒球、冰球;其次,在引进英国俱乐部制度的基础上,美国人建立了另一种现代体育专业化和市场化不可或缺的组织形式,即联盟制(League System)。后者在确立现代体育产业地位方面,作用尤为显著。

19世纪,"赛马俱乐部"模式在美国流行起来,许多年轻人根据英国传统,成立了体育俱乐部。然而,他们很快意识到,美国很难复制英国俱乐部制度,因为美国社会没有贵族传统的根基,俱乐部很难获得群众的支持。因此,美国人开始研究营利性俱乐部的运作。1828年,美国纽约一家赛马俱乐部的成员Cladwalder Colden向该俱乐部提出了两项解决资金问题的建议:在内部,以10 000美元出售俱乐部股份,在外部,向公众售卖门票。尽管俱乐部在讨论后,拒绝了他的第一个提议,但同意在1829年赛季期间,对俱乐部进行商业管理,这为该运动的商业化铺平了道路。美国内战后,棒球成为美国最受欢迎的运动。1871年,职业棒球队的一些成员联合起来,成立了国家棒球协会,所有

---

① 孙班军,等.体育产业及其治理的概念框架与治理边界探讨[J].北京体育大学学报,2008(08):1009-1012.

支付最好球员工资的棒球俱乐部都可以加入。1876年,威廉·赫伯特(William Herbert)接管了美国国家棒球协会,他曾被称为"棒球大师"。他认为,只要棒球能作为一种商业运作,它就可以盈利,他很快将国家棒球协会改名国家棒球联盟。此后,他开始制定联赛规则,并有计划地逐步发展棒球联赛市场,以保持联赛的垄断地位。职业棒球联盟成功之后,该模式很快在篮球、美式足球和冰球中也得到普及。

二十世纪,美国率先建立和完善了职业体育联合会制度。所谓联盟制,是指专业团体老板,立足于自己最大利益获取的基础上,委托其他人管理俱乐部,而被委托人是懂经营的精英人士,这样做的目的是让专业人士代表自己进行专业化的经营与管理。它的特点是产权与经营活动分离,按照现代企业制度的标准,建立"合营经济企业及合作法人",实质上是从垄断中获得最大利益。因此,美国商界称联盟为"体育卡特尔"。如今,在美国,除了众所周知的全美职业篮球联赛(NBA)之外,棒球大联盟(MLB)、全美橄榄球联盟(NFL)、全美冰球联盟(NHL)和足球大联盟(MLS)也都是引人注目的商业典范。奇迹的深层次原因和共性,体现为联盟制等独特的制度根基及制度安排。需要指出的是,组织上,联盟制并不是职业体育营销的唯一形式。在欧洲国家,通过不断的改革调整,体育俱乐部模式不断适应变化,在商业经营上有了新的管理模式。与之前相比较,其特殊性表现为欧洲的职业俱乐部是竞争环境下的"自助形式",而在北美,所谓联盟体系的俱乐部运营,采用的是"自助+代理"模式,它的特征表现为部分垄断。由此可知,体育从开始为了娱乐而娱乐的文化现象,到之后被包装为商业形式,进而成为产业,比如英国的俱乐部、美国的体育联盟,这些都是不能绕过去的。

体育产业的出现及形成发展,与竞技体育自身的身份转化密不可分,从业余到职业的过程中,市场化起到了重要的作用。同时世界范围内的大众体育及健身娱乐业发展的推动,也对体育产业的繁荣发展起到了关键作用。然而与竞技体育的职业化相比,大众体育的市场化时间要晚得多。尽管十八、十九世纪,主要西方资本主义国家的上层阶级在体育、健身、娱乐等方面有一定的消费体现,但当时的消费体量仍然较小,无法形成真正的产业。直到20世纪中叶,欧洲国家经济恢复繁荣,体育休闲消费才开始流行和普及,大众体育产业的地位随之形成。时下,体育健身及其娱乐业已经反超体育竞赛表演业,成为世界性的体育产业。

简而言之,体育产业就地理起源而说,首先是英国,然后推广至欧洲大陆、北美;就发展水平而论今日,美国体育产业最为发达;就类别而论,先是竞技体育,之后大众体育传播开来。体育产业的发展,归根结底,得益于资本主义制度的建立,世界经济发展,人民生活水平提升,体育消费需求才得以产生;从体育制度的角度来看,则得益于俱乐部制度和联盟制度的建立和完善。

(二) 西方体育产业运行方式(尤其是职业体育联盟)的经济学解释路径

结合西方职业体育联盟的起源和形成过程可知,职业体育联盟的产生与发展不是偶然的,它必然有其生存的法则,而这种法则在今天从经济学的意义上讲就是"垄断",即职业体育联盟是一种典型的市场垄断组织。因此,要理解这种组织,就需要运用垄断经济学理论来解释它的特性。依据经济学理论,"垄断"是"单一的出售者完全控制某一产业。单一的出售者是它所在产业里的唯一生产者,同时没有任何一个产业能够生产出接近的代用品。"[1]其基本原理是通过构建垄断组织,形成垄断市场,从而控制产品价格,实现垄断利润。其最大优势就在于节省成本。如果存在规模经济,企业就可以通过提高产量来降低成本,这就意味着较大的企业在成本上比较小的企业具有一定的优势[2],即规模经济或平均成本递减是垄断的主要根源。

关于职业体育联盟的重要作用,美国的经济学者迈克尔·利兹、彼得·冯·阿尔门在其体育经济学中是这样论述的:"所有大型职业团队和个人运动都纳入联盟或协会组织之中。成立联盟好像是一项运动财政稳定的一个前提条件,虽然联盟并不是与职业运动队同时出现。但职业运动的存活还是依赖于稳定的联盟的形成。"[3]以具体例子来说明这种垄断性组织对职业体育俱乐部财政稳定的作用,如电视转播权收入。如果俱乐部之间没有卡特尔协议,每个俱乐部单独与电视转播机构谈判,那么各个俱乐部就会出于对自身利益最大化的考虑而采取"占优战略",其结果就是理性的追求导致不理性的结果:成绩好的运动队获得较好的电视转播收入,而成绩不好的运动队则可能只能获得较少的电视转播收入,甚至得不到转播合同。短期来看,成绩好的运动队因为可以获得丰厚的电视转播收入,所以能够雇佣最好的运动员,而成绩差的运动队则由于经济原因做不到这一点,这样就会导致运动队的竞争不均衡,比赛的激烈程度(竞赛产品的质量)就会大大下降,从而失去观众。长远来看,不太

---

[1] 保罗·萨缪尔森,威廉·诺德豪斯.经济学[M].萧琛,译.北京:华夏出版社,1999.
[2] 保罗·萨缪尔森,威廉·诺德豪斯.经济学[M].萧琛,译.北京:华夏出版社,1999.
[3] 迈克尔·利兹,彼得·冯·阿尔门.体育经济学[M].杨玉明,蒋建平,王琳,译.北京:清华大学出版社,2003.

成功的俱乐部将被迫关闭,联盟内运动队将越来越少。很显然,在达不到职业体育俱乐部群体共生的前提下,职业体育产业很难得到稳定发展。有了卡特尔协议,各个俱乐部不再盲目追求自身利益最大化,而是追求联盟利益最大化。卡特尔的协议不仅可以大大提高电视转播价格,而且也影响了产出数量。有了卡特尔协议,利润的分配由联盟的规则和章程决定。如今,出售转播权的大部分收入在各会员俱乐部间平均分配,即使在国家或电台中很少露面的职业体育俱乐部也会从联盟出售比赛转播权的收入中获得相同的份额。

在雇佣运动员方面,也形成了买方独家垄断市场。所谓买方独家垄断市场是指只有一个买主或雇主的市场。在买方独家垄断情况下,每名工人对企业收入的贡献与其工资的差额称为买方独家垄断利润。在竞争性劳动力市场中,企业赚不到买方独家垄断利润,但在不完全市场中,企业能够获得独家垄断利润。因此,职业体育联盟因为自身的垄断地位,实现了垄断利润。工资封顶就是一种"卡特尔"规则,目的降低联盟内部各会员俱乐部的成本。目前,美国的橄榄球职业联盟(NFL)和篮球职业联盟(NBA)都对运动员实行工资封顶制度。①

这些事实都充分说明了垄断有利于职业体育联盟的稳定发展。通过垄断,单个俱乐部不再以自己的成本和需求来确定利润最大化产量,而是接受总体市场利润的一定份额,这种组织形式保护了实力弱小的职业体育俱乐部,实现了职业体育俱乐部群体的共生。这就是职业体育联盟的垄断经济学依据,它利用市场垄断手段来经营并获得了快速发展,确保了各职业体育俱乐部共生。垄断避免了俱乐部因自由竞争而导致两极分化,保证了各俱乐部的稳定发展和均衡竞争,增加了比赛结果的不确定性,从而生产出高质量的竞赛产品,最终带来了职业体育产业的繁荣。由此可知,职业体育联盟不仅仅有利于俱乐部的共生,更为重要的是有利于生产出高质量的竞赛产品。

(三)西方体育产业中职业体育竞赛产品形成的制度分析

职业体育俱乐部之间需要互相依赖才能够生存发展,"这也决定了职业运动俱乐部的经济决策与其竞争对手的经济决策具有内在的相互依赖性"②。从博弈论的观点来看,在自由竞争条件下,职业体育俱乐部之间的博弈表现为"非合作性博弈"③,这时博弈双方就会陷入"囚徒困境"之中,所谓"囚徒困境"

---

① 安塞尔·M·夏普.社会问题经济学[M].郭庆旺,译.北京:中国人民大学出版社,2015.
② 安塞尔·M·夏普.社会问题经济学[M].郭庆旺,译.北京:中国人民大学出版社,2015.
③ 保罗·萨缪尔森,威廉·诺德豪斯著.经济学[M].萧琛,译.北京:华夏出版社,1999.

其实就是非合作性博弈的具体的应用例子。经济学家把大量的看似最优却导致次优结果的行为称为"囚徒困境",即理性行为导致的不理性的结果。因此,博弈双方竞争的结果就是双方收益都减少,这显然不符合博弈双方追求自身利益最大化的要求。多个博弈者共同博弈也符合这个道理,这说明俱乐部在完全竞争市场(或近似完全竞争市场)中竞争时,各俱乐部的收益往往都会减少。而博弈者采用"合谋博弈"[①]时,各职业体育俱乐部收益往往可以达到最大化。所谓合谋博弈,就是指当博弈各方协调一致去寻找最大化共同利润的战略时,就会出现合作型博弈状态。合谋使得博弈者获得最大共同利润。合谋博弈的实质就是一种协作性生产或是垄断。

因此,依据上述理论,必须建立"市场垄断型职业体育联盟",即由各俱乐部自行组成的一个独立于政府之外的俱乐部联合体来负责组织、管理和经营职业体育联赛的管理体制。由联盟统一制定竞争规则,约束会员俱乐部之间的恶性竞争行为。因此,职业体育联盟的作用在于:(1) 借助于垄断实现联盟利益最大化,从而保证所有俱乐部获得稳定的收入;(2) 借助垄断形成一个独特的市场结构——"内部不完全市场结构"。不完全市场结构是市场中垄断的合理存在,即职业体育俱乐部在不完全的产品市场中出售其服务,并且在一个不完全的资源市场中雇佣职业运动员,职业体育联盟赋予会员俱乐部"与运动员签约的排他权","从而形成买方独家垄断市场以及职业体育联盟及其会员俱乐部的独家垄断力量,"[②]使得职业体育俱乐部在劳资双方关系中获得对职业运动员谈判的绝对优势,从而控制运动员的工资,最大限度地降低成本。

在西方发达国家,基本上都是通过成立职业体育联盟来实现共生的目的。美国橄榄球和篮球职业体育联盟的形成过程说明了成立职业体育联盟的必要性。1920 年美国第一个橄榄球联盟——美国职业橄榄球联合会(APFA)成立,1921 年倒闭;美国橄榄球联盟 1926 年成立,1927 倒闭;又一个美国橄榄球联盟 1936 成立,1937 倒闭;全美橄榄球协会,1946 年成立,1949 年倒闭;美国橄榄球联盟(AFL)1960 年成立,1966 年和国家橄榄球联盟(NFL)合并,1970 年开始联合组织比赛;世界橄榄球联盟(WFL)1974 年成立,1975 年倒闭;美利坚橄榄球联盟(USFL)1983 年成立,1986 年倒闭。可见,美国早期成立的橄榄球联盟组织都不稳定,大多数球队都在为生存而奋斗,球队的进进出出,给联盟的规章制度敲响了警钟,球队明白:如果没有一群稳定的竞争对手,它们就

---

① 保罗·萨缪尔森,威廉·诺德豪斯著.经济学[M].萧琛,译.北京:华夏出版社,1999.
② 安塞尔·M·夏普.社会问题经济学[M].郭庆旺,译,北京:中国人民大学出版社,2015.

无法生存。即使财政状况最好的那些球队也明白：它们长远的财政成功依赖财政最糟的球队的支持。①

同样，美国的篮球职业联盟也经历了这样一个过程。美国篮球联盟开始于1898年，1902～1903年倒闭。随后许多其他的篮球联盟成立，但是直到1925年美国篮球联盟（ABL）成立之前，都未能生存下来。ABL最初有9支队伍，1937年国家联盟成立（NBL），1946年美国篮球联合会（BAA）成立，1949年ABL、NBL、BAA最终合并成统一的具有垄断地位的美国篮球联合会（NBA）组织。美国的职业篮球才形成了一个稳定发展的格局。

美国的职业棒球也经历了这样一个过程。根据史料记载，在1876—1900年期间，美国29家职业棒球俱乐部中有21家因经济原因而倒闭。以上这些历史事实都充分说明了，在没有形成具有垄断性的全美国职业联盟组织之前，各个独自经营的职业俱乐部以及俱乐部之间结成的小联盟之间的自由竞争并不利于自身的稳定发展，同样也不利于整个职业体育产业的发展，因此，美国的"法律隐含地认识到，职业运动队与其联合会是同呼吸、共命运的。"②即垄断有利于职业体育俱乐部的共生，有利于职业体育联盟的稳定发展，由此可知，建立职业体育联盟对于职业产业的生存和发展具有至关重要的作用。正因为这样，美国的法律才给予职业体育产业以反垄断豁免的特许经营权。

由上述可知，职业体育产业的共生性对职业体育联盟具有一种内在需求，它们二者的结合并不是偶然的，经过市场的不断检验和试错，市场选择的最终结果也证明了，建立市场垄断型职业体育联盟对职业体育产业的稳定十分必要。发展到今天，这种组织在西方发达国家盛行，比如英国、意大利等国家的职业体育产业的核心组织都是职业体育联盟。日本、韩国等一些亚洲经济发达国家的职业体育产业的核心组织也是市场垄断型职业体育联盟，这有力地说明了这种制度安排对职业体育产业发展的必要性和重要性。下面是其他国家的职业体育联盟简介。

1. 英格兰足球协会实行理事会制度

在英格兰，从20世纪70年代起，其足球协会的理事会制度改为公司制，英格兰公司法规定它为非营利性有限责任公司。但这个机构设立最高机构理

---

① 迈克尔·利兹，彼得·冯·阿尔门.体育经济学[M].杨玉明，蒋建平，王琳，译.北京：清华大学出版社，2003.

② 安塞尔·M·夏普.社会问题经济学[M].郭庆旺，译.北京：中国人民大学出版社，2015.

事会大概有 90 名成员,执委会又选出 17 人担任。但是,英格兰的足球职业联盟是一个独立自治机构,接受协会的领导,它分为两种形式——超级职业联盟和职业联盟。这里区别于美国职业联盟的地方在于其所具有的自治性,就是有各自的组织系统、章程和业务范围,经费自理。英格兰超级职业联盟没有执行委员会,有 20 支俱乐部,由 20 个俱乐部各自的代表组成,机构由最高执行官或者秘书长主导管理。更为具体的是,这几个俱乐部在权力和地位上没有区分,互相平等。问题解决基本是通过大会投票,票数达到 2/3 以上才为通过。英格兰体育职业联盟要履行的职责体现为:① 比赛的组织;② 赛事的经营。最终俱乐部赛事经营收入方面的分配要按照协议的规定分给 20 个俱乐部,但绝不是平均主义大锅饭,而是依据联赛排名先后次序及电视媒介转播的频率,合理分配收益比例。比如在电视转播收入,先把大盘子的一半均分给各个俱乐部,剩下的一半中,再均分出 25%,依据球队在直播中的露面次数再进行分配,还有 25% 的分配,依据人气最高的联赛排名先后决定收入差别。其余的收入比如广告、赞助及特许经营收益,最后由联盟负责全部给 20 个俱乐部均分。

2. 德国的足球职业联赛制度

在德国,足球赛事虽然一直在足球协会的管理下举办,2000 年,德国足协它们进行了一系列体制性的改革,目的是实现就建立属于自己的足球协会,也就是德国职业足球协会。它的管辖范围,涵盖甲、乙级俱乐部的赛事举办,另外许可证的办法及走市场的基本营销管理等。有了许可证的协会,在组织上就相对独立。它们将与德国足协合作,共同管理德国足球,处理国内外事务,一旦有特别事项,德国足协出面协调领导处理。

3. 意大利全国职业足球联盟制度

在意大利,负责管理职业足球的是全国职业足球联盟。它名下有两个联盟,一是甲级职业联盟、二是乙级职业联盟,另外一个联盟是丙级职业联盟,但它是独立的一个机构组织,与全国职业联盟都是相互独立的。其中,前者,在意大利是最大的、也是最为重要的职业联盟,它代表这甲级、乙级所有的球队,相对自治,除去由国家法律、足联规则及章程规定的足联的职能意外,甚至可以执行所有职能。它接受意大利国家奥委会和国内足球联合会的领导及监督。

4. 日本的足球职业联盟制度

1991 年,足球职业联盟在日本成立,它受制于日本足球协会,但是属于日本国内唯一独立的组织机构,经过日本文部省批准,并且具有独立社团法人资格。联盟理事会是最高决策机构,它包括15名理事,2名监事。在理事会中,9人由足协派遣,包括联盟副主席、秘书长等,各俱乐部再派出6名理事。因此,日本足协9/6的绝对优势地位掌握着决策权力。

5. 韩国篮球职业联盟制度

韩国篮球职业联盟1997年成立,只受韩国篮球协会领导,相对独立。代表大会是其最高权力机构,委员长和10支队伍的团长(领队)共同执掌权力。韩国基本上是复制美国的做法,其篮球职业联盟有法人资格且独立,是以一种公司营运的方式管理。

综上所述,第一,职业体育发展水平高的国家的职业体育联盟制度形式是其职业体育产业发展的根基。第二,职业体育联盟这种制度下的组织机构较为独立,自治性高,内部球队的共生特征明显,而且联盟形式都是按照公司化运营和管理,民主决策和收益权都遵从联盟规划和统一分配。

二、国内体育产业发展研究概况

我国体育产业在20世纪80年代萌生,90年代中期发展迅猛。2008年,我国体育产业的从业人员是317.09万人,实现了15 54.97亿元的增加值,在GDP中占到了0.52%的份额。2006年至今,就增长速度而言,年均远高于16%,甚至超过GDP的增速,被称为"新的经济增长点"。东部沿海省市发展较快,体育用品制造业主要集中在福建;体育赛事和会展业主要集中在北京、上海以及广东,区域特色表现明显。然而,整体而言,我国的体育产业发展与发达国家相比还存在较大的差距,基本还处于初级发展时期。

(一)中国体育产业概念厘定及溯源

我国体育产业的出现,相对比较复杂,"基本围绕由系列政府政策的颁布发行,学者领域针对体育事业与体育产业的学理争鸣探讨,以及诸多体育项目改革的实践经验积累,'体育产业,在中国,到底如何定位',才逐渐清晰。"[1]关于产业的描述,到目前为止还有许多不同的说法,但从产业经济的视角来界定,产业有两层内涵,一是"产业"和"市场"(狭义的局部市场而不是广义的一

---

① 董红刚,孙晋海.体育产业:以关键词为视角的学术观念史叙事[J].体育与科学,2021,42(5):37-45+65.

般市场)是同义词,因为只有在相同的市场上制造同类别商品才可以被称为一个产业,也就是企业的集合。二是从广义层面界定的,指在属性一致基础上形成的具有相互关系的经济活动的系统或集合体。今日,国内体育产业发展备受关注,政府政策、学者论著、媒体报道,甚至老百姓的闲谈中,都会时常出现。关于体育产业的概念界定,众说纷纭。综合专家、学者的讨论,本研究认为体育产业属于体育服务业,专指以活的劳动形式向社会提供的服务行业,大致包括"健身娱乐业、竞赛表演业、咨询培训业、体育旅游业、体育经纪业和体育博彩业"。这种观点的学理依据来自英国经济学家阿伦·费希尔,他在20世纪30年代提出的"三次产业分类法",被很多国家采用,而且国民生产总值统计方法也据此形成。

20世纪80年代中期,三次产业分类法被我国正式采用。1985年,国务院发布《国民生产总值计算方案》,我国第一次,将体育事业归入第三产业,目的是"为提高科学文化水平和居民素质服务的部门"。1992年,《关于加快第三产业发展的决定》中,这样的提法再次由中共中央、国务院确认。但体育行政主管部门、媒体和绝大部分体育经营人员的认同相对较晚。鲍明晓也说出三条反对理由:① 不符合国际通约原则;② 与我国体育产业不兼容;③ 这样的分法已经被时代淘汰。[①] 应该强调体育产业所蕴含的经济属性。通过经济手段,赋予体育本体以外的属性,例如通过生产经营的手段来实现一些价值,体育产业就是这样形成的。现在,体育产业不仅被强调为国民经济新的增长点,而且一些研究者从体育消费现状出发将它看作满足人民群众多样化精神需求的重要手段,甚至是为全社会提供各类物质产品与服务的途径。持此种观点的学者认为,体育物质与体育服务产品的生产与经营构成体育产业,一些服务型行业如健身娱乐、竞赛表演、咨询培训及体育经纪等,甚至一些体育服装、器材、视频及功能性饮料也包括在内。这些被认为是广义体育产业。吴香芝认为,"广义上的体育产业就是指各种体育经济活动的集合。"[②]她的依据在于,"体育产业的发展离不开体育消费,有什么样的体育消费状况就有什么样的产业市场,产业市场的客体专指体育产业。那么,体育消费本质上就指产品及服务消费两块。"就构成而言,体育产业是物质与服务产品的统一体。

国家体委1996年发布的《体育产业发展纲要》虽没有对体育产业进行明确的概念界定,但将体育产业分为三个类别:① 体育本体产业,这一部分完全

---

① 鲍明晓.体育产业——新的经济增长点[M].北京:人民体育出版社,2000.
② 吴香芝.我国体育服务产业政策及发展对策研究[M].北京:中国社会科学出版社,2018.

归属于体育部门管理,从体育的功能属性,发挥自身的政治、经济功能等,另外还有一部分以体育服务提供为主的经营性活动等,例如:竞技体育、群众体育以及体育教育、科技,甚至体育彩票与赞助,等等;② 相关产业,例如与体育有关的生产经营,像体育场地、器材、服装、食品、饮料、广告以及其他传媒活动等;③ 体办产业,专指那些为体育主体产业服务或为协助体育事业发展而开展的创收及补助性的生产经营活动。

另一种观点坚持说,从经济和市场学角度来看,在中国,体育产业和体育事业有相互重叠的部分,也有不重叠的部分,那么除去体育事业中那些不盈利的部分,其余都可以被称为体育产业。这种观念的理论基础在于,既然是体育产业,那么就包括市场上的一切商品货币关系。只有有产业,就存在市场。中国与欧美不同,体育产业划分为哪个层次不重要,有人认为是属于第三产业,有人认为是存在于第二、第三产业之间,属于混合型的,撇开这些不论,中国现实的情况是,到底哪种体育项目能够市场化,实实在在进入市场,且能够带来利润收入,换句话说,在中国,体育事业不能被完全定位成体育产业,应该将属于体育事业的内容和不属于体育事业的内容完全分开。"中国的体育产业,只是体育事业中既能进入市场,又能赢利的那一部分,而不能进入市场,完全依靠政府扶持资助的,就叫事业。"现实状况中,篮球、足球、围棋等体育项目完全可以市场化,走商业化的道路,这些可以成为体育产业的一部分;而田径、游泳和体操项目,主要依赖举国体制的方式存活和发展,那这一部分就完全是体育事业的一部分。但也有反对的声音,他们认为体育事业应该在整体上完全被界定为体育产业,这是经济理论和国家政策规定,只是目前我国市场经济不发达,人们的经济能力有限,体育消费不旺盛,目前的体育制度稍显滞后,不符合社会主义市场经济体制的要求而已。

体育产业专家鲍明晓则从辩证的角度提出自己的观点。中国体育产业出现的时间较晚,而且中国国情特殊,体育产业甚至可以称为体育事业,因为社会主义市场经济体制下对体育发展的转型实质上就是把体育事业向产业方向转型。称谓的变化不是对国家体育事业的扬弃,而是通过发展方式的转变,用市场手段实现对体育事业的运营,并对体育事业发展提出更高的要求,以适应时代发展的需要。两相对比,可以发现过去我们发展体育,因为追求达标率、参与人数、组织竞赛频率,及参加竞技体育的比赛次数及获得奖牌数量,更加凸显体育的手段性,所以使用举国之力来发展效率更高,为的是达标,完成指派的任务。改革开放以后,实行市场经济体制发展体育事业,除了要完成一定的体育手段性目的,我们还要有良好的社会收益。比如,发展体育事业除了要追求"一次产出"之外,还要追求"二次产出",即把初次产出的、具有良好社会效益的业务成果再转化为可以用实物形态和价值形态计量的经济效益,因此在中国,体育产业就是中国特色社会主义市场经济体制下的体育事业,但有自己的特征:① 体育事业运作方式的转换;② 强调体育事业二次效益的转化。遵循这种思考方式,它坚持体育产业是属于中国特色市场经济体制下的体育事业,体育产业的发展,就是要保证市场在体育资源配置中的基础性地位,保障体育事业中各个项目业务成果的转化,最终形成有中国特色的体育产业运行机制和体制。①

综上所述,新中国成立,体育在国内一直被定位为公共事业,被赋予强体强国的功能,发展是自上而下的,依附于国家的全额拨款生存。改革开放后,学者们对此进行严厉的批判,实践层次上围绕体育发展资金来源议题进行的改革,理论层次上则探讨体育经济发展问题。只是改革开放之初,我国还处于有计划的商品经济阶段,体育事业、产业的相互争论,还是围绕"中国的体育如何走"的议题:① 走市场的产业化。1993年4月全国体委主任会议印发《关于培育体育市场,加快体育产业化进程的意见》,强调体育一定要走市场之路,实行产业化改革。② ② 协同发展,走法治化道路。

(二) 体育产业发展研究的理论与政策视角

在理论与政策互动层面,存在两种观念:① 我国的体育产业出现的根源在国家。② 源于市场的需求的出现在实践与政策互动层面催生了我国的体育产业。改革开放以后,我国体育界的首要任务是解决体育事业经费来源问题,体育场馆多元化经营与足球职业化改革成为实践领域的2个基点,原国家体委提出以体育场馆改革为龙头,引发学术界探讨体育属性、体育经费多元化、体育与经济的关系等问题,学者们认同体育产业能够促进国民经济,这为厘清"体育产业"概念夯实了基础。体育场馆的改革首先在上海实行。1979年《上海市公共体育场馆增收节支结余提成留用实施办法》出台实施,经过多年的摸索实践,最终实现了体育场馆"以体为主、多种经营"的上海模式。1990年10月,原国家体委在财务工作座谈会上讨论了体育经费结构多元化改革。1994年12月,在上海虹口体育场,全国体育场馆深化改革会上,原国家体委高度肯定上海做法,并极力推广上海体育场馆的改革模式③。时至今日,我国体

---

① 鲍明晓.体育产业——新的经济增长点[M].北京:人民体育出版社,2000.
② 国家体育总局.改革开放30年的中国体育[M].北京:人民体育出版社,2008.
③ 国家体委.体育统计年鉴(1987年)[M].北京:人民体育出版社,1987.

育场馆仍然处于多元经营、模式创新、全面发展的进程中。1992年中山会议上,原国家体委出台《关于深化体育改革的决定》,强调体育体制和运行机制必须与建立社会主义市场经济相适应,同时要符合现代体育运动规律,这也离不开国家调控、社会支持,但这些都立足于体育产业自身具备发展活力①,因此将体育产业作为体育体制改革深化的排头兵。尔后,在北京红山口全国足球工作会议上,原国家体委决定足球率先实行职业化改革,1993年有11个城市建立了职业足球俱乐部,1994年万宝路全国足球甲级联赛揭幕,标志着我国职业足球俱乐部正式运行②。与之相应,体育产业研究转向国家队与俱乐部的关系③、俱乐部管理④、协会实体化⑤、股份制改革⑥等,初步探讨了我国足球的职业化问题,夯实了体育产业化道路。

中国社会经济快速发展,大众价值理念和行为模式有了深刻的变化,体育产业价值正在逐步显露。用发展的眼光审视,大众对体育产品的有效需求日益旺盛,比如健身服务行业日益火爆,体育赛事在公众中的影响力日益增大,国内体育产业投融资体系,也逐步得以建立。"引进来、走出去"的体育品牌赛事战略共识形成,区域体育赛事创新体系为特征的核心竞争力的趋势。在这样的背景下,如何基于现实展望未来,合理绘制体育产业的空间结构;如何创新职业体育产业组织和公共体育设施,实现现有资源的有效配置;如何实现健身休闲体育产业化,为体育产业发展提供有力支撑,打造核心城市体育赛事的核心竞争力,这些都已成为体育产业发展研究的核心内容。今日,中国产业政策存在供给不足和结构失衡的问题,国家与地方政府在体育产业的政策上存在制度上的不足,造成对体育产业发展的保障力度不够,不利于中国体育产业的发展。目前国内研究体育产业政策的学者大有人在,但研究偏向于现象层面的分析与总结,几乎都不涉及制度瓶颈制约的核心议题,提出调整体育产业政策的建议很多,但产业政策属于制度范畴的一部分。对制度变迁的内涵与外延不了解,政策的建议再多,也抓不住问题的关键。⑦

---

① 伍绍祖.中华人民共和国体育史(1949—1998年)[M].北京:中国书籍出版社,1999.
② 张林,黄海燕,王岩.改革开放30年我国体育产业发展回顾[J].上海体育学院学报,2008,32(04):1-5.
③ 邢玉生.足球改革的大胆设想[J].体育世界,1994(01):39.
④ 罗伯平,周毅.论足球改革中的超前管理与决策[J].广州体育学院学报,1994(03):7-9+30.
⑤ 谭建湘.从足球改革看我国竞技体育职业化的发展[J].广州体育学院学报,1998(04):1-7.
⑥ 刘民胜,付戈弋,王利芳,王维满,马葆刚.股份制与中国职业足球改革发展问题研究[J].中国体育科技,2002(03):11-13+43.
⑦ 丛湖平,等.我国体育产业政策研究[M].杭州:浙江大学出版社,2014.

(三) 体育产业高质量发展内涵及中国体育产业发展的特色研究

习近平总书记强调:"高质量发展,就是能够很好满足人民日益增长的美好生活需要的发展,是体现新发展理念的发展,是创新成为第一动力、协调成为内生特点、绿色成为普遍形态、开放成为必由之路、共享成为根本目的的发展。"金碚提出,从经济发展层面来看,高质量发展,就要在满足大众真实需求基础上的经济发展方式、经济结构及促进动力因素的改变。① 任保平认为,所谓高质量发展,就是经济发展状态的最优表现。② 涂圣伟的观点是,产业高质量发展,就是新发展理念的践行。既要实现对大众多种需求的实现,也是经济发展方式、结构及发展动力的多重转型。最后达到结构、效益及价值三者之间的统一。③ 张银银认为,高质量发展,要体现在实际产品上,另外在此基础上打通行业、结构和布局的壁垒。④ 而李培锋认为,在高质量发展阶段,以往那样主要依靠要素投入的粗犷经济增长模式不可持续,要持续提高全要素生产率,必须走经济发展的质量变革之路、走效率变革之路、走动力变革之路,这是高质量发展的关键所在。⑤ 综上所述,虽然学术界对高质量发展没有一个统一而明确的定义,但是大家都有一个共同的观点:① 理念指向——创新、协调、绿色、开放、共享;② 目标实现——从追求经济数量转向追求高质量的人民幸福生活;③ 动力构建——从陈旧的生产要素推动到以创新为主导的生产;④ 实现高质量途径——发展方式、结构、效率、产品品质等方面的提升,最终促使我国经济整体水平的上升。

"体育产业高质量发展",看似是"体育产业+高质量发展"的建构,但真正实现高质量发展,需要整体上发力。我国体育产业有其自身的历史演变特点,其高质量发展与普通产业发展有着明显的区别。我们的体育产业起步较晚,从萌芽阶段开始,高速发展到今天,也不过 30 多年。2006 年至 2019 年,我国体育产业从 982.89 亿元增长至 11 248.1 亿元,年平均增长率达 20.81%,增长快速。然而,与文化产业、旅游产业相比,就规模而言,体育产业体量小;与发达国家体育产业相比,远低于其 2%~4% 的发展速度水平。在后工业化时代,

---

① 金碚.关于"高质量发展"的经济学研究[J].中国工业经济,2018(04):5-18.
② 任保平,文丰安.新时代中国高质量发展的判断标准、决定因素与实现路径[J].改革,2018(04):5-16.
③ 涂圣伟.我国产业高质量发展面临的突出问题与实现路径[J].中国发展观察,2018,(14):13-17.
④ 张银银.高质量发展阶段的产业政策优化研究[J].当代经济管理,2018,40(12):1-5.
⑤ 李培锋.新时代文化产业高质量发展:内涵、动力、效用和路径研究[J].重庆社会科学,2019,(12):113-123.

遵循产业成长规律要求,我国体育产业不仅面临高质量发展的转型,还要注意自身的发展特性。因而,当前我国体育事业的高质量发展目标是多重性、复杂性和特殊性的,要实现高质量发展,不仅要保持高水平的经济发展,而且要不断提高体育产业的质量和效益。因此,高质量发展是一种超越产业发展范围和要求更高的品质状态,高质量发展是我国体育产业发展的一个新方向。

由上述可知,放眼全球各大体育产业及经济社会发展的进程,我国体育产业转型发展正逢其时。本研究基于前人研究的分析,对国内外学术界的体育产业发展方式及中国体育产业高质量发展研究进行综述与展望,初步形成并呈现了体育产业高质量发展的思想脉络。由于受历史约束、自我认知等主客观条件的影响,现有研究仍存在一定的局限性,如缺乏全面规划、深入的理论阐释等。笔者认为,体育产业发展高质量发展的研究,未来至少还可以从"深挖、拓展、凸显有效性"三个角度进一步探索。对真问题辨析的研究应进一步加强,另外研究方法也要向多样化拓展,研究视角要独特新颖,研究视域上要强调跨学科的视野,从而不断完善体育产业高质量发展的理论框架。

第二节 理论基础

一、社会建构理论

社会建构论19世纪80年代兴起,作为一股哲学思潮,完全不同于传统经验主义和理性主义的认识及思维方式。它主张人类对世界的认识,要经由认识、发现过程,从而不断地对现实世界进行重构。目前学界对社会建构论的讨论非常多,也产生了很多不同的理论阐释。王星认为,社会建构论有三个核心观点与制度变迁理论较为相关。(1)所谓建构,建构是一种双向的互动过程,社会成员间、成员与结构或者制度、组织间的彼此联系,也涉及结构(制度或组织)间的彼此勾连。(2)建构要面向社会。表现为:① 彼此互动的行动者来源必须多元,不只个体,还会有组织、协会等;② 影响建构的组成因素。理性是其一,另外社会性的利益、价值、权力、意识形态甚至社会规范等也是主要构成。③ 社会事实是建构的,而且理性也是社会建构的。[1]

---

[1] 王星.技能形成的社会建构[M].北京:社会科学文献出版社,2014.

在现实生活中，个体的理性抉择本质上是与社会网络、社会关系相结合的，而经济行为则是最具代表性的理性抉择。迪马吉奥认为，理性经济行为的社会建构有两层含义：一是社会规范性的经济，对于经济行为而言，外在的意识形态、政策以及社会制度等，对其的选择方式是有规制的；二是社会建构性的经济，行动者立足于自己的利益最大化参与到社会行动中。在制度变迁范畴内，这种社会建构的二重性与制度的二重性相等同。① 在本书中笔者将梳理以体育消费行为表现为基础的中国体育产业制度的历史演化过程。在操作上，一方面依据关键节点将中国体育产业制度划分为四个时段，另一方面则深入围绕体育消费实践的田野调查，探寻影响制度变迁走向的建构力量。

通过中国体育产业制度长时段变迁过程的研究，我们看到，行动者围绕体育消费实践形成展开的互动事实证明了理性的社会建构性。正是这种嵌入制度境界之中的具体理性规定了不同参与主体的行为选择取向，这是取道"动机还原"的经济学理论所无法解释的。本研究将为我们展示经济社会学的强大理论阐释功能。经济社会学的历史学派，其学术坚持方面，基本都舍弃相对抽象的观念体系，即使主张的理性，也是非常具体、微观化的，因为行动者所谓追求的理性行为，都是受制于特定的制度条件下的。历史制度学派更多从互动关系来把握行为主体，从制度环境来解释主体行为选择，这种逻辑认为现实生活中，组织制度力量的战略互动是决定行动主体行为选择结果的关键变量。毫无疑问，这为我们反思制度变迁理论提供了一个全新的切入点。这样的思考逻辑基点，表现在现实中，各种制度力量的组织互动，也甚至成为主体行为选择的影响力量。

毫无疑问，这为我们反思制度变迁理论提供了一个全新的切入点。

二、制度变迁理论

"理解历史可以从制度变迁中把握。"②完整的制度变迁过程包括两个步骤：制度起源与制度演化。以往的制度变迁理论，很多人将之分开来讨论，关注前者的，强调探析制度变迁的动力源，认为制度在诞生之初就规定了未来演化的方向与轨迹，在研究方法上偏爱演绎法，关注后者的，往往急于刻画制度

---

① 道格拉斯·C·诺斯.制度、制度变迁与经济绩效[M].杭行，译.上海：格致出版社，2008.
② 道格拉斯·C·诺斯.制度、制度变迁与经济绩效[M].杭行，译.上海：格致出版社，2008.

稳定与制度动荡的交互纠缠,并在此场景中探求一般性规律并得出结论,制度的源起要归功于制度演化过程中的功能性满足,在研究方法上倾向于归纳法的运用。这种将制度起源与制度演化割裂的研究,实质上混淆了制度变迁与制度再制的区别,甚至将复杂的"历史元素"在制度变迁中忽略掉了。事实上,现实世界中,真正的制度变迁是一种历史过程,制度起源与制度演化共同组成了一个完整的制度变迁图景,但整个过程中行动者是关键,如格雷夫等人所言,制度变迁的实践过程中,个人行动在其中起着关键作用。[①] 在本研究中,尝试通过梳理中国体育产业形成的社会建构过程,笔者将从经济社会学视角对产业制度变迁理论进行一个新的思考。

三、嵌入性理论

嵌入性(embeddedness)作为一个理论概念,是经济社会学家对经济学进行批判性评价时躲不开的理论阐释范畴,因此这个概念至关重要。

在《大转变》中,经济史学家波兰尼首次提出"嵌入性"概念,而真正将嵌入性思想深化是在《作为制度过程的经济》一文中。波兰尼用"嵌入性"的目的是强调具体制度,这些制度也是社会建构的,同时它们又构建了实践中的经济过程,他提出"人类的经济行为嵌入并交错在经济与非经济的制度之中(Polanyi,1957)"。进一步他提出"纳入非经济的因素的考量是非常重要的。因为对经济结构及其运行来说,宗教与政府可能如货币制度或者是降低劳动强度的机器和工具所产生的效用那样同样重要。"

嵌入性真正引起学术界广泛关注是由于格兰诺维特的代表作《经济行动与社会结构:嵌入性问题》的问世。格兰诺维特没有局限于嵌入性概念,而是深入到理论和操作化的研究。他提出"分析行动和制度应置于正在进行的社会关系中,而将它们视为是彼此分离的观点是一种令人痛心的解读"。实际上,这一主张是批判主流社会学人类行动"过度社会化"和经济学"不充分社会化"。他认为这两种看似对立的概念其最终结果均会导致人们在分析经济行为时视人为原子化的行动者来看待,对人们之间具体社会关系视而不见。因此,他认为"所有的市场过程都可以进行社会学分析,这种分析揭示这些过程的特征是重要的而不是辅助性的。"

格兰诺维特对波兰尼嵌入性思想进行批判继承,波兰尼的嵌入式思想在

---

① 格雷夫.大裂变[M].郑江准,等译.北京:中信出版社,2008.

社会、经济层面稍显宏观、抽象，格兰诺维特将它不断微观化、可操作化及合法化，这样就很容易将嵌入理论用于分析个人行为和群体行为，极大地增强其运用能力和解释力，奠定了嵌入性在新经济社会的核心地位，同时引发了社会学及其他领域学者对嵌入性理论研究的热潮，也扩展了嵌入性概念和理念。祖金和迪马齐奥最早扩大了嵌入的机制，并提出了四种嵌入观。他们认为，嵌入性指的是经济行动的偶然因素的特性，这些因素以认知、文化、社会结构和政治制度为条件。因此，在此基础上区分出认知的、结构的、文化的和政治的不同嵌入方式。他们的观点是采用嵌入性的四个机制试图整合政治经济学和社会组织学关注的传统问题。政治经济学强调的是"既定的结构，是各种权力或力量决定的表达，……超越个人控制的"。然而"社会组织学方法强调组织制度的变化性，制度的形成是有意识行动的结果或是历史共生的结果，是附加品"。这就同时关注了人们行动中宏观经济学的、文化的和社会的理论观点。后来，格兰诺维特面对诸多批评，也对嵌入性进行了细化，并区分出关系嵌入性与结构嵌入性：关系嵌入是指交易双方会考虑对方的需求和目标，进一步形成"非正式的个人网络"；而结构嵌入是指组织与网络中的嵌入程度，即是组织在"正式商业网络"中的位置及其影响关系。在格兰诺维特看来，制度是"凝结的网络"，因而结构嵌入是指行动者及他们所在的网络嵌入在整个社会结构之中。但是究其本质而言，广泛的宏观的社会结构实质上也是由经济、文化、价值和政治等方面所组成的。因此，结构嵌入实际上暗含着经济行动受到来自更广泛社会结构中经济、文化、价值和政治等方面的影响。本研究也沿用格兰诺维特的嵌入性的原有含义，将嵌入性区分为关系嵌入和结构嵌入，认为经济行动不仅在行动者的网络关系中展开，也同样嵌入到整个社会结构中，并受到来自社会结构中规范、规则、价值观等文化因素及政治等因素的制约。

因此，本研究尝试在制度及案例（经验）层面上从嵌入性的视角对中国体育产业发展体系的制度变迁进行"嵌入行为与网络建构"分析，关注中国体育产业市场的运作机制，最后在理论层面上探求中国体育产业市场的社会结构。这样做的目的，不但是社会学市场理论的延伸，还是制度社会学对当代中国体育产业高质量发展现象的考察。

四、文化消费理论

查阅国内外体育消费生活方式的相关研究可知，1899年凡勃仑的《有闲阶级论》和1903年齐美尔的《大都会与精神生活》，是可被追溯到的最早研究。

但真正在体育消费研究上获取伟大建树的是法国社会学家布迪厄的文化消费理论,他的《体育与阶层》《区隔》等著作非常受学界欢迎,尤其他对阶层、品位和体育消费实践进行的人类学调查,极其成功地将社会分层与体育消费行为相联结,对当代体育消费社会人类学及其"文化转向"起到了推动作用。国外体育参与行为对个体幸福的生活方式养成影响的机制还处于争论之中(Downward,2011),多从微观的个体层面研究。

从布迪厄的"场域—惯习"的视角出发,在微观的体育消费场域中,布迪厄又把资本划分为四大类:经济资本、文化资本、社会资本和象征资本。场域中的资本是动态变化的,可以相互转化,和资本的占有量与所在场域中的位置密切相关。另外,对场域的研究还要能够深入地分析深藏于关系之中的精神力量,即惯习在场域中的位置关系,惯习是随时随地都是要变化的,它受制于人的生存环境及生活风格。将历史经验与实时积聚于一身的,是社会客观制约性条件和行动者主观的内在创造精神力量的综合体现。可见,考察体育消费实践也要将其置于具体的历史空间下进行阐述,那么体育消费生活方式就是行动者与所嵌入的网络位置和结构互动的社会建构。体育消费属于文化消费行为,消费行为背后都是一种社会结构镜像的呈现,不同群体或阶层的消费选择和意愿实际上不一样,从现有的体育消费和行为选择来看,阶层的引领起着至关重要的作用。体育参与和消费行为也是社会结构镜像的客观反映。

"传统经济学认为,人类的实践活动,不是受到理性主义因素的限制,就是出于自觉的意图,努力实现个人效用的最大化,这其实服从了一种效用逻辑,但除了这些,实践活动还可以有其他的制约因素。实践形塑着一种经济,它遵循着理性,但这种理性不能局限于效用原则。"[1]体育消费行为作为一种文化实践技能,这里所理解的技能与布迪厄提出的"惯习"有很多共同的特征。"惯习"被定义为那些习得的、长久固定的身体倾向,它引导着大家的日常实践,使消费者在产生这些惯习的特定社会历史条件下,做出与客观可能性相符合的行动。[2]

针对体育消费实践技能,布迪厄的场域—惯习理论被引入到体育消费行为研究中,需要明确的是,人的行为是在客观的社会结构和人的心智结构双重作用下得以塑造的。实际上,在布迪厄看来,习性(或称为惯习)来源于行动者

---

[1] 皮埃尔·布迪厄,华康德.实践与反思——反思社会学导引[M].李猛,李康,译.北京:中央编译出版社,1998.

[2] 焦素花,郭卫玲,倪海宁.体育消费行为变化与新余暇生活方式的生成——《体育与科学》工作坊博后项目论证会学术综述[J].体育与科学,2021,42(2):114-120.

既往所处的社会历史条件，他的整个社会理论强调，社会大世界由诸多社会小世界构成，小世界就是场域。通过布迪厄的实践社会学理论，我们对实践以及实践与社会之间的关系获得了一种新的认识，他的理论核心应该是惯习引导实践、实践再生产构建场域、场域塑造惯习、惯习引导实践进而形成循环互构逻辑。其实布迪厄的实践研究也不具有完全的创新性。韦伯（Max Weber）构建的人的社会行动模型就包括工具合理性行动、价值合理性行动、传统行动和情感行动，这些行动模型之间存在着错综复杂的亲和关系①。按照布迪厄的理论，场域是由人的实践活动构建，实践活动又是在惯习引导下得以展开，最终还是要回到惯习的来源之中。后续学界认为布迪厄的理论陷入了决定论的弊端，当然布迪厄自己也做出了一些澄清和否认。他说，自己的实践理论强调了惯习在结构和实践中的中介作用，同时自己并没有否定惯习的可变性。② 布迪厄的理论能否适用或是合理，取决于"人的行动都是由惯习来支配"这一命题是否经得住检验③。

由此可以看出，在布迪厄的文化消费行为中，个人的阶级认同受到经济、文化和社会资本的影响。在《区隔：品味判断的社会批判》中，布迪厄创造性地提出一些概念，例如惯习、符号暴力等，可以对社会各阶层的消费行为进行深度剖析。布迪厄认为，在社会空间中，具有相同地位的个体，在艺术审美、饮食习惯、消费习惯等方面大都会具有类似的文化实践行为。换句话说，社会阶层的不同构成了不同的社会行为。但是，我们应该注意到，布迪厄的惯习并不是一种刻板的观念，它是一种阶级的力量，同时融入各人的自觉能动性，它把个人和社会的结构联系在一起，所以惯习在很大程度上决定着个人的文化消费方式和社会地位。正如布迪厄所说的，"结构产生惯习，惯习决定实践，实践再生结构。"所以，研究布迪厄的"文化消费"说不能离开结构分析来独立地讨论。

---

① 苏国勋.理性化极其限制——韦伯思想引论[M].上海：上海人民出版社，1988.
② 高宣扬.布迪厄的社会理论[M].上海：同济大学出版社，2004.
③ 谢立中.布迪厄实践理论再审视[J].北京大学学报（哲学社会科学版），2019(02)：146-158.

第四章 改革开放以来我国体育产业发展的历史回顾及体育消费观念史证

1978年后,我国体育产业历经萌芽、探索,逐步成型。2014年,体育产业在我国逐渐迎来了自己的黄金发展期。国内的体育产业在40年的发展历程中,市场化程度日益加深。伴随政策松绑,从初步尝试体育经营活动到深化性的改革,再通过政策重点调整、推动,以及奥运效应的带动,今日进入到"互联网+体育"时代。回顾历史、总结经验,从中得出规律性认识,形成科学理论,进而指导实践;对实践进行反思,用理论指导实践,梳理改革开放40多年来体育产业发展历程,可以从长期宏观的视野解析现实问题的窘境,这也是回顾历史资政济世的传统,避免时间段上的短时化和问题选择上的碎片化。

第一节 改革开放开启体育产业的萌芽发展(1978—1991)

在中国当代体育发展史上,二十世纪八十年代具有开拓性,意义非凡。这时我国打开国门,实行改革开放的伟大决策,万事万物都散发出蓬勃的活力,中国竞技体育开始在国际赛场上崛起和腾飞,在全国也曾掀起了巨大的体育热潮。为顺应改革开放的大趋势,体育领域的改革也开始萌发。1984年10月,中共中央颁布《关于进一步发展体育运动的通知》,1986年4月份,国家体委发布《关于体育体制改革的决定(草案)》。这两个重要文件的颁布和施行,标志着以体育的社会化、科学化为特征的体育体制改革正式启动,目的是促进体育全面发展。① 首先,这次体育体制改革,围绕体育场馆"以体为主、多种经营"方针,推动竞技体育的社会化、市场化,这也促发了我国体育产业萌发。②

一、体育产业政策的演进

改革开放伊始,我国体育产业处于初步摸索阶段。体育产业的顶层设计,尤其是体育产业政策颁布,还嵌入在体育事业发展政策之中,但已具雏形。1978年1月22日,在北京召开了全国体育工作会议,新中国成立以来,它最具代表性、规模最大,而且是由国家体委召开。在这次会议上,针对体育事业发展规划等政策性的重大措施进行了讨论。1978年12月,十一届三中全会在北京召开,会议做出了要把工作重点转移到社会主义现代化建设上来的战略决策,开始下放权力,并做出了盘活经济、党企分离、调动活力、发展农业、打破平均主义等三大经济方面的主要部署。基于社会经济体制出现的变化,体育产业经济逐渐被关注,尤其是1979年中国恢复了在国际奥委会的合法席位后,中国运动员实现了在国际奥运舞台的崭露头角,掀起了国内的体育热潮。这一时期我国体育事业依旧在初步发展阶段,体育产业也面临着改革上的阻力,包括体育事业经费问题、体制固有弊端改革问题等。此时,与世界体育发达国家相比,我国体育事业发展差距甚大。1980年,国家体委、财政部、国家劳动总局、文化部联合下发《关于充分发挥体育场地使用效率的通知》文件,其中涉及的主题包括体育场馆经营、体育场地使用及收费等,此文件中都做出了相关的详细阐述,为后期体育场地设施的规范经营及使用奠定了基础。1983年10月,国务院转批《关于进一步开创体育新局面的请示》至国家体委,提出了要求。就体育产业发展而言,在我国体育事业发展过程中,无论是发展规模,还是发展层次及水平,弊端尽现。国家体委于1986年颁布了《关于体育体制改革的决定(草案)》,明确了体育场馆的企业化、半企业化发展思路,并提出积极发展体育旅游以及体育基金券等相关产业化措施。这一政策的颁布,大大激活了体育产业在市场经济中的活力。1986年11月,国家体委及国家工商行政管理总局联合颁布《关于加强体育广告管理的暂行规定》,文件中强调,要利用体育比赛和体育表演,在数量上,要促使开展广告宣传的企业不断增多,这是我国第一个关于体育广告管理的规范性文件,进一步规范我国体育广告的经

---

① 易剑东,等.中国体育产业政策研究:总览与观点[M].北京:社会科学文献出版社,2016.
② 易剑东,等.中国体育产业政策研究:总览与观点[M].北京:社会科学文献出版社,2016.

营。根据我国当时的体育产业发展现状,该文件对体育场馆广告、印刷品广告、实物广告、冠杯广告等体育广告做了进一步的规定,并对广告内容做了相应规定,这既有利于我国体育运动的社会化,又有利于体育产业管理的规范化。为促进体育事业发展,以及提供便利社会条件,1989年6月《关于国家体委各直属企事业单位、单项体育协会通过体育广告、社会赞助所得的资金、物品管理暂行规定》发布,国家体委对体育广告、赞助收入的管理原则又做了进一步的详细规定,明确提出,在我国,实行的是社会主义有计划的商品经济,以体育广告及赞助活动筹集资金的方式,对社会力量办体育的益处极大,而且对我国体育事业的向前发展有利。为促进体育经济的发展,国家体委于1991年11月颁布了《国家体委向直属公司、文教企业集中部分留利的试行办法》,这也是首次正式在文件中提出"促进体育经济发展"。至此,我国体育产业经济政策在这一时期处于初步发展阶段,其主要特点是对体育产业相关的经费、企事业发展、规范性规定都有了初步的界定,并出现了"体育产业经济的雏形"。

二、体育产业的发展状况

二十世纪八十年代,国内体育产业刚萌发,体育事业需要快速发展,但体育事业资金供给不足矛盾日益突出。为了促进矛盾的缓和及解决,单纯依靠国家拨款、国家包办体育的格局必须打破,并需要积极探索体育资金筹措的途径。"1980年,中国首次举办世界级体育比赛——万宝路广州网球精英大赛,本届比赛的赞助商是美国菲利普莫里斯公司、广东体育服务公司和香港体育管理公司共同赞助。外国烟草公司和汽车公司的广告首次出现在了赛场上,并且在比赛现场附近建立了大量的店铺。广州市许多厂家都是以租借方式,开设摊位,当时运动器材、用品、工艺品、食品等,都已开始销售。但是,当时的体育产业,还没有形成一条完整的产业链,更没有成熟的运动品牌了。此次体育盛会的成功,意味着中国体育产业的起步。在这一阶段,体育产业的不同部门也纷纷试水,相应地,体育经营性活动也呈现出不同的发展状况。"[1]

(一)体育场馆业

体育场馆是开展运动竞赛最基本的硬件设备和重要的支持条件,在体育

---

[1] 易剑东,等.中国体育产业政策研究:总览与观点[M].北京:社会科学文献出版社,2016.

产业发展中,①如何利用已有的体育场馆存量,发挥其社会及经济效益？解决这个问题,在中国首先要进行体育体制改革。国家体委提出,"体育事业的发展,要有优先发展保证的意识,在此前提下,体育场馆设施要向群众及社会开放,为实现效益的基础上,管理体制要从行政管理向经营转型。目的是保证各种体育活动的开展。并发展多种经营模式,广开财路,提高场馆使用率,逐步做到自负盈亏,以场馆养场馆"。② 在我国,公共体育场馆向来是国家统管统包,享受国家财政全额预算拨款,国家对其进行统收、统支、统管的供给服务,这也使其完全依赖于国家财政经济政策的支持。③ 体育体制改革后,各地体育场馆创收的动力和创造性被激发,为了能够开辟更多的创收渠道,场馆在完成上级体委布置的体育比赛、训练以及开展群众性体育活动等各项任务后,进行了各种体育场馆改革的尝试。④ 伴随着多种经营性体育活动的开展,场馆收入有所提高,赛事体育场馆的利用率也得以改善。

当时体育事业的发展,其支撑体系非常单一——仅靠国家资金的完全投入。为了突破体育事业发展的单一性,20 世纪 80 年代初,上海作为试点,开全国体育场馆改革之先河。1979 年,《上海市公共体育场馆增收节支结余提成留用实施办法》在上海市发布出台,职工的劳动收入与其经营状态匹配的政策激发了职工的工作动力,大家工作积极性、创造性也被调动起来。此次主要目的也是坚持"以体为主",促进多种经营、多元创收的全面开花。1982 年,《上海市体育场馆试行经费"预算包干"和按业务与经济效果提成实施办法》也相继出台,体育业务及经济效果的考核标准被确定了下来,大锅饭也逐步被打破,奖金等级制度体系也在试行的过程中得以建立。⑤ 1984 年,《关于体育场馆试行承包责任制的意见》也被确定下来,其中,包括收入提成分配比例及奖金实施的规定等都逐步被细化,这更加激发职工的干劲。在发挥体育设施自身潜能,拓展服务项目,开展多种经营活动等方面取得了明显的效果。上海的体育产业在 1984 年的营业收入达到 904 万元。

1985 年,国务院办公厅转发国家统计局通知下发《关于建立第三产业的统计报告》,文件中提到"体育,将被正式纳入我国第三产业。"⑥于是,体育产业的

---

① 易剑东,等.中国体育产业政策研究:总览与观点[M].北京:社会科学文献出版社,2016.
② 张林,黄海燕,王岩.改革开放 30 年我国体育产业发展回顾[J].上海体育学院学报.2008.(4)1-5.
③ 邓云.PPP 模式的大型体育场馆项目治理机制研究[D].重庆大学,2015.
④ 易剑东,等.中国体育产业政策研究:总览与观点[M].北京:社会科学文献出版社,2016.
⑤ 易剑东,等.中国体育产业政策研究:总览与观点[M].北京:社会科学文献出版社,2016.
⑥ 徐小峰.试论我国体育产业发展的问题与趋势分析[J].经济研究导刊,2017(13):29-30.

地位终于在中国被承认,这使得我国体育行业的发展有了底气,同时也为大众创造了很多就业岗位及机会。

(二)体育健身娱乐业

20世纪80年代初期,有氧健身操从国外传入我国,随之在全国风靡,广受民众的欢迎。国内的大众健身市场也随之建立起来,我国的体育健身娱乐业在悄然兴起。1988年我国深圳首次成立健身休闲会所,这是健身娱乐业在中国兴起的象征。① 90年代初,健身教练马华用自己的名字建立马华健身俱乐部品牌,并且在多地连锁经营,北京、河南、河北、云南、黑龙江、吉林、辽宁等地的民众对她是再熟悉不过,她的店名遍布全国各地,鼎盛时门店更是多达10家。

(三)运动竞赛表演业

专业运动队是运动竞赛产品的生产者,是体育部门持有的核心人力资源。体育体制改革催生了一系列变化,比如原有的专业运动队仅有国家全力资源支持,但改革后,专业运动队也与企业进行合作,并获得收入及外部各种资源的支持。通过这样的方式达成双赢,高水平的体育赛事让企业有了推广产品的机会,运动队则获得经济资源,这样使竞赛与经营活动得以相互融合。"内引外联""体育搭台,经济唱戏"这几组词语,可以很好地描绘出当时体育领域的变化特色。

纵观国内外体育产业发展中,运动竞赛表演业是绝对的核心与支柱。可以说,体育产业的发展离开了它,也就没有后面与其他领域的交叉与融合。改革开放之初,体育体制改革刚开始,传统管理体制的影响及约束还非常大,体育市场需求仍旧不足,国外商业性体育赛事的经营与管理已经成熟,而在国内几乎还不存在。1988年,温锦华作为首个吃螃蟹的人,善用社会资金,成功将其引入。他也成为运作国内商业性国际体育赛事——八国男篮邀请赛的第一人,从此我国也开启了体育商业化操作及经营的历程。②

(四)体育中介业

1984年,中共中央下发《关于进一步发展体育运动的通知》的政策文件,文

---

① 易剑东,等.中国体育产业政策研究:总览与观点[M].北京:社会科学文献出版社,2016.
② 易剑东,等.中国体育产业政策研究:总览与观点[M].北京:社会科学文献出版社,2016.

件列入了我国体育要走社会化的战略指导方案。社会主义市场经济的发展以及体育改革的推进,逐渐解放了人们的思想,改变了人们对体育中介业的认识,体育管理体制的松动和体育资源的流动逐渐调动起社会办体育的积极性,在逐步宽松的社会环境下,体育中介活动有了自己的生存空间,也逐步活跃起来。① 比如,1985年,陈剑荣通过个人身份介绍运动员出国疗伤,在这个过程中,因为他介绍的是著名足球运动员古广明,后面顺理成章做其代理人,推介他到德国曼海姆俱乐部,这也是中国第一例体育中介服务活动。②

（五）体育彩票业

过去,在国人眼中,彩票一直被严重低估,甚至被斥责,在计划经济体制下,更是被认为是"资本主义的东西",被划为违禁品。十一届三中全会不仅是中国经济体制改革的号角,更是文化观念层面转变的起点。以市场为导向的经济体制改革进行,人们的观念也开始与国际发展对接。国家体委希望通过体育彩票为体育事业发展谋取社会的广泛支持资金,从而也推动体育彩票在中国的推行,这激起了学者们在学理层面探讨发行体育彩票的可行性,并在小范围之内进行部分省份的彩票发行试验。1984年10月10日,在北京,国家体委以"发展体育奖"的方式来进行彩票的发行,最终第四届北京国际马拉松赛也通过这种方式获得承办资金,这充分看出体育彩票发行谋取资金,对区域体育赛事举办的重要性,这也是国内体育彩票发行的首次尝试。

三、体育消费主要以实物为主

党的十一届三中全会召开之后,中国经济进入发展腾飞期。其他领域也步入发展的正常轨道,体育也不例外。体育领域中的群众体育、竞技训练、经济体育科技等方面也宣告开启改革,我国的体育事业发展呈现新面貌,体育产业也相应地进入改革的潮流。改革开放深入及推进使工、农业发展明显,粮食和日用品等供给日益丰富,居民消费明显上升。计划经济时代下居民的日常需求都要有票证,而现在不再受到票证的束缚。1984年,票证终于退出流通领域,居民消费供给也开启了多元化的时代。

根据世界银行相关数据显示。1988年,全球人均GDP约为3 749美元,

---

① 易剑东,等.中国体育产业政策研究:总览与观点[M].北京:社会科学文献出版社,2016.
② 张林,黄海燕,王岩.改革开放30年我国体育产业发展回顾[J].上海体育学院学报,2008(04)1-5.

同期中国人均 GDP 仅有 283 美元。全球人均 GDP 是同期中国人均水平的 13.25 倍,或者说中国人均 GDP 仅为世界人均的 7.55%。两相比较,收入较低,体育消费的物质基础不够,也制约了居民的消费。即使存在消费现象,民众的体育消费也以体育物质产品使用为主。因为对中低收入家庭来说,购买体育物质产品不仅或不完全是为了运动的需要,还可以替代普通物质产品的消费,是追求一种时尚的心理表现。

在我国体育发展史上,20 世纪 80 年代是一个让国人热血沸腾的年代,我国竞技体育开始一路高歌,不仅打破奥运金牌零纪录,更让我国快速地融入了世界体育舞台。人们沉浸在浓厚的爱国热潮中,参与体育的热情不断被激发,体育消费也这样无声地萌芽于那个热情如火的年代。

当时的国产经典品牌梅花运动服,生产厂家是天津针织运动衣厂,被指定为当年中国代表队专用比赛服及领奖服。在那个时代,它是世界竞技场比赛的见证者,更是中国运动服装走出国门,在世界崭露头角的主角。

1984 年洛杉矶奥运会后,梅花运动服一下子火爆起来,甚至用时尚这个词形容都不为过,国内民众都认为,穿上这个品牌的运动服就是一种骄傲。当时一套这样的运动服装的价格达到四五十元,抵得上一名工人的月工资了。后来,我国的世界级体操、乒乓球比赛的指定专业服装及上台领奖的服装都是梅花运动服。生活中,梅花运动服深受青年人喜爱,甚至在穿法上也花样频出——领子翻开来竖立,穿者的小心机就是要露出商标,此时大众萌发了对品牌的意识。1987 年左右,天津梅花运动衣厂达到鼎盛时期,一年的年产值达到 7 446.9 万元,利润收入为 1 768.6 万元,在当时,全国针织行业中,梅花运动衣位列首位。[①]

中国自己制造的本土体育品牌中,回力鞋也是我们许多人儿时的美好记忆。1984 年的洛杉矶奥运会,回力鞋是中国女排、篮球、乒乓球等项目国家队队员指定比赛专用鞋,名称甚至是那个时代时髦的替代词。物资短缺的年代,回力鞋设计简洁、鲜明,显得卓尔不凡,年轻人都以能拥有一双回力运动鞋,作为个人时髦、时尚的表达。[②]

同样是 1984 年洛杉矶奥运会上,饮料品牌健力宝大放异彩。它作为一种碳酸饮料,甚至被外国人称为"东方魔水",中国代表团将其指定为运动员专用

---

① 金立刚.改革开放 40 年,中国体育产业的觉醒与成长记[EB/OL].(2018-12-24).https://www.sohu.com/a/284249621_482792.

② 金立刚.改革开放 40 年,中国体育产业的觉醒与成长记[EB/OL].(2018-12-24).https://www.sohu.com/a/284249621_482792.

饮料,顿时引发全社会关注。一位日本记者在《东京新闻》上,写了"中国靠'魔水'快速出击"的文字快报。① 他描述中国女排胜利的原因时,竟然把中国制造的饮料健力宝,也分析为中国女排制胜因素之一。报道写道:"中国队背后,有一种叫作'魔水'的东西,只要喝上一口,就会让人精神为之一振,这是一种全新的饮料,也许会引起一场巨大的变革,全世界都在研究魔水的成分……"

那个时代,健力宝——中国"魔水"被国内媒体争相追踪报道,健力宝一夜成名。② 在那几年,1984、1985、1986 年健力宝的销售额分别为 345 万元、1 650 万元、1.3 亿元。一直持续十五年,被称为民族饮料,甚至是首屈一指的品牌。

在那个体育精神沸腾的年代,体育消费市场开始逐步成型,梅花衫、回力鞋、健力宝,已经不仅仅是体育物质产品中的衣服、鞋子和饮料,它们更承载着中国人的热血、青春和梦想,正是这种情节,进一步扩大了体育爱好群体,加快了我国体育产业的发展。

第二节 市场经济推动体育产业的改革深化(1992—2000)

20 世纪 90 年代是中国改革开放实施的关键时期,也是中国体育事业深化改革的关键期。③ 1992 年,邓小平一系列重要讲话的发表、十四大的召开,为我国体育的深化改革及进一步发展指明了方向。1993 年 4 月,国家体委主任会议审议通过《国家体委关于深化体育改革的意见》,文件提出,"与社会主义市场经济相适应,体育体制,将是体育改革的核心议题。"④同时,《加快第三产业发展的决定》也被公布,体育产业的概念被正式提出。体育管理机构也进行了改革重组,20 个运动项目管理中心成立,足球职业化的试点性改革开始正式实施,从此我国打开了体育产业改革的大门,我国体育产业发展开始步入新的发展阶段。

---

① 金立刚.改革开放 40 年,中国体育产业的觉醒与成长记[EB/OL].(2018 - 12 - 24).https://www.sohu.com/a/284249621_482792.

② 金立刚.改革开放 40 年,中国体育产业的觉醒与成长记[EB/OL].(2018 - 12 - 24).https://www.sohu.com/a/284249621_482792.

③ 杨杰.社会转型期中国体育科学学会改革研究[D].北京体育大学,2015.

④ 陈晓峰.我国体育产业政策环境分析——基于国家治理的视阈[J].中国体育科技,2018,54(02):3 - 14+50.

一、体育产业政策的演进

1992年初,邓小平同志的南方谈话标志着中国改革进入新阶段,这也为我国经济体制向社会主义市场经济体制转型奠定了基础,与此同时,经济体制的改革转型,给我国体育产业的发展创造了良好的环境条件。1992年6月,中共中央、国务院发布《关于加快发展第三产业的决定》,进一步提出了对第三产业发展的规划与指导。[①] 1992年10月十四大召开,提出建立社会主义市场经济体制,从此我国进入社会主义现代化建设的新阶段。[②] 1993年3月,国务院转批《我国第三产业发展规划的基本思路》,文件中明确强调"建立起能够满足大众需求的体育文化服务体系,要求布局合理、门类齐全等",这次对我国要发展第三产业的计划有了进一步的说明。[③] 同年5月,为了进一步深化体育体制改革,与社会主义市场经济体制相一致,国家体委发布《关于培育体育市场,加快体育产业化进程的意见》,目的是促进我国体育产业的健康发展做出更大的贡献,其中强调"在我国,体育事业的发展,一定要面向市场,以产业化为发展方向",这进一步表明了我国体育产业进一步改革的决心。[④] 1994年5月,国家体委发布《关于加强体育市场管理的通知》,其中"明确了管理体育市场的范畴,第一次确定体育产业市场的管理体制。"[⑤] 1995年6月,国家体育总局出台《体育产业发展纲要(1995—2010年)》,指出"在中国,争取在15年时间里建成现代体育产业体系。"同时,将体育产业分类进一步界定为三部分,"体育主体产业、相关产业及体办产业。"这在当代历史上是第一次正式的官方表达。[⑥] 1995年10月,《中华人民共和国体育法》颁布,终于弥补了体育领域的法制空白,在第三条中明确指出,"体育要为我国的社会发展服务,在国民经济及社会发展规划中,体育必须涵盖其中,对其进一步推进管理体制的改革,尤其企事业单位、社会团体及民办企业组织版体育,要积极鼓励支持。"[⑦]1996年3月,

---

① 国务院.中共中央国务院关于加快发展第三产业的决定[EB/OL].(1992-06-16).http://www.people.com.cn/item/flfgk/gwyfg/1992/112206199231.html.
② 张江伟.当代中美学校德育方法比较[D].广西师范大学,2008.
③ 陈爱辉.我国体育产业政策变迁的研究[D].北京体育大学,2015.
④ 陈渝.论我国体育体制改革的历史演进[D].西南大学,2009.
⑤ 陈爱辉.我国体育产业政策变迁的研究[D].北京体育大学,2015.
⑥ 国家体委.体育产业发展纲要(1995—2010年)[EB/OL].(1995-06-16).https://www.docin.com/p-36971475.html.
⑦ 全国人大常委会.中华人民共和国体育法[EB/OL].(1995-08-29).http://www.sp.hh.gov.cn/xwzx/bmdt/201808/t20180822_292338.html.

第八届全国人大四次会议上审议通过《国民经济和社会发展"九五"计划和2010年远景目标纲要》,其中有了更清晰的表述,"在我国,要实行国家与社会共同兴办体育的格局,坚持走社会、产业化的道路。"①在此文件的指引下,我国单项协会的实体化、俱乐部的职业化,得以进一步推行,从而使我国体育产业的发展有了更为清晰的指向。② 1996年11月,国务院办公厅发布《关于深化改革加快发展县级体育事业的意见》,提出发展体育产业要坚持"以体为本"的原则,文件强调要倡导和引导群众进行自我健康投资,吸引和鼓励体育健身消费。

随着90年代体育产业化发展的推进,各种形式的体育实体业出现在市场上,诸如体育博览会、体育竞赛市场的开放,体育彩票的发行,体育基金及产业开发实验区等的设立,所有这一切都表明我国的体育产业发展布局的进一步扩大。③ 1998年,中体产业公司的股票上市,预示着我国体育产业发展进入新阶段。④ 1999年,国家体育总局颁布《关于加快体育俱乐部发展和加强体育俱乐部管理的意见》。我国社会主义经济市场经济体制的改革为我国体育产业的发展提供了有力的社会环境,全民健身计划实施和奥运争光计划从此也有了扎实的组织保障,体育法制建设的推进使得我国体育俱乐部的健康发展也有了法制保证。2000年12月,《2001—2010年体育改革与发展纲要》颁布,这是对我国体育产业思路的过去总结与未来展望,明确"要进一步加快中国体育产业的发展体,促进体育市场的形成。"⑤其中进一步提出,"体育产业,在我国是第三产业的重要构成,在我国扩大内需、拉动经济增长的大环境下,体育产业必须充分发挥自己的作用。体育产业进一步的发展规划及政策法规,应尽快谋划、制定。以加速培育体育市场。"⑥

---

① 国民经济和社会发展"九五"计划和2010年远景目标纲要[EB/OL].(1996-03-05).http://www.gov.cn/test/2008-04/21/content_950407.htm.
② 张林,黄海燕,王岩.改革开放30年我国体育产业发展回顾[J].上海体育学院学报.2008.(4)1-5.
③ 张磊.社会经济转型期我国体育产业发展之研究——兼论体育场馆建设中存在的问题[D].苏州大学,2007.
④ 李建臣.社会转型期我国体育产业资本市场体系创新研究[D].天津大学,2007.
⑤ 国家体育总局政策法规司.2001年全国体育发展战略研讨会文集[C].北京:国家体育总局政策法规司,2001.
⑥ 国家体育总局政策法规司.2001年全国体育发展战略研讨会文集[C].北京:国家体育总局政策法规司,2001.

二、体育产业的发展状况

八十年代以来,改革开放推进,我国体育事业也有了进一步发展的空间,群众及竞技体育发展的成绩显著,体育领域以社会化为翅膀,我国的体育事业发展进入快速发展轨道,然而并没有触及体育领域里的深层次矛盾。十四大召开以后,我国确立了社会主义市场经济体制改革目标,在此社会背景下,我国体育的社会化、产业化、市场化的改革思路已经成型。① 从此之后,中国体育产业才建立了相对完善的行业发展规范及制度体系。中国的体育产业逐步形成以竞赛表演、健身娱乐等多种业态并存的发展态势。②

(一) 体育场馆业

在体育场馆改革试点上,先有上海经验,之后慢慢推及其他各省市。1994年12月,全国体育场馆深化改革现场会在上海市虹口体育场召开,国家体委主导。这次会议强调,"上海经验极其重要,它为我国事业型的体育场馆向经营型转型,提供了运营模式。"③这一时期,在我国,体育产业发展终于形成了"以体为主、多种经营、以副养体"的态势,走向了"依托场馆、全面发展"的阶段。④ 体育场馆改革,一是改变了原有的运营模式,二是有了发展资金,三是为我国体育产业的后续发展提供了宝贵经验及参照模式。⑤

(二) 竞赛表演业

1992年,国家体委发布《关于深化体育改革的决定》,我国要建立中国特色社会主义体育新体制的目标得以确立。⑥ 足球的职业化改革成为我国竞技体育转型的先头兵。1992年6月,北京红山口全国足球工作会议召开,我国的足球发展率先进入"以体制改革与机制转换为核心,以协会实体化、俱乐部

---

① 张金桥,邱茜.我国体育产业发展中的政府职能及其转变[J].天津体育学院学报,2015,30(04):357-363.
② 易剑东,等.中国体育产业政策研究:总览与观点[M].北京:社会科学文献出版社,2016.
③ 易剑东,等.中国体育产业政策研究:总览与观点[M].北京:社会科学文献出版社,2016.
④ 易剑东,等.中国体育产业政策研究:总览与观点[M].北京:社会科学文献出版社,2016.
⑤ 易剑东,等.中国体育产业政策研究:总览与观点[M].北京:社会科学文献出版社,2016.
⑥ 张林,黄海燕,王岩.改革开放30年我国体育产业发展回顾[J].上海体育学院学报,2008(4)1-5.

制和产业开发为重点"的历史阶段,这是我国竞技体育职业化的号角。[①] 1993年,在上海、大连等城市的足球试点开始采用体委与企业联办的形式,职业足球俱乐部宣布成立。[②] 与此同时,中国的足球俱乐部,参照欧美经验,也采用主、客场制来组织锦标赛。[③] 1994年4月,万宝路全国足球甲级联赛由此拉开序幕,这成了我国职业体育发展的标志。随着我国足球职业化序幕的拉开,90年代中后期,篮球、排球、乒乓球、网球、羽毛球、围棋等项目也陆续采取了主、客场制的联赛体系,这些都象征着中国走职业体育的决心与信心。[④]

在我国,足球职业化的实行是竞技体育发展走社会化、市场化道路的一种尝试。这是我国体育改革中,体育的社会化、产业化和市场化的本土镜鉴。国内体育竞赛市场逐步兴起,观众的需求也在不断增长,高水平、商业性国际体育赛事,随之也不断在中国市场承办,这也吸引了大量国际高水平职业俱乐部入驻中国市场,国外的足球队在中国市场也不断涌现。国内的运动竞赛市场逐步丰富起来,极大地满足中国观众的观赛需求。[⑤] 尤其是中国一线城市北京、上海、广州等,用极大的优势吸纳高水平体育赛事,[⑥]如一级方程式汽车大奖赛、网球大师杯赛、中国网球公开赛、汇丰高尔夫球公开赛等,中国的市场随之也活跃起来。[⑦] 商业性体育赛事成为我国运动竞赛表演业中的支柱,也成为我国体育产业发展的新热点。

(三)体育健身娱乐业

在我国,体育健身市场也逐渐扩大,青鸟、亚历山大会馆、美格菲、中体倍力等一批知名健身会所如雨后春笋般建立起来。[⑧] 体育健身行业在中国市场需求快速增长的背景下迅猛发展,成了中国体育产业发展的重要力量。内容项目开展丰富,消费更倾向平民化,投资主体也呈多元化趋势。比如,体育健身行业不仅有高档的健身会所,更有普罗大众参与的项目。[⑨] 从品质上看,它

---

① 易剑东,等.中国体育产业政策研究:总览与观点[M].北京:社会科学文献出版社,2016.
② 朱晓红.我国职业足球俱乐部趋同性经营特征及改革对策研究[D].武汉体育学院,2006.
③ 易剑东,等.中国体育产业政策研究:总览与观点[M].北京:社会科学文献出版社,2016.
④ 易剑东,等.中国体育产业政策研究:总览与观点[M].北京:社会科学文献出版社,2016.
⑤ 易剑东,等.中国体育产业政策研究:总览与观点[M].北京:社会科学文献出版社,2016.
⑥ 易剑东,等.中国体育产业政策研究:总览与观点[M].北京:社会科学文献出版社,2016.
⑦ 易剑东,等.中国体育产业政策研究:总览与观点[M].北京:社会科学文献出版社,2016.
⑧ 易剑东,等.中国体育产业政策研究:总览与观点[M].北京:社会科学文献出版社,2016.
⑨ 易剑东,等.中国体育产业政策研究:总览与观点[M].北京:社会科学文献出版社,2016.

分化成高、中、低档不同层次,比如有享受型的高消费项目,还有平民化的健身产品,几乎覆盖中国的全市场。① 从投资者群体来看,行业以私营经济为主,国家、集体、个体私营和中外合资、外商独资等多种经济形式存在的规模形态逐步形成。②

（四）体育中介业

1994年,美国国际管理集团(IMG)在中国市场获得商业经营权,其中就包括中国职业足球甲A联赛的经营权。当商业开发与中国职业足球进行市场联合的时候,国际著名体育经纪公司适逢进驻中国市场。③ 一批国际体育中介机构,比如瑞士国际体育休闲公司(ISL)、八方环球等,也瞄准中国市场,积极进驻。有了国际巨头的带动,国内本土的体育中介业也逐渐蓬勃发展。④ 1997年,著名中国运动员朱建华,在上海注册中国首家专业化体育经纪公司——希望国际体育经纪有限公司。⑤ 1997年12月,鸿天体育经纪有限公司于1997年12月在广东广州成立。与此同时,中体产业经纪公司、长城国际体育传播公司、东方体育经纪公司、北京高德体育文化中心等一系列专业体育经纪公司在国内迅速成立。⑥

时下,我国的体育中介公司已达百家,它们的成立对于盘活国内市场上的体育资源,激发竞赛市场动力,功不可没。⑦ 伴随体育中介业的发展,相应地,一些保障性的法律法规也提上日程,体育中介性的服务性规则体系也逐渐诞生。1999年,《体育经纪人管理办法》在北京、上海、广东等地先后出台,中国足协也适时出台《足球经纪人管理办法》。⑧ 2000年4月,中国篮协颁布《篮球经纪人管理办法》。这些法规的颁布实施,对我国的体育中介市场起到了进一步规范的作用。⑨

---

① 易剑东,等.中国体育产业政策研究:总览与观点[M].北京:社会科学文献出版社,2016.
② 易剑东,等.中国体育产业政策研究:总览与观点[M].北京:社会科学文献出版社,2016.
③ 易剑东,等.中国体育产业政策研究:总览与观点[M].北京:社会科学文献出版社,2016.
④ 易剑东,等.中国体育产业政策研究:总览与观点[M].北京:社会科学文献出版社,2016.
⑤ 易剑东,等.中国体育产业政策研究:总览与观点[M].北京:社会科学文献出版社,2016.
⑥ 张林,黄海燕,王岩.改革开放30年我国体育产业发展回顾[J].上海体育学院学报,2008(4):1-5.
⑦ 易剑东等.中国体育产业政策研究:总览与观点[M].北京:社会科学文献出版社,2016.
⑧ 朱张弛.我国体育经纪人发展现状与对策研究[D].复旦大学,2006.
⑨ 张林,黄海燕,王岩.改革开放30年我国体育产业发展回顾[J].上海体育学院学报,2008(4):1-5.

（五）体育彩票业

1994年4月5日,体育彩票管理中心正式成立,全国体育彩票的统一发行及管理工作进一步规范化,这也使得全国体育彩票工作的规划和宏观管理,有了组织保证。① 1994年7月18日,《1994—1995年度体育彩票发行管理办法》由国家体委计划财务司、总局政策法规司和彩票管理中心共同起草,中国人民银行批准,最终颁布实施。② 它是我国第一部专门的体育彩票管理法规,它的颁布实施也预示着我国体育彩票的进一步法制化、规范化。1994年,全国首次统一发行体育彩票,之后中国体育彩票业有了巨大的发展空间,市场逐步壮大、玩法也多种多样,管理体系也进一步完善起来。③

20世纪90年代,我国的体育产业发展正处于摸索阶段,发展不成熟,这种状况需要国家出台政策大力扶持,体育产品基本属于公共品和准公共品。④ 国家制定的相关体育产业政策的侧重点是相关法律法规体系的完善及体育产业的规范化运营。尤其是体育行业协会制、俱乐部制的尝试运营,对今后体育产业的发展起到了引导作用。

三、体育消费开始注重精神需求

20世纪90年代,随着国家对外开放政策的不断深入和市场经济地位的确立,我国体育改革也在不断深化,整体来说当时我国体育消费依然以实物消费为主,这是经济基础决定的。据统计,1998年我国经济总量约为1.0326万亿美元,排在世界第七,而人均GDP仅有约830美元。同期的美国、日本,其人均GDP分别约是中国的38.47、39.67倍。1998年我国体育产业年产出达52.5亿元,其中35.26亿元出自体育产品制造业,显然处于由温饱向小康生活过渡的阶段,人们的体育消费支出随着收入水平的提高而逐渐增加,但体育物质产品消费仍是主体。

随着职业化改革推进,体育表演业消费开始崛起,一方面,体育改革需要突破口,竞技体育因经济、公共服务功能开始走向历史舞台,社会投资办体育

---

① 易剑东,等.中国体育产业政策研究:总览与观点[M].北京:社会科学文献出版社,2016.
② 易剑东,等.中国体育产业政策研究:总览与观点[M].北京:社会科学文献出版社,2016.
③ 易剑东,等.中国体育产业政策研究:总览与观点[M].北京:社会科学文献出版社,2016.
④ 余守文,肖乐乐.政策工具视角下中国体育产业政策文本量化分析——以国务院46号文为例[J].体育学刊,2018,25(04):21-27.

产业发展飞快,一大批符合现代企业制度的企业、多种所有制体育俱乐部、体育企业、企业集团等开始崭露头角。① 另一方面,在举国支持发展、竞技体育为国争光的社会背景下,年轻人的体育激情不断被调动,加之彩电在中国城市家庭中大量普及带来的巨大宣传作用使体育消费人群逐步扩大。

统计数据显示,1998年,足球甲A联赛每场的观赛观众平均达到2.13万,门票收入的总额可以达到1亿多元。② 甲B联赛,每场的平均受众人数也逾1.37万。统计数据显示,整个甲级联赛过程中,观赛人数共580多万,最终甲A俱乐部市场利润收入为2500万元。③ 1998年,男篮甲A联赛共有172场比赛,现场的观众也超过62万,平均每场到达的观众有3700多人,比赛上座维持在75%,东莞、杭州、沈阳等赛区更是火爆,达到100%;赛季的门票总收入,经统计达1410万元。④ 排球联赛市场虽然不如足球赛场,但总收入也达1200万元,现场的观赛人口也达50多万,上座率逾70%。⑤

此外,各种商业比赛、健美比赛也开始活跃起来。20世纪90年代,我国经济飞速发展,民众生活水平迅速提升,人们参与体育动力的意识也逐步增强。⑥ 这一时期,健美圈里出现了一位人物,她就是健美达人马华。每日清晨在中央电视台,她为大家带来的《健美5分钟》,至今日仍深入人心。马华也被誉为中国的"健美皇后"。⑦

健美操的起源并不早,1968年健美操被发明出来,1983年,美国举办了首届健美操比赛,此后,健美操运动在世界各地渐渐兴起。而健美操在中国的传播离不开马华。1993年5月在CCTV2开始播放由中央电视台体育部制作的《健美五分钟》栏目,每天早晨7点半播出。主持人马华可以称为是中国第一代健身红人。那些年,很多女性早起第一件事就是打开电视跟着马华一起做

---

① 金立刚.改革开放40年,中国体育产业的觉醒与成长记[EB/OL].(2018-12-24).https://www.sohu.com/a/284249621_482792.
② 李斌.改革开放30年我国竞技体育发展的阶段特征研究[D].南京师范大学,2009.
③ 金立刚.改革开放40年,中国体育产业的觉醒与成长记[EB/OL].(2018-12-24).https://www.sohu.com/a/284249621_482792.
④ 金立刚.改革开放40年,中国体育产业的觉醒与成长记[EB/OL].(2018-12-24).https://www.sohu.com/a/284249621_482792.
⑤ 金立刚.改革开放40年,中国体育产业的觉醒与成长记[EB/OL].(2018-12-24).https://www.sohu.com/a/284249621_482792.
⑥ 三体立动数据中心.新中国健身70年——从"体育救国"到万亿市场[EB/OL].(2019-09-30).https://page.om.qq.com/page/O1-wG8A3xfNUWYcXI0QQCOaw0.
⑦ 三体立动数据中心.新中国健身70年——从"体育救国"到万亿市场[EB/OL].(2019-09-30).https://page.om.qq.com/page/O1-wG8A3xfNUWYcXI0QQCOaw0.

健美操。马华流畅自如的肢体动作,配上韵律感极强的音乐,还有精心设计的口令,让运动变得简单易行,充满愉悦感。可能我们的母亲或者祖母都曾经是"马华女孩"。

20世纪90年代是计划经济结束、市场经济兴起的时代,一切百废待兴,欣欣向荣,是一个刚刚走出保守,拥抱开放的时代。① 民众的物质生活得到极大满足,开始向往精神及身体健康层面的需求,但属于女性的娱乐活动很少。而马华就是在这样的时代背景下,开启了中国女性乃至中国人的健身启蒙,其实质也反映出了满足女性乃至民众的业余娱乐需求的爆发。

1994年是互联网刚刚进入中国的时代,当时,国内仅有不到30万台计算机,大多数中国人尚对互联网一窍不通,而电视是那个时代仅有的影音传播工具。可以理解,那时候的节目,特别是权威性央视节目的影响力是极大的。有央视作为支持,马华女士和《健身五分钟》的普及度,可想而知。

后来马华创立了马华健身俱乐部。她不仅是教练,还是经营者。几年时间过去,在北京的健身业,马华已是一面旗帜。1999年起,她又在河南、河北、云南、黑龙江、吉林、辽宁等省市开了10余家俱乐部,其健身运营体系迅速被其他省市模仿。②

有人说,马华至少把我国的健身事业提前了20年,马华在20世纪90年代的影响力可见一斑,马华的才华不仅造就她个人事业的成功,而且将中国健身操的发展也向前推进了一大步。马华的名字已然成为一个响当当的品牌,并成为中国健美运动的象征。③

第三节 奥运筹办带动体育产业的
发展壮大(2001—2013)

进入21世纪,为了保持竞技体育在国际上的领先地位,我国颁布顶层产业政策,倾向于优势运动项目的政策目的是保证2008年北京奥运会的顺利进行提供政策层面的支撑。2009年,《全民健身条例》的出台标志着国家从发展

---

① 张珊明.国外有关儿童游戏的文化研究进展[J].早期教育.2006,(11):8-11.
② 三体立动数据中心.新中国健身70年——从"体育救国"到万亿市场[EB/OL].(2019-09-30).https://page.om.qq.com/page/O1-wG8A3xfNUWYcXI0QQCOaw0.
③ 三体立动数据中心.新中国健身70年——从"体育救国"到万亿市场[EB/OL].(2019-09-30).https://page.om.qq.com/page/O1-wG8A3xfNUWYcXI0QQCOaw0.

竞技体育为中心,开始向全民健身领域转型。全民健身活动的日益火爆、大众体育参与的积极性,也促进了体育产业尤其是体育服务业的发展。2010年3月24日,国务院办公厅发布《关于加快发展体育产业的指导意见》。这是国家层面上第一次对体育产业目标任务进行细化梳理的政策性指导意见,体育产业被纳入国家战略体系的高度,更显示出体育产业在国民经济发展中的重要地位,也为未来体育产业的发展奠定了良好的基础。[①]

一、体育产业政策的演进

2001年,北京申办奥运会成功,这为我国竞技体育和体育产业的发展赢得了一次历史性机遇。2002年7月,中共中央、国务院联合下发《关于进一步加强和改进新时期体育工作的意见》,对新中国成立以来我国所有体育工作经验进行了总结与梳理,也提出了需要吸取的教训。我国体育场地、体育活动参与人数等,与世界发达国家相比较,差距仍较大,需要全面客观地分析当前的体育产业发展形势和现状,并强调,体育产业是第三产业的组成部分,对扩大内需和拉动经济增长有重要意义。2006年9月,《体育事业"十一五"规划》发布,其中强调要"实现体育事业全面协调,可持续发展"。从宏观层面上,提出了未来五年的阶段性发展目标及任务。[②] 2007年3月,国务院下发《关于加快发展服务业的若干意见》,提出优化体育行业的服务标准,优化发展环境。2008年,北京奥运会的成功举办,标志着我国竞技体育发展的新高峰。同时,体育用品行业作为体育产业的重要构成,也保持着最大占比,在开放、竞争度最高的领域,其快速发展势头也得以保持。2009年5月,国务院颁布《彩票管理条例》。特许发行体育彩票,并对彩票发行、销售和开奖等,做了一系列原则性的规则限制。体育彩票已是我国体育经费的主要来源之一。同年8月,国务院发布《全民健身条例》,进一步刺激了全民健身的热情,体育用品消费进一步提升。[③] 2010年3月,国务院办公厅颁布《关于加快发展体育产业的指导意见》,它是体育产业发展的纲领性文件,这也为体育产业多元化发展提供了国家顶层政策的支持,同时也标志着国家主

---

① 张粲.基于《体育经济学杂志》载文分析初探西方体育经济学研究进展[D].北京体育大学,2016.

② 韩磊磊.转型期我国由体育大国向体育强国迈进的体育体制改革研究[D].湖南师范大学,2011.

③ 金世斌.改革开放以来我国体育政策演进与价值嬗变[J].体育与科学,2013,34(01):36-41.

导,各部门、全社会协同发展的体育产业发展方向的确定。从此,在我国,体育产业在国民经济和社会发展的重要战略位置得以确立。[①] 2011年4月国家体育总局发布的《体育事业发展"十二五"规划》,突出强调,"十二五"时期体育产业的发展目标是贯彻落实国务院办公厅《关于加快发展体育产业的指导意见》,进一步丰富和完善体育产业扶持政策,逐步推动建立与我国经济社会发展水平相适应的、具有中国特色的体育产业体系,以满足广大人民群众日益增长的多层次、多元化、多样性的体育消费需求;体育服务业在体育产业中的比重明显提高,促进建立并完善多种所有制并存,各种经济成分竞相参与、共同兴办体育产业的格局;培育一批有竞争力的体育骨干企业,形成一批有中国特色和国际影响力的体育产品品牌,增强我国体育产业的整体实力和国际竞争力;体育产业增加值在国内生产总值中所占比重明显提高。[②] 随后11月发布的《国家体育产业基地管理办法(试行)》指出:"加强对国家体育产业基地的规划与管理,发挥体育产业基地的聚集效应、规模效应以及对全国体育产业发展的示范和带头作用"。[③] 2012年2月,中国足球协会发布《中国足球职业联赛管办分离改革方案》,通过深化职业联赛管办分离的改革,使行政决策权力得到了必要和有效的监督与制约,弱化了行政干预,使职业联赛的商务运作机制更加透明;同年5月国家体育总局发布《关于鼓励和引导民间资本投资体育产业的实施意见》,鼓励和引导民间资本进入体育场馆建设运营领域,支持民间资本进入体育用品生产及销售领域,加大对民间资本投资体育产业的支持力度。这一时期大量政策的出台,也反映了政府对体育产业发展的有力扶持,最终将使体育产业的发展摆脱政府的干预,形成以市场调节为主的运行机制。[④]

---

① 胡艳.后奥运时期大型体育场馆多元化运营战略分析[J].成都体育学院学报.2012,38(04):44-47.
② 国家体育总局.关于印发《体育事业发展"十二五"规划》的通知[EB/OL].(2011-04-01). http://www.sport.gov.cn/n4/n123/c209240/content/html
③ 国家体育总局.关于印发《国家体育产业基地管理办法(试行)》的通知[EB/OL].(2011-4-1). https://www.sport.gov.cn/n315/n331/n403/n1957/c783824/content.html
④ 杭兰平.对影响我国体育产业融资渠道因素的分析研究[J].学术论坛.2010,33(01):143-146+188.

二、体育产业的发展状况

2001年7月,中国北京终于赢得第29届奥林匹克运动会的主办权,这次申办权的获得,不仅预示着新世纪我国的经济、政治、文化的发展成就,而且将给我国体育产业的发展带来巨大的发展机会。① 随着2008年北京奥运会举办,2010年亚运会、2011年大运会等世界级体育赛事也在我国集中举办,这更加激起大众的健身热潮,体育的市场异常火爆,获得了更多社会资金的投入。② 体育产业的形式日益多元化,并在实践领域发散开来,体育开始由"搭台"配角向主角转化。③ 例如,体育比赛的电视转播权、产品专利权、广告制作权,以及为大众体育提供有偿服务等,逐渐普遍化。体育产业的无形资产也被开发利用,比如,体育产业发展前期,注重体育产品等有形资产的利用,自此过后,无形资产诸如品牌价值的塑造等被不断开发。④ 在我国,逐步形成职业体育与健身体育两条腿走路的体育产业发展格局。

对于我国体育产业发展状况,为了有更加全面准确的认知,从2006年5月到2010年4月期间,国家统计局、国家体育总局联合进行了数据统计,这是我国历史上首次由政府牵头进行的体育产业数据统计,对于中国体育产业发展而言,具有里程碑式的意义。⑤ 相关统计数据如下:

第一,2006年全国体育及相关产业从业人员256.30万人,实现增加值982.89亿元,占当年GDP的0.46%;2007年全国体育及相关产业从业人员283.74万人,实现增加值1265.23亿元,占当年GDP的0.49%,按可比价比2006年增长22.83%;2008年全国体育及相关产业从业人员为317.09万人,实现增加值1 554.97亿元,占当年GDP的0.52%,按可比价比2007年增长16.05%(见表4-1)。

---

① 易剑东,等.中国体育产业政策研究:总览与观点[M].北京:社会科学文献出版社,2016.
② 易剑东,等.中国体育产业政策研究:总览与观点[M].北京:社会科学文献出版社,2016.
③ 金立刚.改革开放40年,中国体育产业的觉醒与成长记[EB/OL].(2018-12-24).https://www.sohu.com/a/284249621_482792.
④ 金立刚.改革开放40年,中国体育产业的觉醒与成长记[EB/OL].(2018-12-24).https://www.sohu.com/a/284249621_482792.
⑤ 刘汉生.2006—2008年我国体育及相关产业统计数据分析[J].体育文化导刊,2011,(04):79-81.

表4-1 2006、2007、2008年全国体育及相关产业主要指标结果一览

类别	2006		2007		2008	
	增加值(亿元)	从业人员(万人)	增加值(亿元)	从业人员(万人)	增加值(亿元)	从业人员(万人)
体育用品、服装鞋帽制造	705.12	195.44	898.10	214.00	1 088.31	234.13
体育用品、服装鞋帽销售	76.45	11.13	110.77	15.20	141.79	18.54
体育场馆建筑	33.17	2.77	44.63	3.29	49.61	3.35
体育组织管理活动	74.80	18.71	89.36	18.98	117.56	20.87
体育场馆管理活动	18.24	2.58	23.04	22.41	30.00	2.62
体育健身休闲活动	46.98	11.78	58.79	13.32	74.49	15.03
体育中介活动	2.02	0.87	3.00	0.96	4.46	1.35
体育培训活动	4.64	1.91	7.91	2.21	13.48	3.56
体育彩票	21.47	11.11	29.63	13.37	35.27	17.64
总计	982.89	256.30	1 265.23	283.74	1 554.97	317.09

数据来源：国家体育总局。

第二，2007年全国体育及相关产业各领域增加值的构成为：体育用品、服装鞋帽制造占70.98%，体育用品、服装鞋帽销售占8.82%，体育组织管理活动占7.06%，体育健身休闲活动占4.65%，体育场馆建筑占3.53%，体育彩票占2.34%，体育场馆管理活动占1.82%，体育培训活动占0.63%，体育中介活动占0.24%（见图4-1）。

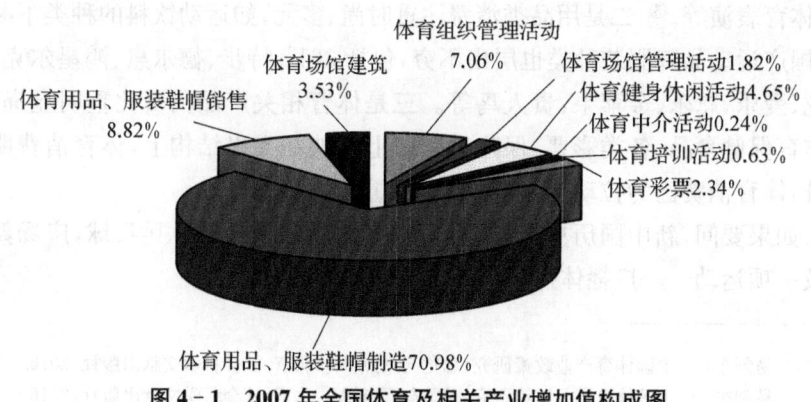

图4-1 2007年全国体育及相关产业增加值构成图

数据来源：国家体育总局

第三,根据全国第一次体育及相关产业专项调查数据及其后国家体育总局公开的数据整理得出:到2013年,我国体育及相关产业增加值已由2006年的983亿元增加到3 563亿元,增长262%;占GDP总量比重由2006年的0.46%增加到0.63%,增长20%;从业人员总数由2006年的256万人增加到2012年的375万人,增长46%。产业增加值以年平均37%的速度增长,远高于同期全国经济的总体增长水平。其中中国体育用品业(运动服、运动鞋、运动器材及相关体育产品的制造和销售)增加值从2006年782亿元增长到2013年的2 087亿元,增幅接近167%,占中国体育产业份额由原来近80%降至58.6%。

由上文可知,2000年以来,我国的体育产业总规模和增加值均呈现持续上涨情势。同时,国家体育总局在这一时期动作不断,如体育服务认证、全运会市场开发、体育服务标准化推进,以及国家体育产业数据分析、各地产业基地建设等,这一切动作实施都为我国体育产业的发展带来了实质性的推动作用。[①] 再加上社会各界的参与,我国体育产业的规模、领域日益扩大,结构也得到了优化,效益也有所提升,并日益呈现良好态势。[②]

三、体育消费需求日趋多元

进入新世纪,随着人民的闲暇时间增加,生活质量的提升,体育消费结构已从"初级型"向"小康型"转变,消费类型正由传统实物型、观赏型向服务型、参与型转变。特别是2008年北京奥运会的热潮、全民健身运动的双重推动下,实现了体育消费的扩容。消费需求实现了以下几方面的变化:一是民众的体育消费取向逐渐向高档、贵族化项目扩展,如旅游、自驾车出行、高尔夫运动、体育表演等。[③] 二是用品类消费注重时尚、多元,如运动饮料的种类不断增多,国产运动品牌服装种类也层出不穷,包括361°、特步、德尔惠、鸿星尔克、喜得龙、爱乐、恩乐、金苹果、贵人鸟等。三是体育相关产品消费比重明显提升,如体育保健食品、各类彩票、保险等。以上反映在支出结构上,体育消费明显上升,体育消费已为拉动体育产业增长的重要一环。[④]

如果要问,新中国历史上,参与者最多的运动是什么?乒乓球,广场舞都不及一项运动——广播体操。

---

① 易剑东,等.中国体育产业政策研究:总览与观点[M].北京:社会科学文献出版社,2016.
② 易剑东,等.中国体育产业政策研究:总览与观点[M].北京:社会科学文献出版社,2016.
③ 李一玉,黄小波.新时期我国体育消费需求的发展分析[J].商场现代化,2008(28):2.
④ 李一玉,黄小波.新时期我国体育消费需求的发展分析[J].商场现代化,2008(28):2.

新中国成立前,人均寿命只有35岁,何谈公共卫生体系。新中国成立,摘掉"东亚病夫"帽子成为民族期盼。当时的中央领导人视体育锻炼为首要任务,体育事业的发展也以法规政策形式得以保障,提倡要开展和普及群众性体育。在这种思想指导下,中华人民共和国第一套广播体操于1951年11月24号正式实施。

广播体操推出后,群众运动热情一下子被调动起来。每天早上十点,喇叭一响,机关里、学校里、工厂里、火车站台上、马路边,都能看见成千上万的人在激情昂扬的音乐中井然有序地做操。

全民广播体操是一个大型的节目,它把中国的形象展现给了全世界,它把个体和群体紧密地联系在一起。当人们伸展四肢做操时,他们的集体意识便会随之产生。体育健身活动的开展,不但可以提高国民的身体素质,还具有一定的政治作用。在要建设的年代,参加体育运动是为了获得更好的体能,以投入到生产和革命之中,国家的需要高于个人的追求。

20世纪的八九十年代,我国社会呈现出翻天覆地的变化,外来的迪斯科、健美操、传统的太极拳、气功武术等都进入大众生活,人民群众健身运动的选择,日益丰富。[1] 1990年推出了第七套广播体操追求"难、新、美、全",但由于难度过大,推广效果不佳。后经过多次升级改版,2010年广播体操已经发展到了第九套。然而,随着时代的发展与进步,人们可以选择的健身方式越来越多,广播体操也不再是群众首选的体育运动,如今的广播体操大多是以中小学课间操的形式存在。

进入21世纪,极富个性特色的广场舞、气功、瑜伽等运动形式,正逐渐风靡全国,成为全民运动的热点。不得不提广场舞的兴起,广场舞简单易学,老少咸宜,对受众的条件和标准不高,既健身强体,又陶冶情操,很快风靡大江南北,在我国,广场舞参与者数以亿计。

2008年北京奥运会成功举办,在顶层政策战略从"体育大国"向"体育强国"转型的指引下,华夏大地处处掀起全民健身的热潮,人们的运动方式开始多元化,公园里有跳绳、踢毽子、跳广场舞等,健身房里有体育健身、健美操、街舞、跆拳道等,体育馆有足球、篮球、乒乓球、羽毛球等,户外有体育旅游、马拉松、登山等,乃至跳伞、蹦极等极限运动都有不少人参与。

当健身项目不断丰富,健身的个性化、新鲜感、时尚度、科学性等需求不断提高,大众的体育消费也迎来多元化、多层次转变。

---

[1] 徐燕玲.我国成人广播体操的发展演变与发展趋势的研究[D].北京体育大学,2016.

第四节 中华民族伟大复兴促使体育产业的全面崛起(2014至今)

十八大以来,针对体育产业发展过程中出现的规模不大、活力不强以及体制机制问题,国务院在2014年10月颁布《关于加快体育产业促进体育消费的若干意见》(以下简称"46号文件")提出了六项主要任务和七项政策措施。46号文出台以来,从中央、部委到地方,密集发布相关政策。在国家政策的支持下,中国体育产业的黄金时代终于到来。2020年初,百年难遇的新冠肺炎疫情给全社会上了一节深刻的健康教育课,让人们的健康意识迅速觉醒了。互联网、大数据、人工智能加快了传统产业的发展,也在促动体育产业从一个较为传统、封闭的小行业,酝酿进入更加规模化发展的市场。

一、体育产业政策的演进

纵观中国体育产业史,46号文的颁布可以称得上是标志性的事件,全民健身在中国,第一次跃升为国家战略,目的就是增强人民体质,体育产业也被认为是朝阳产业。到2025年,在规模总值上,体育产业力争超过5万亿元。46号文是体育产业领域的旗帜,体育产业关注度大力提升,资本、企业、政策等都聚焦此议题。之后,一系列相关体育产业政策接踵而至,为未来中国体育产业的发展指明了方向。

体育产业领域改革逐渐深入,2015年3月,足球成为改革的先头兵,相应地,国务院办公厅发布《足球改革发展总体方案》。同年12月17日,为了推进体育产业的发展,刺激体育消费,财政部、国家税务总局联合发布《关于体育场馆房产税和城镇土地使用税政策的通知》。

2016年6月27日,《体育产业发展"十三五"规划》由国家体育总局印发,文件中提出,坚持改革引领、市场主导、创新驱动及协调发展的基本原则,体育产业总规模超过3万亿,从业人员数超过600万人。体育产业对国民经济的综合贡献率明显提升,产业增加值在国内生产总值中的比重达1.0%。体育服务业增加值占比超过30%,体育消费额占人均居民可支配收入比例超过2.5%。同年,《"健康中国2030"规划纲要》发布,又提出,健康是促进人的全面发展的必然要求,是经济社会发展的基础条件。实现国民健康长寿,是国家富强、民族振兴的重要标志,也是全国各族人民的共同愿望。健康产业开始崛起,参与体育消费的人数增长加速。除此之外,《全民健身计划(2016—2020年)》《中国足球中长期发展规划(2016—2050年)》《全国足球场地设施建设规划(2016—2020年)》《关于推进体育旅游融合发展的合作协议》《竞技体育"十三五"规划》《关于加快发展健身休闲产业的指导意见》等①相继出台,大的目标设置体现为,2020年在全国,每周参加一次及以上的体育锻炼的人数基本要达到7亿,经常性人口也要达到4.35亿;人均体育场地面积要达到1.8平方米;体育消费总额要逾1.5万亿等。最终实现全民健身成为体育产业发展的动力源,拉动内需,促进体育产业成为新经济增长点。

2017年1月16日,《关于进一步扩大旅游文化体育健康养老教育培训等领域消费的意见》首次出现在国家体育总局官网站上,文件围绕旅游、文化、体育、健康、养老、教育培训等重点领域,引导社会资本加大投入力度,通过提升服务品质、增加服务供给,不断释放潜在消费需求。2017年5月12日,国家体育总局发布了《关于推动运动休闲特色小镇建设工作的通知》,明确提出到2020年,在全国扶持建设一批体育特征鲜明、文化气息浓厚、产业集聚融合、生态环境良好、惠及人民健康的运动休闲特色小镇;带动小镇所在区域体育、健康及相关产业发展,打造各具特色的运动休闲产业集聚区,形成与当地经济社会相适应、良性互动的运动休闲产业和全民健身发展格局。除此之外,国家体育总局还发布了《全民健身指南》《京津冀健身休闲运动协同发展规划(2016—2025年)》《"十三五"公共体育普及工程实施方案》《国家体育总局河北省人民政府合作发展冰雪运动框架协议》等文件。2017年7月,国家九部门联合发布《关于支持社会力量举办马拉松、自行车等大型群众性体育赛事行动方案》,文件中规定,为进一步激发体育消费,培育壮大经济新动能,巩固经济稳中向好势头,着力推进大型群众性体育赛事供给侧结构性改革,积极吸引社会力量参与举办大型群众性体育赛事,扩大多层次多样化的体育赛事供给。2017年10月,十九大召开,报告中更是明确提出,中国体育事业的发展一定要融入"两个一百年"奋斗目标的战略征程中,加快促进体育强国目标的实现。

2018年1月,体育总局联合多部委为了促进体育产业发展水平的全面提升,连续发布了《击剑运动产业发展规划》《马拉松运动产业发展规划》《自行车运动产业发展规划》三个规划。同年12月,国务院办公厅印发《关于加快发展体育竞赛表演产业的指导意见》,提出到2025年,体育竞赛表演产业总规模达到2万亿元,基本形成产品丰富、结构合理、基础扎实、发展均衡的体育竞赛表

---

① 房福安.北京市业余足球联赛发展现状和对策研究[D].北京体育大学,2018.

演产业体系。建设若干具有较大影响力的体育赛事城市和体育竞赛表演产业集聚区,推出100项具有较大知名度的体育精品赛事,打造100个具有自主知识产权的体育竞赛表演品牌,培育一批具有较强市场竞争力的体育竞赛表演企业,体育竞赛表演产业成为推动经济社会持续发展的重要力量。[①] 与此同时,国家体育总局发布《关于进一步加强体育赛事活动监督管理的意见》《关于进一步规范体育赛场行为的若干意见》,其目的是继续进行"放管服"的改革,进一步加强体育赛事的监督,以确保体育赛事活动的可持续性发展。[②]

2019年9月,国务院办公厅下发《关于促进全民健身和体育消费推动体育产业高质量发展的意见》,《意见》指出,体育产业在满足人民日益增长的美好生活需要方面发挥着不可替代的作用。要以习近平新时代中国特色社会主义思想为指导,强化体育产业要素保障,激发市场活力和消费热情,推动体育产业成为国民经济支柱性产业,让经常参加体育锻炼成为一种生活方式。同时期,《关于实施健康中国行动的意见》《健康中国行动(2019—2030年)》《进一步促进体育消费的行动计划(2019—2020年)》等政策也相继发布,这些文本强调,要将健康与体育产业的创新发展联系起来,未来体育产业的发展要促进全民健康,成为提高人民健康水平的重要介质,满足人民群众对高质量美好生活的向往。

2020年9月,《国务院办公厅关于加强全民健身场地设施建设发展群众体育的意见》颁布,强调:"以习近平新时代中国特色社会主义思想为指导,深入贯彻党的十九大和十九届二中、三中、四中全会精神,完善健身设施建设顶层设计,增加健身设施有效供给,补齐群众身边的健身设施短板,大力开展群众体育活动,统筹推进新冠肺炎疫情防控和全民健身促进工作。争取到2025年,有效解决制约健身设施规划建设的瓶颈问题,相关部门联动工作机制更加健全高效,健身设施配置更加合理,健身环境明显改善,形成群众普遍参加体育健身的良好氛围。"除此之外,在新冠病毒席卷全球的背景下,为了减少疫情对体育产业影响,国家印发了《关于大力推广居家科学健身方法的通知》,鼓励居民居家健身,助推居家健身、互联网健身等行业发展。

2021年,为了深入贯彻全民健身战略,深化体育产业的健康建设,《"十四五"体育发展规划》《2021年群众体育工作要点》《"十四五"时期全民健身设施

---

① 国务院.国务院办公厅关于加快发展体育竞赛表演产业的指导意见[EB/OL].(2018-12-21). http://www.gov.cn/zhengce/content/2018-12/21/content_5350734.htm.

② 国家体育总局.全面深化改革 办好人民满意的体育事业[EB/OL].(2019-09-23).https://www.sohu.com/a/342763794_505663.

补短板工程实施方案》《全民健身计划(2021—2025 年)》等政策相继颁布。以 2022 年北京冬奥会为契机,《冰雪旅游发展行动计划(2021—2023 年)》的颁布推动了群众性冰雪赛事活动的开展,释放了冰雪旅游消费潜力。2023 年 1 月 1 日正式实施新修订的《中华人民共和国体育法》,更为新时代体育事业发展提供了法治保障。

二、体育产业的发展状况

国内居民消费能力提升,体育消费需求日益提升,体育产业已经成为有活力、高渗透性的朝阳产业。特别是 2014 年的 46 号文件发布以来,我国政府出台了一系列有力推进体育产业发展的顶层政策,使我国体育产业保持了较好的发展势头,在国民经济和社会发展中发挥着日益重要的作用。习近平总书记强调,"体育强则中国强,国运兴则体育兴"。"发展体育事业不仅是实现中国梦的重要内容,还能为中华民族伟大复兴提供精神力量。"

(一) 2014 年国家体育产业规模及增加值数据

2014 年,全国的体育及相关产业总规模数值已达到 13 574.71 亿元,实现增加值 4 040.98 亿元,占当年 GDP 的 0.64%;体育产业结构持续优化,体育服务业比重稳步增长,体育产业体系不断健全,与文化、旅游、医疗、养老、互联网等领域的互动融合日益加深。[1]

(二) 2015 年国家体育产业规模及增加值数据

2015 年,国家体育产业总产出数值已达到 1.7 万亿元,增加值为 5 494 亿元,占同期国内生产总值的比重为 0.8%;从国家体育产业的 11 个大类来看,体育用品及相关产品制造业总产出增加值最大,分别为 11 238.2、2 755.5 亿元,占国家体育产业总产出和增加值的比重分别为 65.7%、50.2%;体育服务业总产出和增加值分别为 5 713.6、2 703.6 亿元,占比分别为 33.4%、49.2%。[2]

---

[1] 佚名.2012—2017 年中国体育产业变化趋势[EB/OL].(2019 - 01 - 10).https://www.sohu.com/a/287877798_505583.

[2] 国家体育总局.国家体育总局 国家统计局联合发布 2015 年国家体育产业规模及增加值数据的公告[EB/OL].(2016 - 12 - 27).https://www.sport.gov.cn/jjs/n5032/c897538/content.html.

表4-2 2015年国家体育产业总产出和增加值

分类名称	总量(亿元)		结构(%)	
	总产出	增加值	总产出	增加值
国家体育产业	17 107.0	5 494.4	100.0	100.0
体育管理活动	229.1	115.0	1.3	2.1
体育竞赛表演活动	149.5	52.6	0.9	1.0
体育健身休闲活动	276.9	129.4	1.6	2.4
体育场馆服务	856.2	458.1	5.0	8.3
体育中介服务	47.0	14.0	0.3	0.3
体育培训与教育	247.6	191.8	1.4	3.5
体育传媒与信息服务	100.0	40.8	0.6	0.7
其他与体育相关服务	299.0	139.6	1.7	2.5
体育用品及相关产品制造	11 238.2	2 755.5	65.7	50.2
体育用品及相关产品销售、贸易代理与出租	3 508.3	1 562.4	20.5	28.4
体育场地设施建设	155.2	35.3	0.9	0.6

注：若总量与分量合计尾数不等，是因数值修约误差所致，未做机械调整。
数据来源：国家体育总局。

（三）2016年国家体育产业总规模与增加值数据

2016年，国家体育产业发展规模值已达到1.9万亿元，增加值已达到6 475亿元，在同期国民生产总值中占比达到0.9%。从增长来看，与2015年相比，总产出增长了11.1%，增加值增长了17.8%。[1]

从国家体育产业整个构成看，体育用品及相关产品制造在总产出及增加值中占比最大，数据分别为11 962.1、2 863.9亿元，在国家体育产业总产出和增加值中占比分别为62.9%、44.2%。体育服务业发展状态良好，总产出已达到6 827.0亿元，比重从2015年的33.4%，提高到35.9%；增加值已达3 560.7亿元，在国家体育产业中，其增加值占比已从2015年的49.2%，提高到了

---

[1] 佚名.统计局：2016年国家体育产业总规模1.9万亿 增加值6 475亿元[EB/OL].(2018-01-13).https://www.sohu.com/a/216427894_115433.

55.0%,第一次出现占据半壁江山的状况。① 体育健身休闲活动增长速度较快,在国家政策的大力支持,增速已超30%,这也说明在健康中国的思想引领,群众体育热情高涨。竞赛表演业增长已经达到24.52%,预计在多部门协同政策的帮扶下,将有望出现井喷式发展的势头。同时,统计数据也显示出,体育产业机构数量也在增加,年增长率已达21.7%;吸纳的体育产业从业人数甚至达到了440余万人。

表4-3 2016年国家体育产业总产出和增加值

分类名称	总量(亿元)		结构(%)	
	总产出	增加值	总产出	增加值
国家体育产业	19 011.3	6 474.8	100	100
体育管理活动	287.1	143.8	1.5	2.2
体育竞赛表演活动	176.8	65.5	0.9	1.0
体育健身休闲活动	368.6	172.9	1.9	2.7
体育场馆服务	1 072.1	567.6	5.6	8.8
体育中介服务	63.2	17.8	0.3	0.3
体育培训与教育	296.2	230.6	1.6	3.6
体育传媒与信息服务	110.4	44.1	0.6	0.7
其他与体育相关服务	433.0	179.7	2.3	2.8
体育用品及相关产品制造	11 962.1	2 863.9	62.9	44.2
体育用品及相关产品销售、贸易代理与出租	4 019.6	2 138.7	21.1	33.0
体育场地设施建设	222.1	50.3	1.2	0.8

注:若总量与分量合计尾数不等,是因数值修约误差所致,未做机械调整。
数据来源:国家体育总局。

(四)2017年国家体育产业总规模与增加值数据

经核算,2017年全国体育产业总规模产出值已达2.2万亿元,增加了7 811亿元;综合来看,与2016年相比,利润增长了15.7%,与2016年相比,达到了20.6%。②

从体育产业的构成来看,体育用品及相关产品制造突出,其总产出、增加

---

① 佚名.统计局:2016年国家体育产业总规模1.9万亿 增加值6475亿元[EB/OL].(2018-01-13).https://www.sohu.com/a/216427894_115433.

② 国家体育总局.2017年全国体育产业总规模与增加值数据公告[EB/OL].(2019-01-08). https://www.sport.gov.cn/jjs/n5032/c897499/content.html.

值最大,分别达到 13 509.2、3 264.6 亿元,增长速度分别为 12.9%、14.0%。体育服务业也保持良好势头,在体育产业中增长值所占比重也持续上升,其占比从 2016 年的 55% 上升到 57%。其中,与公众密切相关的,如体育竞赛表演、体育健身休闲活动势头更强,其增长速度分别达到 39.2%、47.5%。另外,体育场馆、健身步道、体育公园等公共体育设施的政府供给力度全面拉开,增长速度已达 94.7%。①

表 4-4 2017 年全国体育产业状况

分类名称	总量(亿元)		结构(%)	
	总产出	增加值	总产出	增加值
体育产业	21 987.7	7 811.4	100.0	100.0
体育管理活动	504.9	262.6	2.3	3.4
体育竞赛表演活动	231.4	91.2	1.1	1.2
体育健身休闲活动	581.3	254.9	2.6	3.3
体育场馆服务	1 338.5	678.2	6.1	8.7
体育中介服务	81.0	24.6	0.4	0.3
体育培训与教育	341.2	266.5	1.6	3.4
体育传媒与信息服务	143.7	57.7	0.7	0.7
其他与体育相关服务	501.6	197.2	2.3	2.5
体育用品及相关产品制造	13 509.2	3 264.6	61.4	41.8
体育用品及相关产品销售、贸易代理与出租	4 295.2	2 615.8	19.5	33.5
体育场地设施建设	459.6	97.8	2.1	1.3

注:若数据分项合计与总值不等,是由于数值修约误差所致。
数据来源:国家体育总局。

(五) 2018 年国家体育产业总规模与增加值数据

2018 年,全国体育产业规模值已达 26 579 亿元,增加了 10 078 亿元,在国内生产总值占比达到 1.1%。②

从体育产业构成来看,体育服务业一路领先,其增加值已达到 6 530 亿元,

---

① 国家体育总局.2017 年全国体育产业总规模与增加值数据公告[EB/OL].(2019-01-08). https://www.sport.gov.cn/jjs/n5032/c897499/content.html.
② 国家体育总局.2018 年全国体育产业总规模和增加值数据公告[EB/OL].(2020-01-20). https://www.sport.gov.cn/jjs/n5043/c941611/content.html.

在体育产业中占比已达到64.8%,与上年相比有所提升;其中,体育用品、相关产品销售、出租与贸易代理等规模不断扩大,增加值已达到2 327亿元,在全部产业中,增加值占比为23.1%。体育用品、相关产品制造增加值达到3 399亿元,在全部产业中,增加值占比为33.7%。体育场地设施建设增加值已达到150亿元,在全部体育产业中增加值占比为1.5%。[①]

表4-5　2018年全国体育产业状况

分类名称	总量(亿元)		结构(%)	
	总产出	增加值	总产出	增加值
体育产业	26 579	10 078	100.0	100.0
体育服务业	12 732	6 530	47.9	64.8
体育管理活动	747	390	2.8	3.9
体育竞赛表演活动	292	103	1.1	1.0
体育健身休闲活动	1 028	477	3.9	4.7
体育场地和设施管理	2 632	855	9.9	8.5
体育经纪与代理、广告与会展、表演与设计服务	317	106	1.2	1.1
体育教育与培训	1 722	1 425	6.5	14.1
体育传媒与信息服务	500	230	1.9	2.3
体育用品及相关产品销售、出租与贸易代理	4 116	2 327	15.5	23.1
其他体育服务	1 377	616	5.2	6.1
体育用品及相关产品制造	13 201	3 399	49.7	33.7
体育场地设施建设	646	150	2.4	1.5

注:若数据分项合计与总值不等,是由于数值修约误差所致。
数据来源:国家体育总局。

(六) 2019年国家体育产业总规模与增加值数据

经核算,2019年,全国体育产业总规模(总产出)为29 483亿元,增加值为11 248亿元。从名义增长看,总产出比2018年增长10.9%,增加值增长11.6%。[②]

[①] 国家体育总局.2018年全国体育产业总规模和增加值数据公告[EB/OL].(2020-01-20). https://www.sport.gov.cn/jjs/n5043/c941611/content.html.

[②] 国家体育总局.2019年全国体育产业总规模与增加值数据公告[EB/OL].(2020-12-31). https://www.sport.gov.cn/jjs/n5032/c974977/content.html.

从结构变化来看,体育服务业势头更旺,增加值已达到 7 615 亿元,在体育产业中占比增加到了 67.7%,与 2018 年相比,提高了 2.9 个百分点;其中,体育用品及相关产品销售、出租与贸易代理规模最大,增加值已达到 2 562 亿元,在全部体育产业增加值中,其比例为 22.8%;体育健身休闲活动近年来一直保持高速发展,增加了 74.4%。体育相关的基础设施建设也发展起来,体育场地设施建设增加值已达到 212 亿元,增长速度达 41.7%,在全部体育产业增长值中比重达 1.9%。①

表 4-6 2019 年全国体育产业状况

分类名称	总量(亿元)		结构(%)	
	总产出	增加值	总产出	增加值
体育产业	29 483.4	11 248.1	100.0	100.0
体育服务业	14 929.5	7 615.1	50.6	67.7
体育管理活动	866.1	451.9	2.9	4.0
体育竞赛表演活动	308.5	122.3	1.0	1.1
体育健身休闲活动	1 796.6	831.9	6.1	7.4
体育场地和设施管理	2 748.9	1 012.2	9.3	9.0
体育经纪与代理、广告与会展、表演与设计服务	392.9	117.8	1.3	1.0
体育教育与培训	1 909.4	1 524.9	6.5	13.6
体育传媒与信息服务	705.6	285.1	2.4	2.5
体育用品及相关产品销售、出租与贸易代理	4 501.2	2 562.0	15.3	22.8
其他体育服务	1 700.2	707.0	5.8	6.3
体育用品及相关产品制造	13 614.1	3 421.0	46.2	30.4
体育场地设施建设	939.8	211.9	3.2	1.9

注:若数据分项合计与总值不等,是由于数值修约误差所致。
数据来源:国家体育总局。

(七)2020 年国家体育产业总规模与增加值数据

2020 年,全国体育产业规模总值已达 27 372 亿元,增加值已到 10 735 亿元;

---

① 国家体育总局.2019 年全国体育产业总规模与增加值数据公告[EB/OL].(2020-12-31). https://www.sport.gov.cn/jjs/n5032/c974977/content.html.

与2019年相比,总产出下降7.2%(未扣除价格因素,下同),增加值下降4.6%。[①]

从总产出情况看,体育服务业总产出为14 136亿元,体育用品及相关产品制造总产出为12 287亿元,体育场地设施建设为948亿元。从构成来看,体育服务业增加值已达到7 374亿元,在体育产业占比中增加值比重已占68.7%,与2019年相比,提高了一个百分点。体育用品、相关产品制造方面增加值,已到3 144亿元,增加值占比为29.3%,与2019年相比,下降1.1个百分点。体育场地设施建设方面增加值已达到217亿元,在体育产业中占比2.0%,超过2019年0.1个百分点。[②]

表4-7 2020年全国体育产业状况

分类名称	总量(亿元)		结构(%)	
	总产出	增加值	总产出	增加值
体育产业	27 372	100.0	10 735	100.0
体育服务业	14 136	51.6	7 374	68.7
体育管理活动	880	3.2	459	4.3
体育竞赛表演活动	273	1.0	103	1.0
体育健身休闲活动	1 580	5.8	736	6.9
体育场地和设施管理	2 149	7.9	808	7.5
体育经纪与代理、广告与会展、表演与设计服务	316	1.2	98	0.9
体育教育与培训	2 023	7.4	1 612	15.0
体育传媒与信息服务	847	3.1	339	3.2
体育用品及相关产品销售、出租与贸易代理	4 514	16.5	2 574	24.0
其他体育服务	1 554	5.7	645	6.0
体育用品及相关产品制造	12 287	44.9	3 144	29.3
体育场地设施建设	948	3.5	217	2.0

注:1. 增速为现价增长速度,未扣除价格因素。
    2. 若数据分项合计与总计不等,是由于数值修约误差所致。
数据来源:国家体育总局。

[①] 国家体育总局.2020年全国体育产业总规模与增加值数据公告[EB/OL].(2021-12-30). http://www.stats.gov.cn/tjsj/zxfb/202112/t20211230_1825760.html.

[②] 国家体育总局.2020年全国体育产业总规模与增加值数据公告[EB/OL].(2021-12-30). http://www.stats.gov.cn/tjsj/zxfb/202112/t20211230_1825760.html.

综上数据,可以发现,2014年以来,我国体育产业呈现持续良好发展态势,在国民经济和社会发展中,其地位可见一斑,发展特点如下。

(1) 体育产业的规模持续扩大。2014年,我国体育产业总规模产值为13 574.71亿元,增加值已达4 040.98亿元;2020年,我国体育产业总规模产值为27 372亿元,同步实现的增加值已达10 735亿元;体育产业增加值占同期GDP比重由2012年的0.60%上升至2020年的1.06%,体育产业对GDP贡献度不断提升。①

(2) 体育产业主体持续壮大。我国国有体育企业改革稳步推进,民营体育企业迅速崛起,体育资本市场日益活跃,体育市场主体展现出强劲活力。截至2020年底,全国体育产业法人和产业活动单位达到28.2万家,比2015年增加143%。体育产业从业人员已达到489.9万人,比2015年增加了126.6万人。②

(3) 体育产业结构不断优化。体育产业增加值中,体育服务业占比明显提升,2020年达68.7%,较2012年大幅度提升,已达34.1个百分点,体育服务业的主导地位在体育产业中得以确立;其中,竞赛表演活动、健身休闲活动、体育教育与培训、体育传媒及信息服务等与群众参与健身密切相关的重点细分业态占比均有所提升,体育服务内部结构也呈现出明显优化的态势。③

(4) 体育产业体制不断健全。体育制造业转型升级加速,体育服务业提质增效显著,体育与文化、旅游、养老、健康、教育、金融等相关产业融合更广、更深、更实,催生出一批"体育+"消费新业态。尤其体育实体经济,与互联网、大数据、人工智能等深度融合,不断创新生产、服务和商业模式。健身休闲和竞赛表演作为龙头被牢牢咬住,高端制造与现代服务深度融合,新技术、新模式的大胆采用,促进了现代体育产业体系的初步形成。④

(5) 体育产业基础持续夯实。截至2021年底,全国共有体育场地397.1万个,体育场地面积达到34.1亿平方米,人均体育场地面积2.41平方米;2020年,经常体育参与的人口占比已达37.2%;体育消费支出方面,全国居民人均已达1 330.4元,在当年居民人均消费支出中占比为6.3%;以上明显可以看

---

① 国家体育总局.潮平两岸阔　风正一帆悬——中国体育产业蓬勃发展[EB/OL].(2022-09-14).http://www.sport.gov.cn/n20001280/n20745751/c24692715/content.html

② 国家体育总局.潮平两岸阔　风正一帆悬——中国体育产业蓬勃发展[EB/OL].(2022-09-14).http://www.sport.gov.cn/n20001280/n20745751/c24692715/content.html

③ 国家体育总局.潮平两岸阔　风正一帆悬——中国体育产业蓬勃发展[EB/OL].(2022-09-14).http://www.sport.gov.cn/n20001280/n20745751/c24692715/content.html

④ 国家体育总局.潮平两岸阔　风正一帆悬——中国体育产业蓬勃发展[EB/OL].(2022-09-14).http://www.sport.gov.cn/n20001280/n20745751/c24692715/content.html

出,体育融入大众生活已是常态。①

当下,健康中国、体育强国战略不断深入人心,在我国体育事业发展中,与经济社会发展相适应,中国的体育产业,俨然已成为我国经济转型升级的重要抓手。

三、体育消费融入生活

从马斯洛需要层次理论切入分析,当人们的收入提高后,就会有娱乐、放松需求,就会考虑如何延长寿命等,自然就会投入到体育运动中来。社会发展,人口结构也在变化,大众以体育消费为需求的生活方式逐步形成,我国的消费结构也在逐渐优化,消费意识形成,国民消费行为也发生了转变,新的细分消费群也逐步被催生出来。运动成为当下所有人的需求,体育消费开始下沉,并逐步生活化。

（一）体育消费的不断下沉

经济社会的发展,居民可支配收入不断增加,我国市场中体育消费呈现较快增长速度,已经成为消费市场增长的重要驱动力。当下,一线城市保持领先,新一线城市比如成都、杭州、苏州、天津、重庆等的体育消费规模在增长速度上直逼北上广深,二、三、四线城市的体育消费增长势头正旺。这些区域性体育消费各自特点不同,一线城市体育消费突出品质,具有差异性与个性;新一线城市体育专业类、服务类产品的需求消费释放旺盛;二线城市更注重专业类体育产品;三、四线城市,其用户更在会运动服装及鞋的需求,性价比更为重要。各级城市的体育人口的保证,为体育消费市场的持续增长,提供了动力。

（二）体育消费升级势不可挡

近年,居民体育消费由过去较为单纯的服装、鞋帽等基础体育用品发展到目前的自行车装备、游泳装备、垂钓装备、户外运动装备等多元品类,涉及更多细分专业体育域的产品。京东大数据研究院 2021 年发布的消费调研报告数据反映消费者生活品质的垂钓、骑行等体育用品销量猛增,成为客单价最高的品类。在运动服装的消费方面,各式功能的鞋层出不穷,突出了专业细分的特色,比如徒步鞋、跑步鞋、篮球鞋等。专业、品质化的需求与日俱增之外,创新

---

① 国家体育总局.潮平两岸阔　风正一帆悬——中国体育产业蓬勃发展[EB/OL].(2022-09-14).http://www.sport.gov.cn/n20001280/n20745751/c24692715/content.html

性产品更加受消费者青睐,且呈现出大幅提高的趋势,减震跑步鞋、自动野营帐篷等产品更是供不应求长,体育消费升级的势头可见一斑。①

(三)小众个性化消费将成为新的热点

一些拥有更高消费水平的人群不再满足于热门大众运动,将目光放在一些小众运动项目。根据统计数据显示,目前中高收入体育人群更多地将目光聚焦于瑜伽、潜水、冲浪、攀岩、马术、冰雪等近年来逐渐兴起的个性化运动领域。随着群众对体育文化的深入理解,对体育项目欣赏和参与多元化需求的不断增加,小众个性化运动项目将会迎来更广阔的发展空间,其中蕴藏的巨大消费潜力也将充分显现。②

(四)体育消费和其他消费业态融合更加紧密

跨界融合衍生出了众多符合消费者需求的创新产品业态,大量的"体育＋"新形式、新体系,尤其是"体育＋旅游"已经成为体育消费的主要内容。更为重要的是,体育已经不仅仅是运动,将会与文化、社交、健康、科技、旅游、娱乐等产业融合为"泛体育"产业。③

(五)我国已经进入全民体育消费时代

随着我国进入了全民健身的时代,人们对体育的需求也越来越大,其中女性群体和老年群体的体育消费和水平也越来越高。老年人的健身活动越来越多样化,如广场舞、瑜伽、钓鱼、跑步等。同时,天猫的数据显示,女性的体育消费数量已超过了男性,成为主要客户群。小镇年轻人的体育消费也在逐步兴起,根据统计,天猫体育消费排行榜中,遵义、泉州、乌鲁木齐、金华、贵阳三线以下城市占到了四成,而中西部地区的体育活动也越来越受欢迎。自2014年《国务院关于加快发展体育产业促进体育消费的若干意见》出台,文件中写明"取消商业性和群众性体育赛事审批"以来,民间力量办赛的热情被激发,全民参与体育运动空前活跃。以马拉松赛事为例,2015年,全国马拉松及相关路跑

---

① 佚名.我国体育消费发展新趋势——市场下沉、消费升级、小众项目、泛体育[EB/OL].(2022-08-19).https://www.sports.cn/sj/DI/2022/0819/413952.html.
② 佚名.我国体育消费发展新趋势——市场下沉、消费升级、小众项目、泛体育[EB/OL].(2022-08-19).https://www.sports.cn/sj/DI/2022/0819/413952.html.
③ 佚名.我国体育消费发展新趋势——市场下沉、消费升级、小众项目、泛体育[EB/OL].(2022-08-19).https://www.sports.cn/sj/DI/2022/0819/413952.html.

赛事的数量达到134场,而到2019年已经井喷至1 828场(800人以上路跑、300人以上越野及徒步活动),全年平均到每天竟超过5场比赛,甚至出现同一天至少有43场马拉松赛事鸣枪的疯狂;2019年,多达712.56万人次参赛马拉松赛事,马拉松赛事风靡全国。受疫情期间,马拉松赛事虽受到影响,但依然火爆。如2022年长沙马拉松,24小时报名人数突破5万,报名首周突破8万人,而赛事规模为2.4万;线上马拉松赛事更是愈发多起来,动辄几十万人报名,可见跑者热情高涨。

由上可知,现代社会,互联网及其相关产业的出现,诸如人工智能、VR/AR技术、机器人等,都在改变着社会。时代变迁,社会分工更加细化,人们生活方式重新塑造,人的需求结构也在逐渐多样化。体育在我国已成为促进人全面发展的重要途径,体育消费实践正践行着大众新的活法。

第五章　我国体育产业发展的内在逻辑、经验及瓶颈问题

新中国成立以来,体育作为我国的一项社会事业,与教育、卫生、文化等,都被作为服务上层建筑的一部分,纳入了国家建设的范畴,主要依靠国家行政或财政拨款生存与发展。尤其是改革开放之前,国人对体育产业发展范畴的认识模糊;改革开放以后,人们的思想得以解放,全球化国际交流频繁,社会主义市场经济发展,2008年北京奥运会召开前后引发的商机使民众对体育产业有了更新的了解与认识。2014年,体育产业46号文件的发布以来,我国陆续发布多部政策文件和规划战略,指导我国体育产业的发展,为我国体育产业插上了政策支持的翅膀。① 伴随我国社会老龄化进程加速和国家全面推进"健康中国2030战略",体育产业作为重要的民生健康产业,迎来了前所未有的发展机遇。

纵观我国体育产业发展演变过程,体育产业实践活动的稳步推进得益于制度改革的逐步放开,以及产业政策设计的逐步完善,更得益于体育消费市场的勃发。② 爬梳其发展进路,我国体育产业经过多年的摸索前进已呈现出了较为明晰的发展逻辑,为以后的可持续性发展,提供较为完整的经验启示,但是也不可避免遇到了瓶颈。

---

① 李丽.论体育产业经营与管理专业人才综合素质结构体系[J].运动,2016,(15):99-100+133.
② 姜同仁,张林,等.中国体育产业演进的内在逻辑、政策趋向和高质量发展路径[J].天津体育学院学报,2020,35(06):658-665.

第一节　我国体育产业发展的内在逻辑

一、政策引领：党中央、国务院高度重视

旧中国民弱国穷，曾被称为"东亚病夫"。1917年，毛泽东发表的《体育之研究》中描述，"国力苶弱，武风不振，民族之体质日趋轻细，此甚可忧之现象也。"1949年，新中国建立前后，体育发展整体概况依然如旧，国民体质羸弱，运动水平低，专业人才更是缺乏，体育场馆四处露出凋敝、破落的景象，新中国想产生一名世界冠军都是难事。我国的体育事业就是在此基础上艰难起步；新中国成立后，发展体育事业被迅速摆上了议事日程。① 1949年10月，新中国诞生不到20天，全国体育工作者代表大会迅即召开，商议新中国的体育发展事宜，并提出"为人民的健康、新民主主义的建设和人民的国防而发展体育"的工作方针。② 1952年6月10日，毛泽东亲自为中华全国体育总会成立大会题词，"发展体育运动，增强人民体质"的题词成为当时的体育工作方针。从此以后，我国体育事业发展的根本任务和方向得以明确。③ 1954年《中共中央批转中央体委党组关于加强人民体育运动工作的报告的指示》指出，体育运动是"培养人民勇敢、坚毅、集体主义精神，和向劳动人民进行共产主义教育的重要手段之一"。④ 在这样的大环境下，体育被赋予了强大的社会和政治作用，其首要任务就是提高人们的身体素质，为社会主义服务。从客观上讲，新中国成立后三十年的阶段没有真正的体育产业成分。但是，党在社会主义经济建设方面的努力，为我国的体育产业在资金、技术、装备、物流等方面的发展打下了坚实的基础。这一时期可以说是我国体育产业的后备发展时期。

改革开放以后，我国体育发展进入新的历史阶段。1979年，中国奥委会在

---

① 国家体育总局.党领导新中国体育事业的历史经验与启示[EB/OL].(2021-11-24).http://www.sport.gov.cn/n2000/280/n20745751/c23758169/content.html

② 刘莉,朱传耿.从"体育救国"到"体育强国"——南京体育学院地理空间的百年见证[J].体育学研究,2021,35(04):39-44.

③ 杜娟.株洲市民营企业职工体育可持续发展研究[D].武汉:武汉体育学院,2010.

④ 崔乐泉,李永明,郭荣娟.中国共产党关于体育文化建设的百年历程、逻辑理路与启示[J].首都体育学院学报,2021,33(04):349-356.

国际奥委会的合法权益恢复。① 但当时的国情基础还比较弱,由于基本国情的限制约束,国家集中配置有限资源发展竞技体育,以达成在以奥运会为代表的国际体育赛事中取得优异成绩的目的,号召竞技体育"勇攀高峰,为国争光",这种社会和政治功能,依然是国家支持体育发展的原动力。② 比如,在20世纪80年代,中国女排以连续夺冠的拼搏精神,曾一度成为激励中国人民建设社会主义事业的精神动力。③ 20世纪90年代,社会主义市场经济确立,我国整个经济快速发展,体育产业开始初具规模,1993年5月,原国家体委发布《关于培育体育市场,加快体育产业化进程的意见》的文件,第一次明确提出发展体育产业。2000年,国家体育总局下发《2001—2010年体育改革与发展纲要》,其中提出,体育产业增加值以较快速度增长,2010年达到国内生产总值1.5%左右。缩小我国体育产品与国外的差距,提高竞争力。城乡体育消费稳步增长,占全部消费性支出的比重有较大提高。努力把体育产业培育成国民经济新的增长点。从此以后,体育产业的经济战略地位得以确立,并得到扶持发展。④ 2001年,北京获得2008年奥运会举办权。为筹办好北京奥运会并以此为契机,国家出台了一系列扶持体育产业特别是为竞技体育服务的产业政策,体育产业的主要领域已经打开,并以较快速度形成规模。2010年,《关于加快发展体育产业的指导意见》文件,由国务院办公厅印发,其中指出,加快发展体育产业,对拓展体育发展空间,丰富群众体育生活,培养体育人才,提高全民族身体素质、生活质量和竞技体育水平,促进我国由体育大国向体育强国的转变,促进经济社会协调发展,具有重要意义。⑤

2014年10月,46号文件的提出标志着体育产业将成为经济转型升级的重要力量,它进一步明确了体育产业的重要地位。⑥ 随后体育产业政策迎来了大爆发,据统计,2014年10月至2018年12月,国家共颁布体育产业政策文件达108份。此后几年,体育产业增长率一直高于GDP的增长率,其中竞赛表

---

① 国家体育总局.党领导新中国体育事业的历史经验与启示[EB/OL].(2021-11-24).http://www.sport.gov.cn/n2000/280/n20745751/c23758169/content.html

② 郭仁红.里约周期中国女排核心竞争力研究[D].北京体育大学,2018.

③ 崔乐泉,李永明,郭荣娟.中国共产党关于体育文化建设的百年历程、逻辑理路与启示[J].首都体育学院学报,2021,33(04):349-356.

④ 姜同仁,张林,等.中国体育产业演进的内在逻辑、政策趋向和高质量发展路径[J].天津体育学院学报,2020,35(06):658-665.

⑤ 国务院.国务院办公厅关于加快发展体育产业的指导意见[EB/OL].(2010-03-24).http://www.gov.cn/zhengce/content/2010-03/24/content_6420.htm.

⑥ 黄海燕,徐开娟,等.我国体育产业发展的成就、走向与举措[J].上海体育学院学报,2018,42(05):15-21+37.

演、健身休闲与体育服务相关业态一直以大于30%的速度在增长。不难看出，政策的指导与引领不断为产业结构的优化和升级带来利好。2019年国务院办公厅印发《关于促进全民健身和体育消费推动体育产业高质量发展的意见》，其中针对大型体育场馆、体育服务业、冰雪产业和体育产业的数据，文件提出了2022年的发展目标——体育产业要成为国民经济发展的新增长点，是经济转型升级的重要力量。[①] 此后，国家多次发布"促进全民健身，发展体育产业"的政策文件，明确提出到2025年，体育产业总规模超过5万亿元；到2035年，体育产业成为国民经济支柱性产业，经常参加体育锻炼要成为一种生活方式。

从上述情况可以看出，在我国，体育产业的发展与政府的宏观调控以及对体育产业的引导有着密切的关系，而政府的统筹协调对促进体育产业发展的市场环境极其重要。

二、需求动力：我国居民体育消费全面释放

在需求方面，消费是我国体育产业发展的重要推动力，城市居民的消费对我国体育产业的发展贡献很大，而资本的形成对我国体育产业的贡献则相对较小；体育建筑业的主要动力是资本形成，体育制造业和体育服务业的主要动力是消费，尤其是城镇居民消费。由于新中国成立初期，工业底子薄，人民生活水平低，体育消费增长乏力，长期以来体育的发展主要靠国家政策的带动。改革开放以来，我国经济发展一直保持高速增长的势头，继1995年GDP总量比1980年翻了两番的目标实现后，1997年又实现了人均GDP比1980年翻两番的目标，2020年，完成全面建成小康社会的第一个百年奋斗目标。据官方统计，2021年我国人均GDP达12 551美元，稳居中等收入国家行列。经济的快速发展为体育消费发展提供了必要的物质基础，大部分群众在解决衣、食、住的前提下，开始在体育消费支出上用力。

改革开放40多年，人们从以满足自身生存需要为主要目标，迈向了以追求自身发展为目标。发展目标的变化，相应地引起了需求结构的战略性升级，人民群众的健身娱乐、竞赛观赏等消费需求被激发出来，体育产业规模持续扩大并表现出极强的上升张力。[②]

---

① 国家体育总局.党领导新中国体育事业的历史经验与启示[EB/OL].(2021-11-24).http://www.sport.gov.cn/n2000/280/n20745751/c23758169/content.html

② 姜同仁,侯晋龙,刘娜.中国体育产业发展方式转变的3大结构障碍与战略调整[J].天津体育学院学报,2012,27(06):473-478.

国际体育产业演变过程的镜鉴，体育产业领域的逐步完善，产业结构升级的贡献将逐步凸显。体育作为第三产业呈现逐步优化态势：体育产业处于较低阶段时，体育用品销售、体育管理活动等传统商业活动贡献较大；当体育产业逐步达到较高水平时，体育中介等生产性服务业呈现蓬勃发展之势，助推竞赛表演、健身休闲等核心产业实现跨越式发展。①

生活质量提高，大众参与体育活动的需求也是随之增加。近几年随着国家"全民健身"战略的实施，人们参与体育运动的热情持续高涨，体育参与人群规模扩大。在我国的大中城市以及部分富裕的农村地区，体育逐渐成为新的消费热点，消费潜力不断释放，我国的体育消费市场迈上新台阶。据官方统计，2019年全国体育消费总额突破1万亿元，2020年达到15 277.5亿元，比2019年增长31.1%，全国居民人均体育消费支出达到1 330.4元。依据"十四五"体育发展规划，到2025年体育消费总规模要超2.8万亿元。

三、潜能巨大：我国体育产业市场规模越来越大

伴随社会的发展，体育本身所蕴含的价值越来越被人们认同，自改革开放以来，我国的体育产业迅猛发展，被誉为朝阳产业。体育产业在国民生产总值中占据的比例越来越大，并日益受到人们的关注。当下，我国体育市场体系正逐渐完善，市场框架也基本形成。我国体育产业的开发领域日渐拓宽，市场规模增大。体育产业带来的效益及产业质量正逐步提升，在很大程度上，体育资产以及体育资源的开发，也显示出我国体育市场的优势及潜力。② 截至2020年，国家统计官方数据显示，2020年体育产业的增加值10 735亿元，GDP占比为1.057%。在经济发展中，体育产业已成为新"风口"，逐渐形成了以竞赛表演、健身休闲为驱动，体育用品业为保障，体育场馆、培训、中介及体育传媒等业态快速发展的整体性布局。③

当前，中国特色社会主义进入新时代，我国已迈入高质量发展的阶段。体育产业作为第三产业不仅能在推动消费提质扩容、深化供给侧结构性改革、激活内循环、构建新发展格局方面发挥潜能，还能在满足人们对美好生活需求方

---

① 姜同仁,侯晋龙,刘娜.中国体育产业发展方式转变的3大结构障碍与战略调整[J].天津体育学院学报,2012,27(06):473-478.
② 曹盛民.当前我国体育产业发展的机遇与对策[J].商业经济研究,2016,(22):198-199.
③ 李国,孙庆祝.新时代我国体育产业结构优化效益的VAR模型分析[J].山东体育学院学报,2019,35(05):1-11.

面发挥潜能,是提高人民健康水平、满足美好生活需要、促进人的全面发展的重要途径,是展示国民精神风貌、提升国家文化软实力、强化文明交流互鉴的必然要求。未来,随着健康中国、体育强国战略的深化落实,区域协调发展战略的逐步实施,人民群众将更加注重品质化的体育生活,体育需求和消费日趋多元化,体育产业数字化转型加速,产业体系现代化、业态融合化、区域一体化趋势日益明显,我国体育产业将迎来重要战略机遇期。

四、前景可观:体育产业将成为支柱和幸福产业

体育是社会发展和人类进步的重要标志,是综合国力和社会文明程度的重要体现。体育在提高人民身体素质和健康水平,促进人的全面发展,丰富人民精神文化生活,推动经济社会发展,激励全国各族人民弘扬追求卓越、突破自我的精神方面,都有着不可替代的重要作用。2017 年习近平总书记在党的十九大报告中指出实施健康中国战略。2019 年 7 月,国务院印发《国务院关于实施健康中国行动的意见》,国家层面成立健康中国行动推进委员会,制定印发《健康中国行动(2019—2030 年)》,要根据医学进步和相关技术发展等情况,适时组织修订完善《健康中国行动(2019—2030 年)》内容。① 全民健康是民族昌盛和国家富强的重要标志,而体育则是实现全民健康必不可少的重要路径和有效手段。国家把体育产业纳入"健康产业"的发展格局之中,对体育产业发展赋予了新的时代使命,提出了新的历史任务。2020 年 9 月 22 日召开的教育文化卫生体育领域专家代表座谈会上,习近平总书记用"四个重要"概括了新时代体育的新内涵:"体育是提高人民健康水平的重要途径,是满足人民群众对美好生活向往、促进人的全面发展的重要手段,是促进经济社会发展的重要动力,是展示国家文化软实力的重要平台。"体育产业已经成为与人民生活息息相关的民生与幸福产业,在创造美好生活中发挥着不可替代的作用。如今,随着健康中国、体育强国战略的深化落实,与经济社会发展、体育事业发展相伴,我国体育产业已成为经济转型升级的重要力量。

---

① 国务院.国务院关于实施健康中国行动的意见[EB/OL].(2010-03-24).http://www.gov.cn/zhengce/content/2019-07/15/content_5409492.htm.

五、融合机遇:体育消费需求多元,促进体育与相关产业融合发展

消费水平的提高和人们对美好生活的追求是促进我国体育产业可持续发展的重要因素。经过 40 多年的改革开放,我国的体育事业有了前所未有的发展,竞技体育位列世界前茅,群众体育蓬勃发展,体育产业规模、效益提升。体育实力的增进,需要与世界联系,摆脱种种民族、地域限制,以达到获取全球视野的能力。融入全球的体育产业发展格局,我国体育产业,将迎来重塑产业链和价值链的重要历史窗口期。

当前,居民消费结构不断优化,体育消费也有了新变化、新趋势。立足体育产业供给侧,体育产业与旅游、服装业、交通通信、建材、食品业等相关产业有了跨界融合的势头。体育产业横跨第二、三产业,涵盖体育用品制造业及服务业,在新旧动能转换中伴随新兴技术的加入,新产品、新模式、新业态将不断涌现,且具有极强的成长势头和可持续性。

第二节 我国体育产业发展的经验提炼

一、紧跟经济改革步伐

马克思主义理论中,关于人类社会发展有一个经典观点"人类赖以生存和发展的基础,来自经济发展,生产与消费是保证世界运行的基点"。体育作为一种社会文化的重要构成,同样受制于我国的经济发展水平。我国的体育事业发展,与国家的经济、文化及政治发展基本一致,甚至体育事业的发展方向、规模、速度及水平也受其制约。因此,经济的发展与否与体育的发展的关系最为紧密。体育发展的因素取决于经济,而目前我们国家体育发展所存在的问题,基本上起因于经济政策和经济水平,而体育政策和制度对体育的发展来说,在一定程度上,仅仅只是起着导向作用。

社会生活中,体育构成了一个重要领域,它的发展变革与整个社会的发展变革共命运。从新中国成立以来的历史看,只要是在经济发展的紧要关头,党中央总能把握大势,着眼长远,领导和推进改革。十一届三中全会和十八大都在战略高度上对经济发展的指导思想进行了重大调整。这两次调整都深刻地影响着我国体育产业的发展与突破,是体育产业发展的一个重要历史节点,前者对于体育产业的发展是一个稳定的起点,后者则为产业高质量发展指引了方向。现今,习近平的新时代中国特色社会主义经济思想关系中国经济发展的全局,也是我国体育产业发展的重要指导力量。要坚持创新、协调、绿色、开放、共享的新发展理念,以改革开放为主要推动力,从而达到满足人民日益增长的美好生活需要的最终目的,实现体育产业,全面、协调、健康的发展。

二、坚持人民为中心

1952年6月10日,毛泽东同志题词"发展体育运动,增强人民体质"。这是对中国体育的期待,同时也为新中国的体育事业发展提出了任务要求,也彰显了党为人民谋幸福的初心。体育始终要为人民服务,从今天来看,它是我国体育事业发展的起点,同时也是落脚点。改革开放深入,人民生活向好,人民的体育需求也在时刻变化。体育工作仍然以提高国民体质为重点,但不限于此,多元化、现代化的体育活动逐步出现促进了体育产业的发展。

党的领导下我国体育产业的发展历程是一个以人为本的动态发展历程,这体现了党和国家对体育产业的重视程度。1992年,《加快第三产业发展的决定》的文件颁布,国家体委正式提出体育产业的概念。1995年6月,在《1995—2010年的体育产业发展纲要》中,国家提出了要求,"用十五年左右的时间,在我国逐步建成适合社会主义市场的经济体制,这是体育产业发展要实现的目标。"[①]2014年,《关于加快发展体育产业促进体育消费的若干意见》中更是强调"全民健身上升为国家战略"。2019年,《体育强国建设纲要》从国家政策层面首次提出"体育产业要成为国民经济的支柱性产业。"

要实现"以人民为中心",中国特色社会主义制度是根本保证。新冠肺炎疫情危机使全人类的健康遭到了前所未有的困境,然而,中国政府将人民的生命安全、健康放在首位,让全世界的人民都感受到了中国特色社会主义制度的优越性。西方媒体曾诟病中国体育的举国体制,但事实证明,这种新举国体制的目的是从国家层面谋划体育事业的未来发展,是为了满足人民的健身需求,保证人民的身体健康。

十八大以来,我们的体育事业发展中以人民为中心的理念始终得以贯彻,

---

① 李建臣.社会转型期我国体育产业资本市场体系创新研究[D].天津大学,2007.

全民健康的理念始终如一。习近平总书记更是强调,"加快建设体育强国,就要坚持以人民为中心的思想,把人民作为开展体育事业的主体,把满足人民健身需求、促进人的全面开展作为体育工作的出发点和落脚点,落实全民健身国家战略,不断提高人民健康水平。"①这充分体现了以人民为中心的体育发展思想在新时代的生动践行。

三、注重体育消费的培育

体育消费属于较高层次的消费类型,其发展历程与国民生活水平的发展是相对同步的,与国家经济社会发展具有较强的相关性,体育消费类核心文件的出台与我国经济发展节点几乎同步。1978 年我国开始实行改革开放,与之相对应的是 1983 年国家体委下发《关于进一步开创体育新局面的请示》,体育开始重视经济效益,允许社会力量的加入;1992 年,我国确定社会主义市场经济体制,1995 年,国家体委颁布《体育产业发展纲要(1995—2010)》,明确体育产业化发展,进一步刺激体育消费;1995 年,开始实行每周双休日制度,1999 年开始实施"黄金周"假期政策,2008 年又进一步完善假期制度,出台了带薪休假制,中国人一年中法定节假日、带薪休假、周休日达到了 125 天,占到了全年时间的三分之一,体育消费时间要素上得到了保证。2013 年,中共十八届三中全会拉开了全面深化改革的大幕,次年,国务院首次颁布关于体育消费的《关于加快发展体育产业促进体育消费的若干意见》(国发〔2014〕46 号),提出明确要求与具体安排。随后国务院和国家体育总局层面发布的与体育消费直接相关的政策多达几十条,具体到地方的政策、文件更是数不胜数。如 2018 年国务院办公厅发布的《完善促进消费体制机制实施方案(2018—2020 年)》,专门对体育消费领域相关体制、机制问题作出规划和安排,体育消费在优化消费增长格局、扩大社会领域消费中的关键作用得到进一步体现。随后,国家体育总局联合国家发改委发布《进一步促进体育消费的行动计划(2019-2020 年)》,旨在推进体育消费持续提质扩容,进一步发挥体育产业在扩大内需、推动经济结构转型升级、促进就业和培育经济发展新动能中的作用。2019 年国务院办公厅印发了《关于促进全民健身和体育消费 推动体育产业高质量发展的意见》,站在我国经济增长动力转换、经济结构优化的重要关口,提出十个方面的利好措施,再次将"促进体育消费"提升到新的战略高度。

---

① 余敏.建国初期湖南群众体育研究(1949—1956)[D].湖南工业大学,2019.

新冠疫情发生以来,多行业都遭遇了空前的打击,具有典型聚集特征的体育产业不可避免地受到波及,体育消费也同样受到巨大冲击。体育消费一头连着体育产业发展的新趋势,一头连着老百姓对美好生活的新期待,只有进一步拓宽体育消费场景,推动体育产业高质量发展,才能不断满足人民群众日益丰富的体育文化需求。2022年国家体育总局办公厅印发《关于体育助力稳经济促消费激活力的工作方案》,提出落实落细稳经济促发展的各项政策措施,深化体育供给侧结构性改革,不断丰富体育产品和服务,激发体育消费活力,推动体育产业高质量发展,助力服务"六稳""六保",构建新发展格局,为稳住经济大盘,确保经济在合理区间运行贡献体育力量。

由此可见,体育消费政策颁布紧跟时代潮流,不仅国家体育部门重视,国务院也多次发文支持,消费是经济发展的基础与动力,促进体育消费将是较长期我国体育产业发展的关键着力点,这已经成为我国政策制定者们的共识。

四、走可持续发展道路

可持续发展(Sustainable development)概念最早可追溯到1980年。世界自然保护联盟(IUCN)、联合国环境规划署(UNEP)、野生动物基金会(WWF)共同发布《世界自然保护大纲》,其中强调,"自然资源利用过程中,要弄清楚自然、社会、生态、经济的基本关系,以确保可持续发展。"[①]1981年,布朗(Lester R. Brown)出版《建设一个可持续发展的社会》,提出"人口增长控制、资源基础的保护,目的是开发再生能源,确保可持续发展的实现。"[②]1987年,世界环境与发展委员会出版《我们共同的未来》的报告,其中系统地对可持续发展思想进行了阐述。他们将可持续发展定义为,"满足当代人的需要的同时,要顾及子孙后代的利益。"[③]1992年6月,在里约热内卢,联合国召开"环境与发展大会",在这次会议上,《里约环境与发展宣言》《21世纪议程》等文件发布,其中都是关于可持续发展为核心的内容。紧接着,中国政府编制《中国21世纪人口、资源、环境与发展白皮书》,可持续发展战略首次被纳入中国经济和社会发展

---

① 买雪燕.西部高校参与"一带一路"倡议的机遇与路径[J].青海民族大学学报(社会科学版),2020,46(02):81-87.
② 张景振.辽宁民办高等教育可持续发展战略研究[D].东北大学,2011.
③ 王锦霞.高职院校中外合作办学项目的可持续发展探析[J].山东省农业管理干部学院学报,2013,30(02):172-174.

的规划。① 1997年,中国共产党的十五大确立可持续发展战略为我国现代化建设中的重要战略。② 2002年,中国共产党十六大上,全面建设小康社会的目标之一就是要不断增强可持续发展能力。

可持续发展问题是当今国际社会共同关注的问题,是各国制定环境、经济、社会政策的基础,也是现代奥林匹克运动改革的重要举措。早在20世纪90年代初期,国际奥委会就格外重视该议题。1996年,《奥林匹克宪章》就列入环保和可持续发展的条款。2014年12月,《奥林匹克2020议程》作为国际奥委会通过的奥运改革方案,首次提出,可持续性要体现在奥运会的所有方面。2015年9月,联合国可持续发展峰会通过《变革我们的世界:2030年可持续发展议程》,提出了17项面向2030年的可持续发展计划。此后,国际奥委会在2017年出台《国际奥委会可持续性战略》,提出奥林匹克运动在五个方面与可持续发展紧密关联——基础设施与自然场所、采购和资源管理、流动性、劳动力、气候变化。

可持续发展不仅是国际奥委会的政策要求,也是中国贯彻新发展理念、促进生态文明建设的必然要求。作为最大的发展中国家,我国一直积极响应联合国号召,推动可持续发展。申办第29届奥运会时,北京奥组委已提出"绿色、科技、人文"的奥运理念,其中"绿色奥运"指的就是可持续发展。③ 十八大以来,国家在体育产业领域相继发布多项政策,围绕可持续发展对体育产业提出要求。2022年北京冬奥运会,习近平总书记尤为强调,"北京冬、残奥运会的承办,不能是一锤子买卖的过程,过了就是'寂静的山林'。一切都要提前谋划,冬奥场馆赛后的延续,赛事承办与全民健身的协调,首钢、延庆、张家口等重点区域,如何转型?怎么才能实现高质量发展?京张体育文化旅游带的如何自然延续形成等。"实践上,2022年北京冬奥会刚开始筹备申办事宜,就提出"以运动员为中心、可持续发展、节俭办赛"三大理念,④ 同时,北京冬奥组委会、北京市政府、河北省政府及相关方面联合研究制定《北京2022年冬奥会和冬残奥会可持续性计划》,从环境影响、区域发展、生活更美好三个方面出发,详细出台119条具体措施,目的就是要为冬奥会打下美丽中国底色。

今日,"创新、协调、绿色、开放、共享"五大发展理念正在逐步落实。《"十

---

① 张景振.辽宁民办高等教育可持续发展战略研究[D].东北大学,2011.
② 张景振.辽宁民办高等教育可持续发展战略研究[D].东北大学,2011.
③ 王鑫宏.略论北京奥林匹克运动会的历史意义[J].中共银川市委党校学报,2008,(05):3.
④ 黄雅慧.基于2022冬奥会视域下促进我国冰雪运动发展的策略研究[J].西部皮革,2018,40(06):102-103.

四五"体育发展规划》中,新发展阶段、理念、格局,同步出台,这也成为我国体育产业高质量、可持续发展的战略性指引。

第三节 我国体育产业发展中的瓶颈问题

近几年来,我国的体育产业发展有了长足的发展,但由于起步较晚等因素,其发展程度远远滞后于国内市场的整体发展。我国体育产业发展水平与人民群众对美好生活的向往尚有差距。当前我国体育行业所面对的困难主要有以下。

一、体育产业地区发展不均衡

我国地域广阔,不同地区之间的社会经济发展程度有很大的差别,这就造成了我国体育产业的地域发展不平衡。根据人民网公布的2021年人均可支配收入榜及各地的人均GDP收入情况,人均可支配收入最高的上海市已达最低的甘肃省的3.5倍以上,我国目前及较长一个时期仍将处于区域不平衡的状态。我国体育产业呈现出明显的阶梯式发展差异。其中,东部沿海地区的发展尤为显著,具体体现在三大产业带:围绕着渤海地区的首都圈产业带、以上海为核心的长江三角洲地区的产业带、以广州为核心的珠江三角洲产业带。而中部和西部地区还处在发展的初期,省会城市的体育产业的发展要好于其他地区。一线城市显著领先于二线城市,城市相对于农村地区更有优势。我国城乡差别很大,特别是在比较落后的地方,健身场地匮乏,体育产业的概念也不明确。一些乡镇还存在健身场地被占用,过期生锈的健身设备无法及时更换,发生事故无法追究责任等实际问题。

二、体育产业中各行业内部建设有短板

在竞技表演行业里,企业的管理者们只顾眼前的利益,只顾为企业创造短期利润,忽略了整体的竞技表演者队伍建设,忽略了青年运动员体系建设经营等长期基础性工作。其次,中国职业联赛中队裁判的监察与管制一直是其弱点。"黑哨"在某些时期泛滥,其实是对职业联赛的一种伤害。同时,各运动项目在竞赛表演业中发展状况参差不齐,普及程度、观赏性、广告价值的差异过

于明显，因此各项目的市场开发程度、产业效益等具有很大的不同。即使如足球、篮球、网球等项目的市场开发相对成熟，但效益仍不够明显，更遑论与体育强国相比；排球、乒乓球等项目至今还在开发中；而游泳、体操等较为冷僻的项目根本就没有形成市场。

目前我国体育健身行业的内部结构问题最突出的是健身教练的专业化水平和体育器材的安全性。很多健身房为了减少运营费用，雇佣的健身教练都是一些非职业人士，而且健身设备也有一定的安全问题。另外，高额的收费使顾客望而却步，寻常的体育消费也具有"贵族"特征，一般老百姓不敢问津。如健身会员卡一般在2 000元左右，高尔夫球一般在500至1 000元一场，保龄球一局至少付费5至20元不等，乒乓球的花费大概一个小时15至30元，羽毛球超过乒乓球，每小时约20至40元，网球更贵，30到100元已经是很便宜的价格，中超联赛的球票价格平均也要1场40元左右。即使是公共体育健身场馆所提供的体育服务产品的价格也不便宜。

体育培训行业是一种比较健康的产业，但受家庭经济条件的制约，大多数运动训练都以年轻人为主，因此，我国体育培训行业的内在建设要合理安排招生结构，拓展消费人群。其次，在我国的运动培训行业，培训人员分布比较分散，具有一定的流动性，有技术的培训人员更倾向于自己建立培训中心、自主经营，因而难以实现规模效益。

三、体育活动社会化程度低，消费类型不合理

我国体育活动社会化程度发展低，表现在：① 体育人口不足。据《2020年全民健身活动状况调查公报》数据，2020年全国经常参加体育锻炼的人数比例为37.2%，与发达国家相比差距大；如果分年龄段来比较，成年人中经常参加体育锻炼的比例就更低，说明体育还没有完全进入广大人民群众的日常生活。国家发展改革委社会发展司司长欧晓理曾指出："这背后既有思想意识的原因，比如我们对健康的生活方式不重视，同时也有服务供给不足的原因，比如我们现在的场地设施、赛事活动、健身指导都比较缺乏，也有市场发育不足的原因，比如我们身边的体育组织比较少、体育产业规模也不太大。"② 可用的体育场地有限。据《2020年全民健身活动状况调查公报》，截至2021年底，我国人均体育场地面积2.41平方米，相较于美国人均体育场地面积16平方米、日本的19平方米，我国差距较大。目前，我国体育场地设施还远远不能满足人民群众的需要，还有很多群众还在利用楼群空间、街头巷尾、道路两旁和立

交桥下进行体育锻炼活动。这一方面,反映体育设施匮乏,另一方面,大众的体育消费市场潜力,有待开发。③ 消费类型不合理。据《2020年全民健身活动状况调查公报》,2020年成年人与老年人实物型消费在体育消费中占比为53.7%,参与型消费和观赏型消费占比分别为20.6%和7.7%。实物型消费占比远高于其他消费,说明我国体育消费结构不合理,有待优化升级。

四、服务效率较低,资源整合亟待深化

市场经济是规范化的经济,体育产业尤其需要法制的制约与保护才能健康发展,目前,我国体育产业市场中,组织化、规范化的规则体系不健全,仅靠国家出台的一部《体育法》远远不够,其他文件多数为政府的指导意见,如《关于构建更高水平的全民健身公共服务体系的意见》《全民健身计划(2021—2025年)》《关于加快培育发展制造业优质企业的指导意见》等。以欧美体育产业发展为例,运动俱乐部本身就是商业化、组织和发展的结果,而不是原因,史蒂芬·希曼斯基曾指出,"现代运动的发展源自欧洲启蒙运动期间产生的新的社会结合性。"即使存在一些体育俱乐部商业化失败的案例,但也说明资本主义赋予现代运动以规则和结构。在中国的社会现实中,商业经营不善、暗箱操作及规范性的规则体系难以建立等问题普遍存在。专业性及公信力也存在极大问题,这些都极易导致体育产业市场资源配置效率不高。另外,当前体育产业的资源要素在具体运转过程当中没有凸显出自身的优势,这与资源要素的配置相关,换句话说,企业和市场出现了两张皮现象。①

当前,我国体育产业发展水平较低,体育用品制造产业还嵌套于传统的发展模式,产业资源要素的配置不合理,服务效率偏低,与体育产业强国相比,我国体育产业结构还处于低端的链条中。② 在我国,龙头企业欠缺,发展潜力不够,特别是小微企业发展不够成熟,缺乏市场竞争力。同时,我国的体育中介机构数量较少,力量较弱,难以满足体育市场的深度发展。从体育市场的管理体制看,多部门联合监管机制不够完善。尽管近几年来,有关的政策文件陆续出台,但仍需进一步强化宏观调控方面的具体实施。

---

① 陆姣姣.体育产业高质量发展的困境与路径选择[J].盐城工学院学报(社会科学版),2021,34(04):78-80+91.
② 陆姣姣.体育产业高质量发展的困境与路径选择[J].盐城工学院学报(社会科学版),2021,34(04):78-80+91.

五、缺乏高水平的产业运作人才和团队

目前,我国体育产业的管理者多为退役运动员、教练员等,经济、管理等方面的专业技能欠缺。近几年,随着我国体育产业的迅速发展,各种健身俱乐部、运动休闲场所纷纷涌现,但由于缺少专业的管理人员,导致其运营效率低下,经营模式难以拓展。体育产业从业人员素质不高,与体育市场发展不相适应,限制了体育市场进一步发展的需求。数据表明,中国职业联赛中发展迅速的 CBA、中超,无论是在队伍数量上还是在场次上,都要逊色于美国 NBA、日本 J 联赛。CBA 运营收入远不及 NBA,而且收入模式太单一。中国足球联赛和日本 J 联赛相比,无论是球队数量、场次、观看人数等都没有很大的可比性,而收入差异则更为显著,几乎是八倍的差距。美国的四大联盟体系中,运营团队通常是训练人员的两到三倍,譬如美国的棒球俱乐部,一般都是七十名运动员,二十名教练,而运营经理则是两百名。他们的分工非常细致,完全按照产业模式运作。而我国的职业运动俱乐部,几乎没有这样的体系。实际上,目前中国还远远没有建立起职业体育俱乐部的运作体系,只有训练、比赛体系。因此,中国职业体育要想获得持续的收益,就需要建立一支专业化的经营管理队伍。

此外,整个体育产业方面的人才缺口都非常大。国家体育总局颁布的《"十四五"体育发展规划》指出:到 2035 年"每千人拥有社会体育指导员 2.16 名","体育产业总规模达到 5 万亿元,增加值占国内生产总值比重达到 2%,居民体育消费总规模超过 2.8 万亿元,从业人员超过 800 万人"。根据国家第四次经济普查和体育产业统计,截止到 2018 年底,我国拥有各类体育企业 238 000 家,从业人员 443.9 万人(不包括产业活动单位、个体户从业人数)。计算可知,体育参业从业人员到 2035 年还需要 350 多万人。据统计,目前全国有 33 所体育院校,每年可以输出 3 至 4 万毕业生,每年从非体育院校毕业的体育专业学生大约有 8 万人,总体规模不超过 12 万人。即便这些人全部进入体育行业,依然存在巨大的人才缺口。

第六章 体育产业发展形成体系的历时性跨国比较分析

时至今日,中国体育产业高质量发展明确指出,需要突破旧理论,不断补充新的理论支撑。2017年的十九大报告已充分肯定发展体育产业的重要性,提出要凝聚共识、汇集力量,坚持新发展理念的导向,激发体育产业活力,使人民群众日益增长的多元化体育健身需求得以满足。以此为出发点,报告首次提出"高质量发展"理念,经济发展的评价指标也从"有没有"向"好不好"的理念转变。2018年政府工作报告中,围绕"高质量发展"主题的具体措施得以落实,部署的具体措施中,要求深度推进供给侧结构性改革等9方面,体育产业亦涵盖其中。针对体育产业在我国要实现高质量发展的必要性,中国体育产业研究专家程林林提出了自己的观点:① 中国经济发展要避免"中等收入陷阱",必须改善经济结构,以体育产业为代表的高质量发展大有可为;② 当今国际贸易环境的巨变尤其体现为中美经贸关系,立足做大国内体育消费市场亟须体育产业的高质量发展;③ 建设健康中国、体育强国的必经之路,也要求体育产业高质量发展;④ 2018年以来,媒介传播领域不断出现"体育产业寒冬"(新华社语)及"体育产业冷与热"(《人民日报》语)等的话语舆情。实践领域,2016—2018年的资本狂欢基本落幕,体育产业粗放式发展模式带来的负面消息却不断充斥在人们耳中,这对体育产业的可持续性发展极为不利。针对现实状况,体育产业要实现高质量发展,亟须学者们的理论回应。①

爬梳已有文献,发现学界对"高质量发展"的研究并未有共识性的理论出现,但有着以下几种视角。比较有代表性的观点如下:高质量发展,首先,从生

---

① 程林林,等.我国体育经济"学术流派"的由来与现状解构:兼论中国体育产业的高质量发展[J].成都体育学院学报,2019,45(04):1-7+133.

产要素投入、资源配置效率、资源环境成本、经济社会效益等各方面进行评价。其次,经济高质量发展的实现,要坚持质量、效益优先,实现质量、效益、动力三大变革,使得全要素生产率得以不断提高,实体经济建设要加快、促进建立科技创新、现代金融、人力资源协同发展的产业体系,着力构建有效的市场机制,凸显微观主体的活力、宏观调控有度的经济体制,不断增强我国经济创新力和竞争力。从这些标准的要求来判断,可见我国体育产业发展并未突破新制度经济学的框架。那么,新时代究竟需要什么样的体育产业高质量发展?体育产业高质量发展的评定标准是什么?程林林认为,体育产业高质量发展有待高质量的理论研究助力,这需要学者们从不同视角做出更积极的理论回应。[①]

不过,我们在田野调研中发现,这些失败的实践的一个共同特征就是过度依赖行政推动而非源自产业与市场之间的双向亲和。产旅商融合举措在很多地方被大多数企业异化为解决资本的替代性措施。对于中国体育产业转型升级来说,体育消费拉动非常重要。不过,体育消费实践,不仅仅涉及外部具体的经济发展条件及个体消费技能的提升,有效运行更关键的是相匹配的制度环境和社会民情基础。经济支撑之外的行动者如地方政府、行业企业、体育组织甚至大众认知,都会对体育产业高质量发展的效果产生重要影响。令人惋惜的是,针对这方面的研讨稀少,更欠缺恰中要害的政策进行应对。

本章以英国、美国体育产业中职业体育联盟制度的演化过程以及中国职业体育产业发展变迁(江苏苏宁体育俱乐部破产案)为案例,通过历时性跨国比较分析,探寻一个国家体育产业形成过程中相关主体复杂的互动样态,并思考相关行动主体互动对体育产业高质量发展形成效果的影响,进而从跨学科的视角反思中国体育产业形成体系的文化建构。

第一节 英国职业体育产业制度的发展历程及其原因分析

"1998年出版的《体育管理理论与实践》中提出,英国是现代体育与体育产业萌发的鼻祖。"[②]据此,想要针对职业体育制度开展全方位研究,必然绕不过

[①] 程林林,等.我国体育经济"学术流派"的由来与现状解构:兼论中国体育产业的高质量发展[J].成都体育学院学报,2019,45(04):1-7+133.

[②] 鲍明晓.体育产业——新的经济增长点[M].北京:人民体育出版社,2000.

英国。从十六世纪开始,英国的职业体育制度发展到今天,可以分为三个阶段。

一、商业体育的初步萌发:16—18 世纪

英国于 1640 年爆发资产阶级革命,1688 年建立君主立宪制,是欧洲最早建立稳固资本主义制度的国家。英国社会政治出现的变革和开拓海外市场的需要,使培养资产阶级一代新人的任务提上重要的议事日程,于是,以培养上流社会精英为目标的绅士教育体系便在此背景下应运而生,体育是这一教育思想体系中的一个重要组成部分,绅士教育曾为后来发生的工业革命进程和英国海外市场的拓展准备了大量人才。随着工业革命对英国社会生活带来的巨大影响,尽管原来主要在绅士教育中普遍实施的户外运动也逐渐平民化,并成为广大平民社会喜闻乐见,热心参与的体育时尚,但是在这一时代发展进程中,体育参与者的阶级身份,在后来精英阶层权力体系中一直是阻碍平民平等参与的意识标签存在。[①]

从政治角度来看在这一阶段,17 至 18 世纪,封建社会逐步走向解体,欧洲社会向资本主义社会过渡。随着新资产阶级的出现,相伴而行的还有底层大众体育商业操作手段的兴起。从文化角度来思考,英国深受三大思想运动的文化洗礼——文艺复兴、宗教改革和启蒙运动,这三种思想和文化运动对体育活动的影响使人们的思想得以解放,极大地增加了大众对体育和休闲的需求。同时,英国人文化传承中对体育的热衷自然而然地成为供养体育商业化迅猛发展的文化与思想的沃土。从经济发展方面来看,伴随着社会生产方式的变革和社会生产力的增长,人们衣食住行的质量逐步攀升,娱乐需求逐步成为人们日常生活中的重要社会选择。市场需求和英国早期商业化的文化条件,奠定了商业体育产生的基础。此外,政府建立了保护私有财产和自由经济市场的基本法律制度,一些商人为了追逐利益,努力经营,使原来的"乡村体育""绅士体育"逐渐步入商业体育发展的模式。商业体育在本质层面而言就是将体育包装成产品的形式,以交换的形式存在于市场上。如上所述,体育表演深受大众喜欢,大众也愿意通过付钱买票的形式来观看。从内部组织的制度选择来看,这一时期的体育商业活动组织简单,规则也不够完善,参与体育往往是

---

① 焦现伟,焦素花.现代体育"业余精神"溯源——在传统与现代之间的重生[J].体育与科学,2017,38(2):62-71.

底层群众，目的也仅仅是为了谋生。

二、英国职业体育制度的初步社会建构：19 世纪

亚里士多德在《形而上学》中写道："所有人都有求知欲。人的智能，是从感觉、记忆和经验而发展成为智慧的（成为理论的认识学和哲学）。智慧也是把第一原因或原理作为对象的哲学之栋梁。求知欲和爱好是同一心情，情趣是由爱好和智慧复合而成，也是古希腊人的人生观（包括体育观）之精髓。"英国的体育传统与古希腊、罗马和中世纪骑士体育一脉相承，所以英国在体育领域一直保持自己所固有的爱好户外运动和竞技运动的传统，这些体育传统具有自然性、竞争性、教育性、休闲性、娱乐性等特点，适应于近代资本主义工业时代人们的广泛欲求。16—19 世纪，竞技体育在英国兴起，逐渐传到美国和其他欧洲国家，19 世纪末传到世界各地。20 世纪初，竞技体育逐步取代传统体操的地位和影响，成为世界体育发展的主流。在这一过程中，德国率先引入英国的户外运动和竞技体育。19 世纪末，法国也开始建立足球、网球、田径等体育俱乐部，先后成立了各类国家级竞技组织，竞技运动得以普及。美洲的竞技运动亦由欧洲移民于 19 世纪上叶带至北美，美国和加拿大等国家民间广泛开展起来。

直到 19 世纪 20 年代左右，在英国，第一次工业革命宣布完成，英国的经济结构及阶层地位发生了变化，英国从农业国向工业国转变，城市人口集聚。到 19 世纪中叶，英国的铁路网遍布城乡区域，英国也成为世界上工商业极度发达的国家。[①] 19 世纪中叶是英国历史上的一个重要转折点。在此期间，资产阶级生产关系建立并迅速发展。英国的资本主义也迈向成熟阶段。到 19 世纪末 20 世纪初，殖民主义使英国迅速进入帝国主义阶段，垄断显然成为其重要的社会特征。这些都为职业体育的萌发奠定了环境及制度基础。

近代以来，职业成为社会衡量个体以及个人实现自我认同和价值的重要途径和方式。"职业"一词来自 Calling，即上帝的召唤，所蕴含的职业精神意味着个人在现时社会中的义务和责任。在西方，这最早来自深刻的宗教背景，现代竞技体育孕育于近代西方的工业社会，后来衍生出的职业体育这一实体名称的发展理念，同样也要追溯到资本主义发展背后的基督新教伦理这一宗教背景根基。16 世纪的欧洲，宗教改革和新教运动蓬勃发展，以路德教的天职观

---

① 王觉非.欧洲五百年史[M].北京：高等教育出版社，2000.

和加尔文的预定论为代表,他们不仅在政治和组织上瓦解了中世纪以来的宗教神威,而且以新教伦理取代了天主教价值观。对世俗活动的伦理和道德的辩护是宗教改革的主要成果之一。清教徒坚信固定职业的苦行意义,为近代劳动专业化分工提供了道德依据。同样,清教徒将营利解释为上帝的安排,为企业家们的逐利行为提供了正当理由。清教徒苦行主义厌恶封建诸侯的穷奢极欲以及暴发户的浮华虚饰。但对有节制而白手起家的中产阶级却给予极高的道德颂扬。"上帝保佑他自己的行业。"[1]这句话成为称赞那些遵循神启而成功的新兴资产阶级的习惯用语。

近现代职业运动最早出现于英国。"16—18世纪中叶,英国的'自然体育'开始商业化,职业体育萌发,一些出身贫寒的平民开始靠体育方面的一技之长来谋生,他们靠从事板球、足球、拳击、网球、划船等比赛的门票收入和赞助费作为生活来源,具有了职业运动员的一些特征,而贵族绅士则为了消遣和娱乐的本能欲望进行赌博和组织一些具有简易商业形式的娱乐比赛,这样就推动了体育从原来的娱乐休闲向赚钱的娱乐表演和技能展示方向的转变。"[2]1866年,英国业余体育联合会对业余选手的身份做了明确的界定,实际上也就明确了职业运动员的身份概念。但是,随着竞技运动的广泛开展,各类比赛越来越频繁,比赛的胜负也越来越唤起公众的关注和热情。以足球为例,19世纪70年代以后,英国的一些足球俱乐部为了提高比赛成绩,开始购买运动员,并按运动员的身价支付酬金。1885年,英国足球总会于6月20日宣布承认各俱乐部购买外籍球员并支付报酬的做法,从而给予了职业足球以合法地位。此后,英国的职业足球运动开始形成燎原之势,并与当时坚持业余原则的国际足联发生了长期的争执。1923年12月,英格兰足球总会在伦敦全会上对职业足球下了如下定义:"运动员分为职业的和业余的两种。所有在足球总会登记注册,将足球作为自己职业的,或通过踢球接受报酬的、或在其住宿、交通等必需费用之外再接受任何形式报酬的均为职业运动员。1930年,在各国职业足球快速发展的背景下,国际足联被迫同意举行不分职业和业余的新的世界锦标赛,即首届世界足球锦标赛(后改称世界杯足球赛)。"[3]英国足球总会在19世纪末带头承认职业足球,相对于英国体育的职业化,欧美其他各国足球职业化的步伐十分缓慢。直到20世纪30年代才开始陆续正式公开承认职业足球。

---

[1] 马克斯·韦伯.新教伦理与资本主义精神[M].李修建,张云江,译.南昌:江西教育出版社,2014.
[2] 王庆伟.西方职业体育制度变迁的比较研究[J].体育与科学,2006,27(1):42-51.
[3] 马君.论新教伦理中的职业精神[J].山西社会主义学院学报,2007(2):26-29.

如上所述,在 19 世纪初的工业革命中,大批工业工人出现,城市人口迅速增长,人们的生活也发生了翻天覆地的变化,对体育的需求也日益强烈。19 世纪尾声,随着商业利润对体育市场的冲击和大众体育需求的产生,体育娱乐业得到了发展。比较典型的例子,19 世纪英国的拳击运动就成了职业运动的先声。从事拳击运动的选手起初基本都是工人出身,如河运、工厂及开蒸汽机的工人,甚至是船夫等等,他们的目的很简单,就是赚取工资维持生存,这其实是职业运动员的原型。19 世纪中期,英国产生了大量的体育俱乐部。一部分绅士商人是为了赚钱,而有些贵族不为钱财,只追求自娱自乐。后来,由绅士商人组成的体育俱乐部开始在内部运营商业化的比赛,吸引观众观看,从而产生商业利润,这也是职业体育制度的最初组织形式。因此,大量大规模、有组织的商业比赛应运而生。

此时的英国社会,大量商业体育俱乐部的建立,为以出售门票达到商业获利目的的经营人才和以技能展演为谋生目的的职业运动员的诞生提供了动力源。而从社会环境及组织结构方面的保障来看,英国的职业体育制度发展有了良好的制度环境。随着俱乐部组织和管理模式的建立,职业体育比赛变得越来越有序、规模越来越大、越来越精彩,刺激了更多的人进行体育消费。

三、英国职业体育制度成熟阶段:20 世纪至今

工业社会到来,大量人群涌向城市的娱乐场所,而顾拜旦的话亦从反面证明城市化推进了现代体育的迅速发展,顾拜旦曾经对体育表演有所顾忌,这从他有关体育的几千页论述中可以明显看出,"体育是为理想和纯洁的殿堂而建,表演展示尽管有益于运动,但容易误入歧途;表演展示是承认也是利用。"由于时代的限制,顾拜旦严明区分了公众与精英、选拔者。19 世纪末,资产阶级竞争思想的核心是个人成果。而众多群众的无规则聚集,相互挤攘,激昂的情绪,大大增加了控制难度。对于对贵族出身的顾拜旦而言,他认为观众太多,场面丑陋,大型阶梯看台令人生畏。"你们可以想方设法美化看台,为它配上最合适的布景;看台上一旦挤满了人,就几乎变成了一大块丑陋的石头。"[①]他一方面想拒绝人群观看,而另一方面又想建造体育仪式以吸引观众。而到

---

① 乔治·维加雷洛.从古老的游戏到体育表演:一个神话的诞生[M].乔咪加,译.北京:中国人民大学出版社,2007.

了20世纪,观众们不断涌向体育场去观看比赛,引发了城市空间里真正的建筑革命。

从各个时代的版画可以看出,20世纪初期,体育表演的兴盛进一步增加了观众数量,比如,1913年的法国圣克卢第十届网球锦标赛,临时搭起来的观众台仅有几排;1921年,场地周围结构结实的观众台上已密密麻麻挤满了人;到1932年更甚,高高的环形看台已出现在罗兰—加洛斯的戴维斯杯网球赛中,沸腾的观众围在四周。体育被接纳了,特别是在20年代球类运动风靡,建造了数不胜数的体育场馆。1925年4月11日,《名流》杂志着重报道了英法橄榄球赛时的观众情况,描述了观众席上人头攒动和人声鼎沸的各种场面:"特别值得一提的是观众,他们一群一群不停地涌进了体育场……那是密集和激动的人群,宽阔的看台上挤满了观众,仿佛一大块暗色涌动的挂毯。"①

当时的一个巨型体育场,抛物线状的看台上"有两万个座席和四万个露天座席"。1924年为奥运会建造的科龙博体育场成为"世界上最大的和规划最好的体育场之一",体育场建在环城道附近,以便更好地利用空地和便利的交通条件,此外,还对体育场进行了美学设计。旅游指南一再强调该设计方案的成功和新亮点,甚至推荐当时的读者去参观。重大比赛成为重要的大型事件,观众的激情和狂热也被这些体育表演调动起来。19世纪下半叶,世博会及学术大会又带动了旅游业,而20世纪的体育则进一步使旅游业的发展物质化。20世纪的前几十年,一些大型国际赛事也相继诞生,不断发展并成为国际交流的新象征,如奥林匹克运动会、环法自行车赛、世界杯等。这与初期奥林匹克运动创始者们的预想不谋而合。"重大发明、铁路和电报缩短了距离,人类开始了新的生存方式。"②另外,随着群众闲暇时间的富裕,二战期间,体育旅游业高速发展。如赵毅研究,"人口聚集并不是真正的城市,只有在空间和公共生活的巨大繁荣中产生的那种让市民欢呼、外敌震撼的力量,才是城市概念的根本。"③

进入20世纪,国际、国内环境的促发英国的职业体育比赛迅速发展起来。在英国,1900年以来,一个区域性的板球比赛的观众数都令人吃惊,尤其是重

---

① 乔治·维加雷洛.从古老的游戏到体育表演:一个神话的诞生[M].乔咪加,译.北京:中国人民大学出版社,2007.
② 乔治·维加雷洛.从古老的游戏到体育表演:一个神话的诞生[M].乔咪加,译.北京:中国人民大学出版社,2007.
③ 赵毅.罗马体育法要论[M].北京:法律出版社,2017.

要比赛，即使门票昂贵，观看人数也达到了 2 万人次。人们对体育的大量市场需求，也对投资者提出了合理组织及经营的要求，于是为了获取市场利润，经纪人制度随之诞生。由此可知，大众需求是职业体育稳步发展的根基，那么对职业体育产品的包装，也为制度的成熟提供了前提条件，"体育比赛先前是没有围栏的，后来的围栏设立、门票收取、赞助商的加入等系列措施的实施是基于职业体育产品独具的排他性特征的一系列设计和安排。"

现代体育史上，没有任何环境能够像英国大学那样，对现代体育的发展产生如此巨大的影响，可以说，非职业的思想在体育史上不是"与生俱来"的，而是在 19 世纪通过相关组织机构建构而成的。职业体育项目其像赛马和拳击在许多国家至今都还保留着，人们对这些项目的热情与日俱增，成为"雷打不动"的流行时尚的业余体育活动。棒球在产生之初既没有明确的职业范畴归属，也不是大学校园的运动，尽管今天的球迷努力为自己喜欢的棒球运动寻求一个田园式的过去，可是，第一个棒球俱乐部的诞生完全是城市化和市民化的。1842 年，一位绅士组织了棒球的聚会比赛，1845 年 9 月 23 日，他们成立了第一个棒球俱乐部，名叫"纽约灯笼裤俱乐部"，比赛的目的是"强身健体，修身养性"。这种聚会看起来具有一种傲慢的上流社会特征，至少在起初的几年里——每次比赛后，"灯笼裤"都举行香槟晚宴。1859 年，阿默斯特学院和威廉士学院两所学校举办了第一次棒球比赛，这场比赛构成了学院体育不断发展的一部分。到 1869 年，棒球运动作为纯消遣的时代过去，第一个真正意义的职业队——辛辛那提红袜队诞生。后来，很多运动项目（如足球、橄榄球）通力合作，共同发展，从而翻开了现代体育史的新篇章。大学体育运动和业余体育运动的相互结合，给传统的职业体育运动造成了巨大影响。这似乎有利于单个体育项目建立起国家级（不久后是国际级的）的协会，建立这些协会的最大好处是它们发展了各种体育项目所需要的更确定的、更有约束力的规则体系。与此同时，球类运动和其他一些在 18 世纪末之前一直处于无足轻重地位的团体项目也开始成为最吸引观众的运动项目，之后又成了最受欢迎的业余体育项目。现代体育史发展的第二阶段的变化是职业化和民族主义趋势不断增强的必然结果。业余体育运动呈现上升势头，并且在现代奥林匹克运动产生过程中起着重要作用。后来，第一次世界大战爆发，经济萧条，体育活动也受到了一些影响，然而到 20 世纪末，职业体育迅速复苏，业余体育与职业体育之间的紧张关系得到缓解。二战后，英国体育的发展主要表现为娱乐体育的合法化、民主化。随着现代传播媒介以及交通的发展，英国政府为了推动英国体育的发展，在 1965 年建立了体育发展委员会。目前，英国职业体育体系在组织结构、管理与产权制度，以及管理人员的职业化和专业化方面都十分成熟和完善。

英国体育的发展始于 16 世纪，直到现在，爬梳英国职业体育制度建构的变迁历程，发现体育已经从一种古老的仪式发展成为今天的以体育明星的产生，国家和国际竞技比赛体系的建立为代表世俗文化。同时，它还为公众提供了多样的娱乐方式，促使报纸发行量急剧增加。职业体育赛事的影响力也在稳步增长，甚至举办大型赛事时整个城市的运转都要为它让步，可见英国的体育传统在当时影响力之大。总结以上，经济结构、非劳动时长、收入水平和能量供给这四个经济支撑对于 18—19 世纪英国的体育发展缺一不可。[①] 社会需求受到这些因素的影响而逐步增加，20 世纪职业体育的股份制企业化运营以及与电视公司、银行和证券公司资本的交叉等，表明职业体育产业日益规范，并逐渐发展成为一个重要的产业。

第二节 美国职业体育产业制度的发展历程及其原因分析

在 17、18 世纪时，美国还不是独立国家，是归属于英国的殖民地，"18 世纪末，英国的职业体育已经开始进入蓬勃发展的阶段，而此时的美国，直到十九世纪初，还是以农业发展为主，国内的工业刚刚萌动，人口几乎都还生活在农村地区。"[②] 与英国体育发展相比较，美国职业体育明显在起步方面远远落后于英国。但正因为作为英国的殖民地，美国体育文化于 18 世纪在沿海城市得以萌芽、发展和扎根。而此时，城市已经成为商业中心。民间自发组织的游戏形式，比如赛马、斗鸡等逐步开展起来，尽管初衷是纯粹娱乐休闲，采用商业运作来吸引成千上万人买票逐渐成为体育竞技比赛运作的主流。美国职业体育的发展始于 18 世纪末。到目前为止，通过查阅历史文献并进行梳理，我们可以大致从以下三个阶段进行管窥。

---

① Wray Vamplew. Pay up and play the game-professional sport in Britain 1875—1914[M]. London: Cambridge University Press, 1988.

② Wray Vamplew. Pay up and play the game-professional sport in Britain 1875—1914[M]. London: Cambridge University Press, 1988.

一、世界职业体育产业的萌发

职业体育在现代社会中诞生,但它是历史发展进程中体育发展的阶段性积累与创新的产物。马克思说过,"人类历史中很多事件的发生都得益于既定的环境、特定的条件以及对历史的继承而应时出现的。"[1]现代世界的体育活动,最先集中于三个城市:柏林、斯德哥尔摩和伦敦,它们分别产生了古代社会众所周知的三个观念,并传播到世界,这些被传承下来的古代观念即战争、卫生和体育。对希腊体育做出重新考虑的巴塞多和古茨穆茨的体育观已有所表现,即十八世纪后期发起的"近代体育"正蕴藏着向"国家主义"性质发展下去的历史必然性。于是他们出于"富国强兵"这一"国家的要求"去强调体育的"爱国"目的。另外,英国爆发产业革命以后,社会生产力迅速增长,技术进步成为社会经济发展的重要标志,建立在科学技术基础之上的大工业生产普遍确立,社会财富快速积聚,但是技术的胜利是以人的感性身体失落和道德败坏为代价的,人们对健康和娱乐的需求也逐步增长。于是英国大学预备学校为培养领导阶级,要求学生掌握运动员精神。为培养"绅士"而进行体育,这使体育作为实现爱国精神和政治要求的手段得到了发展,可以说,体育的载体功能存在着根深蒂固的历史必然性。另外,随着社会的发展,到处可见体育爱好的觉醒,初期在德国和瑞典,中期在英国,晚期在法国和美国,同时交通的便利又沟通了世界各国人民的交往。

在欧洲大陆普遍采用体育制度的时候,英国力倡的竞技运动、乡村运动和娱乐,更是注重人的创造力和自由精神的发展。一大批思想家如卢梭、裴斯泰罗齐、斯宾塞、福禄贝尔等又提出了影响至今的体育教育思想,为现代体育的正常快速发展准备了思想上的启蒙和动力。卢梭说,"游戏是一种置身其中的、自由的、有乐趣的活动。"[2]裴斯泰罗齐深受哲学家莱布尼茨和康德的影响,提出"只有依赖教育,人才能成为人"。并强调,"一个恶魔般的幽灵带给这个时代的最可怕的礼物是有知识而没有行动的能力,有见识而没有实干或克服困难的能力"。[3] 斯宾塞说,"人工设计的运动没有什么价值,此等运动会使人体的某些部分疲劳,因而使发展不能均衡……"[4]因此他指出,体操运动不能与

---

① 马克思,恩格斯.马克思恩格斯全集[M].北京:人民出版社,1972.
② 程志理.余暇运动论[J].成都体育学院学报,1990,16(3):7-11.
③ 裴斯泰罗齐.裴斯泰罗齐教育论著选[M].北京:人民教育出版社,2001.
④ 程志理.余暇运动论[J].成都体育学院学报,1990,16(3):7-11.

参加竞赛性或娱乐性的户外运动相比,并非常推崇英国的乡村运动和游戏。"业余原则"作为英国近代竞技体育发展的一个基本原则,刚开始的基本精神是强调运动者不能将体育作为盈利或谋生的手段,不能领取任何物质性的奖金或奖励,而只能将体育作为教育手段和"高尚的"娱乐方式。体育的目的是实现时代对人的要求,当时的工业社会背景下保持"纯洁性"的特质明显带有阶级性质,体育成为超越了运动手段的社会工具。

因为人类社会历来按照竞争的法则运动,竞争日益激烈,腐败的危险就愈大,这样就必须求助于有组织的竞赛制度,让它在竞技体育中占主导地位,这是一种平衡、调节机制。19世纪下半叶起,体育发展迅速,义务教育普及,城市化程度日益深入,体育协会成为了城市体育发展中的协调机构,竞技体育中的优秀运动员也成为上帝的宠儿。20世纪初,现代社会发展,公民社会讲究运动员个人自由的发展保障,相关法律的诞生、契约的限制,也为职业体育的发展提供了制度保障。此外,工业化进程中,工作与节假日的交替出现;工业社会中,彰显技术理性与人本主义的文化特质成为职业体育得以诞生的动力来源[1];城市化迅速发展,体育场地、场馆、设备施等率先在城市兴起,并逐步转向专业化发展;[2]人民的生活质量也不断提高,体育消遣娱乐需求被彻底激发,"业余体育、半职业化体育的供给,已经远远不能满足大众多层次、多元化的休憩需求,专业化市场的职业体育产品应运而生"[3]。

1870年《公假日条例》、1894年《地方政府条例》在英国颁布,这表明政府在体育发展中的重要调控作用,政府针对城市居民所享用的公共体育资源——场地设施配置等进行了最大程度的公共服务保障。另外,交通工具的发展,尤其是火车时代的来临使英国的体育商业化更是如虎添翼,为摆脱精英贵族的控制提供了条件,而且与金钱有了更为紧密的关系。以体育项目和活动为基础的体育竞赛产品被包装,迅速进入流通场域。[4]"产业化的发展,同时也导向了社会分工及体育商品的生产,自由的体育市场得以形成。"[5]

---

[1] 纪成龙.中国职业体育制度问题与改革思想路径[J].天津体育学院学报,2015,30(2):136.
[2] 熊欢.城市化与市民体育的兴起——中美城市发展之比较[J].体育科学,2008,28(1):13-20.
[3] 沃尔夫冈·贝林格.运动通史——从古希腊罗马到21世纪[M].丁娜,译.北京:北京大学出版社,2015:336.
[4] 马蕊.美国职业篮球联盟(NBA)发展特征研究[D].北京体育大学,2017.
[5] 列宁.列宁全集[M].北京:人民出版社,1990.

二、美国职业体育制度发展的关键阶段:19世纪

美国由于两次世界大战后获利,经济发展进入快车道,美国的体育发展可以追溯到十九世纪。十九世纪中叶,美国经济快速发展,社会结构改变,社会阶层产生了严重的分层,这为美国的娱乐体育创造了机遇。产业资本逐渐把艰辛的体育工作和体育娱乐分开,这里不能忽略城市化在其中的作用。1851年,英国城市化水平为0.54,到1901年已达到0.78,服务业的占比由0.343提升到了0.402①。1860年,美国城市化水平才0.198,1920年已提高到0.512,服务业比重由0.162迅速攀升到0.32。② 然而,这个时段的早先时期,John Cox Stevens开始了最先的商业化挑战。1835年,他要支付1 000美元给第1个跑完10英里的人,比赛现场竟然有三千观众观看。后来,这样的赛事的观众数日益攀升,甚至达到五千人。当时,一个劳力年收入还不到200美元,奖金非常具有吸引力。体育活动的赛事也日益正规,比如有了标准化规则、赛程、数据展示等,但这个时期的体育仅具有竞赛商品的雏形。直到"到十九世纪的最后10年,我们现在所能体会到的现代体育的官僚机构——公司化的组织形态才得以形成。"③此时,新的职业体育制度应运而生,职业体育也具有最现代的运行模式。

最为典型的案例就是美国的棒球运动,它诞生于1839年,经过30多年的发展历程,美国历史上首次出现了职业棒球队,名为辛辛那提红袜队。1858年,专门管理棒球发展的协会——国家棒球协会(National Association, NA)成立,在经营中已有利润收入产生,但"新型体育组织——棒球协会的出现,改变了原有的规则秩序,美国的棒球发展也面临着危机和挑战。"④此阶段,棒球职业化的路程也充满了崎岖,比如球员毁约、赌球等不良现象频现,这也表明美国的职业化体育制度的建构也是在不断试错的实践中得以完善的。阿德尔曼这样评论:"19世纪70年代,社会现代化进程中,美国的现代体育已经展现出市场化社会的'自由、竞争、法治、组织'的特性。"⑤1870—1920年,在世界体

---

① 陈甬军.中国城市化道路新论[M].北京:商务印书馆,2009.
② 邱雪.城市化进程中体育发展探究——以英美为例[J].中国体育科技,2014,50(6):103-105.
③ 庄锡昌.二十世纪的美国文化[M].杭州:浙江人民出版社,1993:161.
④ Melvin L Adelman. A Sporting Time: New York and the Rise of Modern Athletics [M]. Chicago: University of Illinois Press, 1986.
⑤ Melvin L Adelman. A Sporting Time: New York and the Rise of Modern Athletics [M]. Chicago: University of Illinois Press, 1986.

育发展史上,凸显为美国体育"繁荣的十年"。威廉·赫尔伯特在 1876 年大胆变革棒球运动的发展模式,破除了原有规则体系中的不合理之处,创建了适合现代市场体系的规章制度及运营机构,他把 NA 更名为国家联盟(National League,NL)。

三、美国职业体育制度迅猛发展阶段:20 世纪

20 世纪 50 年代开端,美国的产业机构已经发生了巨大变革,第三产业开始发展起来。这在人口结构上的变化表现为,1991 年美国的劳动力分布比例中,农业、工业及服务业从业人员占比分别为 2.9%,25.8%和71.3%。1900年,美国的工业总产值已远超于其他国家,在世界工业总值中占比达到 61%,远远超越农业的占比;1921 年,美国重工业产值超过轻工业;农业也基本实现现代化的改造;20 世纪五十年代开始,美国进入服务经济时代。1989 年,在这个行业就业人数,在总人数中占比达 70%,生产总值也占到总国民生产总值的 70%。[1] 体育消费的产生完全得益于这样的场域系统。人们的生活方式也与体育发生了紧密的联系。职业体育制度整体上的成熟已经完全映照出了资本主义经济的发展状态。城市成为体育消费的中心,美国的职业体育制度也步履稳健地穿插于美国的商业文化中,不断地扩展与延伸。

从 1870 年到 1920 年,美国体育运动从地方大众性的发展为全国性和有组织性的,体育的商业性景观日益明显。从 1882 年到 1902 年,美国协会、联合协会、球员联盟等组织也连续得以建立,但也频频因经营不善而倒闭或解散破产。比如 1900 年,棒球联赛国家联盟(NL)因经营管理不善而缺乏观众,球队内部人员失业现象频现,球队规模越来越小,后来甚至出现球员不得不加盟西方联盟(Western League,WL)来使比赛吸引观众。1901 年,WL 改名为美国联盟(America League,AL),AL 的扩张同时给 NL 带来危机,1902 年起,AL 的观众人数、明星球员等竞争优势凸显,甚至超越 NL。"为避免恶性竞争,1903 年,AL 和 NL 终于坐在一起,对竞赛规则及管理运营制度进行统一建构,在辛辛那提会议上签署和平协议,并设立国家委员会(National Commission),来统一处理联盟之间的摩擦及不兼容之处。"[2]1913 年,联邦联盟(Federal League,FL)成立,1914—1915 的赛季上,NL、AL、FL 的经营都出

---

[1] 汝信.美国文明[M].北京:中国社会科学出版社,2001.
[2] Anderson W B. The 1939 Major League Baseball centennial celebration: How Steve Hannagan & Associates helped tie Business to Americana[J]. Public Relations Review, 2001, 27(3): 353-366.

现很大问题,于是,1915年FL球队老板纷纷出售球队并入其他联盟,自此告别自由竞争状态。1920年,AL与NL被合称职业棒球大联盟(Major League Baseball),从此,垄断竞争时代真正宣布到来。

20世纪20年代,美国的职业体育已进入全面发展阶段。之后,职业体育在经历了30年代的经济大萧条、40年代二次世界大战影响的低迷后,伴随美国经济的逐渐恢复,开始迈入快速发展阶段。职业选手为了提高个人收入,不断提升技能水平。比赛也越来越具审美意味,但对于职业运动员而言,比赛的规格及水平也越来越高,业余比赛也逐渐被淘汰。20世纪30年代,世界级水平的网球选手多数都来自职业选手中。

20世纪中叶,美国职业体育进入了一个大发展时期。在此期间,电视媒体在体育领域的普及极大地促进了职业体育的传播和发展。1946年美国仅有1.5万户家庭拥有电视,1960年已达成4 600万户。到1960年,电视几乎遍及美国每个家庭。居民一天中至少有四个小时用来看电视,消遣闲暇时间。哥伦比亚广播公司总经理弗兰克·斯坦顿感慨地说:"电视的强大魅力已经渗透到美国人的骨髓里面,这是无法想象的。"[1]美国职业体育的发展,正是得益于传媒及传播技术的更新换代。另一方面,进入20世纪60年代,美国职业体育俱乐部数量迅猛增加,职业棒球大联盟原有12支会员俱乐部,这时已达到16支;全国冰球联盟原来有6支会员俱乐部,后来也达到了12支;篮球协会也从原有的9支会员队增加到了14支。史学家范达冷强调,出现这样的局面,来自以下几个方面的原因:① 美国人口的增加;② 新的大都会的形成及发展;③ 交通的便利及旅行的兴起;④ 大体育场的增加。[2] 20世纪70年代后,以电视为介质的传播技术迅猛发展,美国的东部及南部地区人口激增,政府又出台相当的优惠措施支持职业体育的发展,私人也广泛加入,资本在其中也起到很大的作用,这使得美国的职业体育得以全方面发展。

总的来说,英国18世纪将体育进入美国后,受商业文化影响,美国体育商业化发展迅速。19世纪,美国的职业体育顺其自然地发展了起来。美国不像英国一样拥有悠久的体育传统,相反,美国非常缺失传统,但在工业化、城市化及产业化的带动下,俱乐部、运动协会、职业体育联盟等慢慢衍生出来。历史学家古特曼说:"体育运动是分析一个社会变迁的重要钥匙,在美国,棒球几乎

---

[1] 张林.职业体育俱乐部运行机制[M].北京:人民体育出版社,2001.
[2] 庄锡昌.二十世纪的美国文化[M].杭州:浙江人民出版社,1993.

就是美国先锋精神的巨大象征。"①。政治学教授迈克尔·曼德尔鲍姆也这样描绘他心中的美国体育形象:"棒球代表着美国'永恒的乡村世界',美式橄榄球比赛反映了工业化时代美国的奋斗精神,篮球运动则是后工业化时代美国游戏娱乐的表征,三者的变更顺次正是美国不同发展阶段的表现。"由上可知,美国职业体育的发展与其历史文化、时代发展轨迹密切相关。

第三节　我国职业体育产业市场的发展现状及反思
——以江苏苏宁足球俱乐部破产案为分析个案

2021年3月28日,澎湃新闻刊载《江苏足球俱乐部遭苏宁撤资后无人接手,"令人费解和惋惜"》②一文。

冲击"全场景、多业态"发展模式受阻的巨舰苏宁,近期深陷债务危机。以至于,今年新春开工的第一天,苏宁控股集团董事长张近东就在内部讲话中说,新的一年,苏宁要做减法,不在零售主赛道的"该关的关,该砍的砍"。看到如此表述,江苏球迷小刘一开始是感到振奋的。"集中精力做主业是好事,苏宁是江苏足球俱乐部的投资方,我们肯定希望苏宁发展越来越好。"小刘说。让他没有想到的是,苏宁举起的这把"铡刀",所砍向的目标,也包括了去年11月刚刚拿到中超联赛冠军的江苏足球俱乐部。2月28日,江苏足球俱乐部(原名江苏苏宁足球俱乐部)发布公告称,由于各种无法控制的要素叠加,俱乐部无法保障继续征战赛场,即日起停止运营。

这多少有些突然。有俱乐部内部人士告诉澎湃新闻,宣布停运前,球员们都还在正常训练,备战新的赛季。面对突如其来的一纸公告,球员们开始另谋出路。近一个月来,吴曦、李昂等明星球员先后加盟到上海、浙江等地的俱乐部。不少江苏球迷认为,苏宁宣布停运的做法多少有些"极端"。"苏宁集团目前存在危机,不再投资足球我们理解,但你要做好善后和转让的工作,怎么能直接丢弃呢。"有球迷说。

江苏足球俱乐部(Jiangsu Football Club),又名江苏队,它位于江苏

---

① Allen Guttmann, A Whole New Ball Game. An Interpretation of American Sports.Chapel Hill: University of North Carolina Press, 1998.
② 袁杰.江苏足球俱乐部遭苏宁撤资后无人接手,"令人费解和惋惜"[N/OL].澎湃新闻,2021-03-29.https://www.163.com/dy/article/G68A2GHP0514R9P4.html.

南京，是一家名义上的职业球队，其前身江苏省足球队成立于1958年，1994年，它成为江苏省首家中国足球甲A联赛创始球队中的一支，主场为南京奥林匹克体育中心体育场。挖掘俱乐部的出身，发现这支球队，早在1958年4月已存在。1994年3月，江苏省足球队改制为江苏迈特足球俱乐部；后历经江苏足球俱乐部、江苏金陵石化加佳足球俱乐部、江苏舜天、江苏国信舜天、江苏苏宁的俱乐部时代。2021年2月1日，江苏苏宁改名为江苏足球俱乐部。2020年，它获得一系列荣誉称号，比如中国足球协会超级联赛冠军、2015年中国足球协会杯冠军、2013年中国足球协会超级杯冠军等。2021年2月28日，江苏足球俱乐部发布公告称，停止所属各球队的运营，同时在更大范围内期待社会有识之士和企业洽谈其后事项。

3月18日，亚足联官方网站公告显示，亚洲足球联合会（AFC）已确认江苏足球俱乐部将退出本赛季亚足联冠军联赛。3月29日，中国足协公布2021赛季联赛准入名单，江苏足球俱乐部未获得2021赛季职业联赛参赛资格。

梳理江苏职业足球的发展历程，大致可以分为六个阶段。

（1）大致在1958—1993年之间，江苏足球处于专业体制时期。1958年4月开始，为迎接第一届全运会，江苏省足球集训队在南京市山西路附近组建，不久迁至南京体育学院并定名为江苏省足球队，为江苏专业足球的开端。

（2）1994—1995年为江苏迈特俱乐部时期。1994年3月28日，江苏迈特公司和江苏省体委共同成立了江苏省第一家职业足球俱乐部——江苏迈特足球俱乐部。

（3）1996—1999年为江苏加佳足球俱乐部经营时期。1996年1月，由江苏省足协、江苏电视台、江苏省烟草公司、金陵石化公司烷基苯厂和江苏省国际投资公司联合组建了江苏金陵石化加佳足球俱乐部，并将队名变更为江苏加佳队。魏日墩成为球队主帅。虽然江苏加佳队进行了股东改制，但依旧未能改变俱乐部资金短缺的现实，甚至愈加严重，球队战术、进攻乏力等问题仍然未能解决。

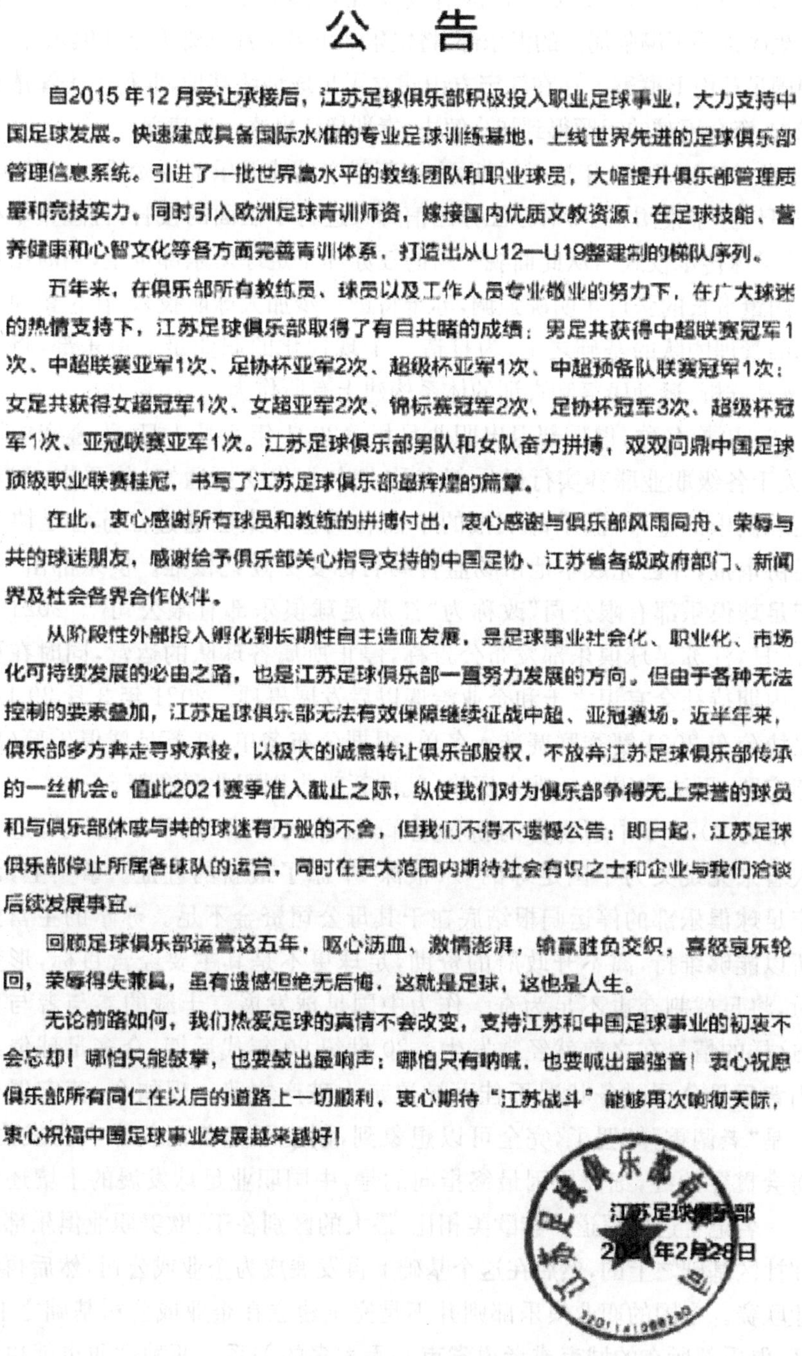

公　告

自2015年12月受让承接后，江苏足球俱乐部积极投入职业足球事业，大力支持中国足球发展。快速建成具备国际水准的专业足球训练基地，上线世界先进的足球俱乐部管理信息系统。引进了一批世界高水平的教练团队和职业球员，大幅提升俱乐部管理质量和竞技实力。同时引入欧洲足球青训师资，嫁接国内优质文教资源，在足球技能、营养健康和心智文化等各方面完善青训体系，打造出从U12—U19整建制的梯队序列。

五年来，在俱乐部所有教练员、球员以及工作人员专业敬业的努力下，在广大球迷的热情支持下，江苏足球俱乐部取得了有目共睹的成绩：男足共获得中超联赛冠军1次、中超联赛亚军1次、足协杯季军2次、超级杯亚军1次、中超预备队联赛冠军1次；女足共获得女超冠军1次、女超亚军2次、锦标赛冠军2次、足协杯冠军3次、超级杯冠军1次、亚冠联赛亚军1次。江苏足球俱乐部男队和女队奋力拼搏，双双问鼎中国足球顶级职业联赛桂冠，书写了江苏足球俱乐部最辉煌的篇章。

在此，衷心感谢所有球员和教练的拼搏付出，衷心感谢与俱乐部风雨同舟、荣辱与共的球迷朋友，感谢给予俱乐部关心指导支持的中国足协、江苏省各级政府部门、新闻界及社会各界合作伙伴。

从阶段性外部投入孵化到长期性自主造血发展，是足球事业社会化、职业化、市场化可持续发展的必由之路，也是江苏足球俱乐部一直努力发展的方向。但由于各种无法控制的因素叠加，江苏足球俱乐部无法有效保障继续征战中超、亚冠赛场。近半年来，俱乐部多方奔走寻求承接，以极大的诚意转让俱乐部股权，不放弃江苏足球俱乐部传承的一丝机会。值此2021赛季准入截止之际，纵使我们对为俱乐部争得无上荣誉的球员和与俱乐部休戚与共的球迷有万般的不舍，但我们不得不遗憾公告：即日起，江苏足球俱乐部停止所属各球队的运营，同时在更大范围内期待社会有识之士和企业与我们洽谈后续发展事宜。

回顾足球俱乐部运营这五年，呕心沥血、激情澎湃、输赢胜负交织、喜怒哀乐轮回，荣辱得失兼具，虽有遗憾但绝无后悔，这就是足球，这也是人生。

无论前路如何，我们热爱足球的真情不会改变，支持江苏和中国足球事业的初衷不会忘却！哪怕只能鼓掌，也要鼓出最响声；哪怕只有呐喊，也要喊出最强音！衷心祝愿俱乐部所有同仁在以后的道路上一切顺利，衷心期待"江苏战斗"能够再次响彻天际，衷心祝福中国足球事业发展越来越好！

江苏足球俱乐部
2021年2月28日

图6-1　江苏足球俱乐部停止运营公告

(4) 2000—2015 年为江苏(国信)舜天足球俱乐部时期。2001 年 1 月,江苏舜天集团接手了濒临崩溃的俱乐部,将俱乐部更名为江苏舜天足球俱乐部,并征战中国足球甲 B 联赛。还在江宁方山建立了足球训练基地,取得了美津浓赞助的球衣,资金困难的问题得到初步解决,青训梯队也这一步建立。

(5) 2016—2020 年这一时期,为江苏苏宁足球俱乐部的阶段。2015 年 12 月 21 日,苏宁集团出手,对原江苏国信舜天进行了全面的接管,且隆重举办了"江苏足球传承仪式",从此面貌一新的江苏苏宁足球俱乐部重生,当时出任苏宁集团董事长的张近东明确强调,苏宁将进一步加大球队投入,在保留原有俱乐部的管理团队的基础之上,为打造一个现代化的职业足球俱乐部,将在竞训、技术分析、运动康复和青训的体系构建上有所作为。

(6) 更换名称,俱乐部退出职业足坛。2021 年 2 月 1 日,为遵守中国足协《关于各级职业联赛实行俱乐部名称非企业化变更通知》的要求,江苏苏宁足球俱乐部宣布,俱乐部上报的中性名调整方案已通过江苏省足协和中国足协审批,并已完成本地市场监管局名称变更登记核准。俱乐部由"江苏苏宁足球俱乐部有限公司"改称为"江苏足球俱乐部有限公司"。2021 年 2 月 28 日,江苏足球俱乐部发布公告称,停止所属各球队的运营,同时在更大范围内期待社会有识之士和企业洽谈以后发展事项。2021 年 3 月 29 日,中国足协公布 2021 赛季联赛准入名单,根据公布名单,江苏足球俱乐部(原江苏苏宁队)无法获得中超准入资格,就此暂时告别职业联赛舞台。

作为 2020 年中超联赛的新科冠军,江苏队居然"玩不下去"了,这在很多人看来无疑又为中国足球的"水很深"平添了最新的佐证。事实上,江苏苏宁足球俱乐部的停运归根结底在于其母公司资金不足。苏宁的主营业务之所以能够维持,离不开政府的资助,足球更不是其主要经营目标,形势不好时,将足球割弃也不足为奇。作为中国足球发展三十载的参与者与见证人,这样的情景在之前就经常发生。20 世纪 90 年代后期,众多足球俱乐部都因背后母公司财务状况不佳而被迫走上破产之路。现如今,苏宁俱乐部不过是"老调重弹"罢了,完全可以想象到,制度不完善而仅靠人为发力,悲剧将会贯穿始终,细究原因最终指向的是,中国职业足球发展的土壤还太贫瘠。一名记者这样写道:"与欧美相比,最大的区别在于:欧美职业俱乐部是建立在社区基础之上的,然后在这个基础上再发展成为企业或公司,然后再参加职业联赛。中国的职业俱乐部则并不是完全建立在企业或公司基础之上,与社区、俱乐部所在的城市或者说省市并无太多的关系。两种性质也就决定了俱乐部截然不同的命运。"

球迷们的委屈也源自苏宁当年的表态和现实发展的差距。据公开报道，2015 年底举行的苏宁接手江苏足球的仪式上，张近东当时表态称，苏宁将不辱使命，打造百年足球俱乐部。然而，话音落下仅仅五年，江苏足球俱乐部的血脉或将止步于苏宁。尽管苏宁在上述停运公告中也谈到，近半年来，俱乐部多方奔走寻求承接，以极大诚意转让，不放弃一丝机会。《从"苏宁足球俱乐部解散事件"反观我国职业体育和体育产业的发展》一文认为，这起俱乐部解散事件映射出的恰是中国职业体育发展过程中的制度问题，在社会各界的期待中，他们需要的是到底如何处理这件事情的具体完善的方案措施。由苏宁足球俱乐部解散事件，我们应该思考当下中国体育产业高质量发展问题。① 程志理直接指出，苏宁足球俱乐部解散事件其实已经折射出整个中国职业体育产业深层次的问题，政府管理部门到底能在事件中表现出怎样的调控能力，是大家关注的一个问题。②

如上所言，西方发达国家职业体育的发展，通过以英美为例，通过对其职业体育市场生成的过程性分析，再来审视我国江苏苏宁足球俱乐部破产事件，其镜鉴意义一目了然。首先，中国职业体育产业生成逻辑的基点分析。职业体育自身具有特殊的特点，但它一定归属于市场的范畴，既然属于市场，那就与政府的关系密切。社会学家李培林强调，"市场与政府的关系，我们改革开放以来，一直在摸索中前进。"③ 我国的经济社会发展一直以来是政府主导资源配置；随着改革的不断深入，调整为以计划经济为主，市场处于附属地位；后来提出计划与市场两手都要抓，再到有计划的发展市场经济和要具有中国特色的社会主义市场经济；再到今日，提倡市场为基础，政府调控，人们对市场与政府关系的认识日益深化。

新中国成立以来，我国体育的发展基础薄弱，经过理论及实践领域的探索，逐步形成了今日有中国特色的社会主义体育运行机制，即举国体制。正是因为能够举全国之力发展中国体育，在短时间内竞技体育水平迅速提升，这主要是依靠政府与国家的力量，同时也显示出当时国家发展体育的基本价值取向。1988 年，泪洒汉城奥运会后，政府的奥运争光计划出台，"缩短战线、握紧拳头"，为了使优势项目继续保持，政府将有限资源进行倾斜投入，这也基本成为全社会的共识。但竞技项目发展中的一些冷门项目，耗资大、战线长，尤其

---

① 刘文方.从"苏宁足球俱乐部解散事件"反观我国职业体育和体育产业的发展——《体育与科学》"体育智库服务江苏体育发展"学术工作坊综述[J].体育与科学,2021,42(6):111-117.

② 刘文方.从"苏宁足球俱乐部解散事件"反观我国职业体育和体育产业的发展——《体育与科学》"体育智库服务江苏体育发展"学术工作坊综述[J].体育与科学,2021,42(6):111-117.

③ 李培林.社会改革与社会治理[M].北京:社会科学文献出版社,2014.

是三大球,成为我国体育发展中的巨大难题。而如何处置它们,走社会化、市场化,成为唯一发展的出路。1992年,邓小平南方谈话及在中山会议上的精神传达中,这一问题又被明确地列入需要重点考虑的问题,接下来,1993年《关于深化体育体制改革的意见》和《关于培育体育市场,加快体育产业化进程的意见》等政策文件相继出台。紧接着,在实践层次,推进了单项运动协会实体化改革以顺应市场化改革战略,又建立了运动项目管理中心,部分竞技运动项目先后进入实体化运作。1994年,先拿足球作为试点改革起点,万宝路全国足球甲级联赛开始,从此拉开职业体育改革的号角,随后,1995年的中国职业篮球联赛,1996年的中国职业排球联赛,1998年的中国职业乒乓球联赛等相继启动。

以中国的职业足球发展为例进行分析,1992年红山口会议的召开标志着中国职业足球联赛建设序幕的拉开。1993年,《中国足球俱乐部条例》由中国足球协会起草颁布,并最终形成《中国足球协会俱乐部章程(草案)》。1994年4月27日,中国足球甲级A组联赛的正式开幕,12家俱乐部加入。同年12月,《运动员转会条例》(也称为《中国足球协会运动员身份及转会规定》)发布,强调"球员转会市场,将在下赛季全面开放。"这里我们需要明白的是,这些所谓的各个俱乐部基本都是由我国专业队转变而来的。俱乐部起初都还是以赞助式、合办型为主要的运转模式,到了1998年左右,我们才有了真正具有现代企业特质的俱乐部。

1994年3月28日,民办企业江苏迈特公司和江苏省体委联合创办了江苏省第一家职业足球俱乐部——江苏迈特足球俱乐部。1996年1月,由江苏电视台、金陵石化公司烷基苯厂、江苏省烟草公司、江苏省国际投资公司和江苏省足协5家股东联合,建立了江苏金陵石化加佳足球俱乐部,并命名为江苏加佳队。1999年,球队赞助商遭遇危机,俱乐部运转困难,队员们也陷入了食不果腹的尴尬境地,工资发放也受到影响。处境艰难的球队重新回到了保级的境地中,主场战绩的下滑也一度引来了球迷的不满。在江苏男篮和男排同年相继降级的黯淡背景下,江苏省体育局下达了"必须保级"的命令,而球迷们也打出了"保卫南京"的悲壮口号。11月27日,联赛倒数第二轮生死战,时任江苏省省长的季允石也亲赴现场观战。球队在血战中凭借吴军在第81分钟的点球建功,主场1—0击败广州太阳神,最终艰难保级成功,江苏足球的火种也因此得以保留。2000年1月7日,江苏舜天集团接手俱乐部,但其时经营已经出现资金断裂状况,俱乐部被改称为江苏舜天,并以"江苏舜天"为队名征战中国足球甲B联赛。

除了以上所看到的,如张兵研究中强调的,"中国职业足球的球员转会市场,在中国的发展几乎更为滞后,尽管后来也有了这样的制度,但这种摘牌转会制的市场行为,与欧美运动员的转会制还是不一样,更多是一种类市场行为,真正的转会市场的出现,出现得很晚。足球运动管理中心于1995年1月成立,从此'一套人马、两块牌子'体系形成。从运营体系来看,职业联赛的运营主体,都带有明显的政府行为特征,联赛运营中的代理人缺位现象凸显。"[1]纵观中国体育发展的历程,需要特别指出的是,西方职业体育的全球化发展深深影响了中国职业体育的发生与实践。"1986年NBA比赛已经在中央电视台转播,1989年达成转播协议,1994年就有了全明星赛、总决赛现场直播。在足球领域,1988年中央电视台开始转播意大利足球甲级联赛集锦,1992年开始转播其正式比赛,1994年开始直播其比赛。可以看出,在时间上,中国职业体育消费实践,明显早于中国职业联赛开启的时间。这意味着,中国职业体育市场的演化次序和西方相比存在着明显差异。中国已然存在职业体育消费市场,或者说,中国职业体育消费市场的形成要早于中国职业体育联赛产品生产市场的产生。"[2]

第四节　西方现代体育产业市场的演化路径及其推广局限

人类有运动的传统。运动对人类文明的产生和发展至关重要。运动来自人性对掌控自然、维持生命的努力。投掷类的比赛源于打猎和驱逐敌人;赛跑起源于追踪野兽和迁徙时维持沟通的活动;搏斗类的运动来源于军事技能。然而这时工作和休闲之间的界限往往是模糊的,有时甚至并不存在。在人类历史长河的绝大多数时间里,工作和生活是平等且密不可分的。当工作和生活之间的对等关系暂时中断时,就为运动的产生提供了空间。比如,在完成收

---

[1] 张兵.经济社会学视域下中国职业体育市场生成逻辑及发展策略选择[J].体育科学,2017,37(07):10-16.

[2] 张兵.经济社会学视域下中国职业体育市场生成逻辑及发展策略选择[J].体育科学,2017,37(07):10-16.

获之后的短暂时光里,享受一定比生活更重要。这种模式在全球所有的前工业化社会中得到了复制,早期的运动常常与仪式性活动交织在一起,古代运动的方式及其意义与当今的运动有极大的区别。对于大众而言,运动的形式和社会作用随着时代的迁移而不断改变。

  16世纪时,运动的三大类都已经形成。有些运动与军事训练有关,比如格斗和马术类比赛等。有些运动与宗教等仪式相关,比如英国在圣诞节、忏悔节举办的运动会和足球比赛等。有些运动是在集市或节日上举行,比如五月柱舞等,其实这些分类并不冲突,而是可以重叠,甚至可以合并的。中世纪的精英们有大量的空余时间,他们开发了复杂的比赛活动,社会上还有大量运动项目的专业人士及教练。但这些活动与现代体育不同,它们没有普遍适用的规则,不是商业行为,也没有与日常生活区分开来。有时候人们会利用运动来赌博,举办运动的酒馆店主也会趁机增加食品饮料的销售,然而在18世纪之前,这些商业行为都是偶然性的,并没有促使运动成为文化生活中的独立范畴。[①]

  由上可知,天生不可能存在任何的文明社会运行体,经济社会环境塑造文化实践的发生,同时文化事件的诞生一定嵌入在特定的社会政治环境中,并最终形塑出独特的组织结构体,甚至其运行样态,也是其适应演化发展的具体表达。[②]职业体育作为一种竞技体育商业化、市场化运行样态,也是随着经济社会变迁而来的,并适应性演化出当前的市场样态。当然,逻辑上关于职业体育市场演化之研究,首先要明晰职业体育为何会出现于西方社会,并如何一步步演化催生现有样态,以及其间各种市场结构样态遵循什么样的生成演化关系。[③]

  研究已然显示,在18世纪体育运动商业化之前,大家并不认为应该由普遍接受的、全国性的成文法律来管理运动。虽然某些运动有成文的规则,但是往往不被运动员接受,也不被任何当局组织认可。运动的商业化发展使所有运动都有了被普遍接受的法律规则。此举也使得法律在18世纪提高了地位,获得了新的意义。因此,"在世俗化以及现代体育的其他特点方面,现代体育更接近于古罗马而不是古希腊。也正是17—19世纪这种泛滥的世俗化,使得现代体育让很多宗教领袖持怀疑态度。经过长期固执的反对体育中注重身体的这一代表性世俗观念,天主教和新教想出了一条权宜之计,一种与现代体育

---

  ① 托尼·柯林斯.体育简史[M].王雪莉,译.北京:清华大学出版社,2017.
  ② 张兵.经济社会学视域下中国职业体育市场生成逻辑及发展策略选择[J].体育科学,2017,37(07):10-16.
  ③ 张兵.新时代体育强国建设进程中职业体育高质量发展路向[J].体育科学,2020,40(1):16-25.

的宗教协定,教徒们正在努力寻找现代体育和基督教义之间的和谐。赛前强制性的更衣室内的祷告与用体育节日来膜拜诸神是有根本性的区别的,因为对于是在特尔斐神圣道路上所建的体育场里面奔跑的希腊少年来说,竞赛本来就是一种宗教行为,而对于现代大多数运动员而言,即使是那些在比赛中寻求神的佑助的运动员来说,竞赛是一种世俗的事。"①当然,此时的体育比赛,没有任何属于职业体育的属性,更没有商业包装的组织形式。跳出贵族体育、学校体育,职业体育的真正兴起,还要追溯于西方工业革命的效益,生产力发达,大众生活水平提升,产生余暇时间。在工业革命突起的时代,与职业体育诞生相联系的有以下几方面原因。

(一) 主张基于财产权的非个人的、客观的法律

18世纪以后,在英国,不再固守宗教权威和王权,主张基于财产权的非个人的、"客观"的法律处于中心地位。法律面前的平等是顺利交易的关键。同理,法律是赌博和运动的规则。举办运动赛事时,"运动员协议"中会说明赢家的奖金等比赛条款,且经常引用法律规则。在这一时期,出现了第一部赛马的正式法律,1743年确立第一步拳击规则条款,1744年颁布第一部被广泛接受的板球法律。此种状况下,工人们不断加入比赛,甚至是为了工作而比赛,逐渐地带薪职业运动员的出现意味着围绕运动员的交易行为也逐渐成为一种趋势,这可以称为是职业体育诞生的前提,即最基本的生产资料市场渐成雏形。

(二) 运动成为资本主义社会生活本身的反映

在体育被仅被视为娱乐的时代,"运动成为资本主义社会生活本身的反映"这一全新的理念是完全不可想象的。这一理念反映在19世纪初的一首打油诗中,"生活呀,就像是运动——求胜呀,不靠碰运气,倒是技巧,常把运气送过来。"封建制的军事型运动已经不能反映贵族的文化——竞争和获利,这也是英国贵族在商业上的目标。在17世纪末期,利己主义思潮出现,哲学和经济学的主导思想发展为人性本自私和爱好竞争。此思潮的最有力支持者是托马斯·霍布斯,在《利维坦》一书中,他辩称人的天性是"所有人对所有人的战争。"这一种观点彻底打破了之前英国对人性的认知——人性是基于基督教体系下固定的社会等级、责任和义务。事实上,"人性"一词直到18世纪才被广泛使

---

① 阿伦·古特曼.从仪式到纪录:现代体育的本质[M].花勇民,钟小鑫,蔡芳乐,译.北京:北京体育大学出版社,2012.

用,18世纪的经济理论也都是基于利己主义。这一时期的作家和记者也越来越常把运动和生活加以类比。世界第一本运动月刊《体育杂志》(1792)在报头上宣称"为男士的娱乐和进取"。1793年《赛马俱乐部——当年赛马风俗梗概》的作者表示:"人类都像是赛马骑手,每个人都为利益而驰骋。"1812年概述拳击历史的《角斗》一书中,伊根表示探索者发现"长期怀有敌意的人,对每一种体育运动都热情高涨。"1824年版的《拳击赛》则是伊根的一部笔法浮夸的职业拳击赛编年史,该文章在开篇引用了《国富论》。早期的娱乐行业出现了,体育也成了18世纪中的一项商业化的休闲活动。娱乐活动第一次成为大量、长期盈利的商业目标。中产阶级和上流社会的消费力提高,闲暇时间增加。从18世纪开始,资本主义和运动共生、相互依存。另外,交通的方便,不仅使体育竞赛在全国开展起来,还为体育赛事组织提供了机会。而工人购买力的提升,使得体育赛事消费被提上日程,并在一定程度上为体育赛事的商业运作提供了可能。

(三)社会精英的形塑,社会观念的转变,运动参与成为新时尚

运动的商业化运营和规范化相辅相成,拳击运动的发展就清楚地反映了这一关系。搏斗运动可能和人类历史一样古老。在18世纪初之前,英国的搏斗运动包括徒手搏斗、摔跤以及使用剑和木棒的"棍棒搏斗",1710年自称为英国冠军的詹姆斯·菲格,在伦敦的托特纳姆法院路开办了一所搏斗学院。菲格的"圆形竞技场"大概是受到了熊园的启发。熊园是伦敦的一处流血娱乐运动的场所,从16世纪晚期开始,进行逗熊等活动。菲以露天的笼中格斗闻名,而他建立永久性搏斗场的举动显示了伦敦运动文化的经济效益。菲格于1734年逝世,他将冠军拳手和拳击界商人的衣钵传给了他的学生——自称"竞技教授"的杰克·布劳顿。布劳顿认为拳击运动缺乏一个收取合理入场费、阶级分离的场所。1743年他在伦敦中心开办了自己的竞技场,竞技场"精心设计,避免贵族被平民打扰",成本是400英镑,由贵族捐助。他还要求拳击手必须付费才能上台比赛。由此,下一个世界英国运动的两大支柱形成——严格的阶层区分、追逐经济利益。同样重要的是,布劳顿知道,如果没有被广泛接受、使比赛结果更具有不确定性的规则,拳击运动难以获得商业成功——"观众不会被假拳或不平等比赛所欺骗。"只有让观众满意的比赛才能生存下来。于是比赛规则越来越透明化,甚至他修改的第五条规则要求比赛结束后在观众面前分发比赛奖金,以示诚实正直。

诚如学者张兵研究职业体育发展中所强调的,现代体育产业的核心——职业体育,作为现代产业样式,诞生的原因在于业余体育竞赛活动的火热和观

赏需求的出现。职业体育作为一种商业运营样态出现，在其发展过程中，也顺应世界局势的变化而进行了改革实践。现代体育产业发展过程中，同样也遭遇了经济大萧条。在这样的时期，亏损是体育组织面临的巨大威胁，生存和维系自身的发展是要解决的重要问题。面对现实，体育俱乐部的经营者也要思考如何有效管理才能渡过危机，最终能够在经营中获得运营绩效，于是又拉开了现代职业赛事市场规则体系的进一步完善改进。一种具有企业管理特征的、遵循市场运行规律的现代职业体育运营模式得以形成。随后，电视转播媒介的驻入和体育全球化的发展，顺应性衍生出一系列变革举措，并最终培育了职业体育市场秩序。

表6-1 英国早期足球顶级联赛观众人数的变化 （1888—1914）

赛季/年	参赛队数量（支）	观众总数（人）	场均观众数（人）
1888/1889	12	602 000	4 600
1895/1896	16	1 900 000	7 900
1905/1906	20	5 000 000	13 200
1908/1909	20	6 000 000	15 800
1913/1914	20	8 788 000	23 100

数据来源：张兵.经济社会学视域下中国职业体育市场生成逻辑及发展策略选择[J].体育科学，2017，37(07):10-16.

通过对西方现代体育的发展历程梳理，可以看出西方职业体育带有明显的自序演化色彩。如果说西方体育市场大体经历了从乡村到商业化体育（城市体育）再到职业体育（资本体育或电视体育）的变迁过程，那么，从市场要素上看，从生产资（料）源市场的底层培育，到形成竞赛产品市场，然后消费市场自然而然地衍生出来，最后再对消费群体进行推展，以追寻消费市场的扩大化（即全球化），①这便是西方职业体育市场发展的逻辑。这一发展路线映衬了波兰尼关于经济的社会嵌入性及其变迁理论，而其现实意义在于指导职业体育实践。"西方职业体育在实践中往往深耕于运动员培育等生产资料市场，且内嵌于以商业精英、技术精英、社会精英和运动精英为主体的社会互动之中，并以球迷福利为重心做优竞赛产品，全方位多渠道培育消费市场，并顺应性地进行市场扩张。换句话说，依托高水平竞技体育竞赛和群众体育观赏是职业体育市场运作之根本，离

---

① 张兵.经济社会学视域下中国职业体育市场生成逻辑及发展策略选择[J].体育科学，2017，37(07):10-16.

开它们的社会活动,西方职业体育则陷入无本之源的境况。"①

然而,适应于西方文化土壤的职业体育发展模式也有其局限特点,不能被简单复制,表现为:第一,西方职业体育在自身运行方面,社会嵌入性尤其突出,职业体育与竞技、群众及学校体育实现整合发展。后备力量的储备上,极其重视可持续性发展,还积极参与全球范围内的体育竞赛资源的抢占,以此提升职业体育竞赛水平和吸引力;同时在社会参与层面,很好地搭建起社区、学校的联动机制,为大力培育和推广职业体育奠定基础。第二,在对外推广方面,欧美国家立足于商业化、市场化的制度优势,在职业体育发展理论方面形成了"菜谱式"的模式,而内在于历史与现实基础打得内嵌式特质隐而不见。表面看,其他发展中国家只要模仿它们的体育商业化模式进行市场体制的建构,推行西方体育发展势态中的组织形式,即可成功。这样的结果是,过于简单化了,内嵌于文化底蕴的组织制度形式。换句话说,这类同于 North(1994)语境中的"制度变迁的路径依赖"模式,反映到现代体育产业发展中,可以理解为,按照西方职业体育发展的给定参照模式,进行外在的包装,进行形象化的包装,从而形成西方职业体育发展模式的正当性及合法性。如张兵提出的,对体育竞赛模式化的包装其实忽视了地域特色,同时也掩盖体育本体发展之理念,往往误导后发者,很容易形成如我国职业体育总脱离竞技与群众体育发展的境况,陷入低效和无序的局面。同时,在我国,往往追求在外形上类西方职业体育发展的模式,而对自身资源禀赋优势缺乏深刻的认知,自然陷入西方"圈套",结果无形中还在追求西方职业体育发展的"马太效应"。②

西方职业体育的发展是由下至上平稳过渡内生起来的,具有坚实的文化、制度等的土壤积淀,再加上"职业是呼召"的信仰层面——宗教背景的信念支撑,它发展成为职业体育人生命里不可割离的一部分,勤俭和理性等品质为现代西方职业体育的蓬勃发展提供了强大的精神资源,也为职业体育走向现代和民主社会蓄存了极大的推动力量。在英国先是乡村体育或绅士体育向商业体育的转变使体育技能展示和娱乐表演在工业社会里获得了商品的属性;随着商品市场经济的日益发展,到18世纪中叶资本赢利成为体育比赛主办者的主要目的,具有适当规模的、正规的、组织化收费型准职业体育比赛开始出现;进入20世纪,传统意义上职业体育俱乐部的经营也随着现代传播媒介的进驻

---

① 张兵.经济社会学视域下中国职业体育市场生成逻辑及发展策略选择[J].体育科学,2017,37(07):10-16.

② 张兵.经济社会学视域下中国职业体育市场生成逻辑及发展策略选择[J].体育科学,2017,37(07):10-16.

而发生巨大变革,极大推动了现代体育的发展。马克思曾说过这样一句话:"宗教改革把僧侣变成俗人,又把俗人变回僧侣。"① 马克斯·韦伯也说,贪得无厌代表不了资本主义,更代表不了资本主义精神,并指出:"中国的封建官宦,古罗马的贵族,或现代农民的贪婪,与谁相比都毫不逊色。而那不勒斯马车夫或船夫,亚细亚操同样行业的人以及南欧或亚细亚各国的手艺人,他们的'金钱欲'比同样境遇中的英国人更为强烈,尤其更无耻。"② 可以看出,不择手段地追求超额利润并不能积极有效地促进生产的发展。人类追求利润的动机只有转化为合理的社会行为,才能成为工业革命的动力。我们回到弗林的论点上,在一个'不愿接受先进技术必然会带来社会改组,不允许企业家精神充分发挥以图大规模运用这些技术'的国家,工业革命是不会发生的。因此,社会发展的必要前提之一就是,这个国家的社会、政治结构具备以下条件,它既不压制人们的追求,又能把这种追求引导到目标合理的渠道中去。③ 因此说,西方职业体育从一开始就是以自由竞争的市场制度、严格的法治保障、组织架构清晰的产权制度为基础,遵从自然选择、市场逐步演进的理性法则慢慢发展起来的。④ 可以说,目前世界职业体育产业的竞争似乎是表现为竞技体育能力水平的高低的"秀",而幕后是职业体育制度安排成功营运的结果。

---

① 马君.论新教伦理中的职业精神[J].山西社会主义学院学报,2007(2):26-29.
② 马克斯·韦伯.新教伦理与资本主义精神[M].李修建,张云江,译.南昌:江西教育出版社,2014.
③ 钱乘旦,陈晓律.在传统与变革之间——英国文化模式溯源[M].杭州:浙江人民出版社,1991.
④ 王庆伟,王庆锋.西方职业体育制度变迁研究[J].体育与科学,2006(1):42-51.

第七章 体育消费实践的社会建构与其产业制度变迁再思

第一节 国外体育产业体系经验镜鉴

到二十世纪中后期以来,现代体育发展体系中,职业体育成为体育产业发展中的核心,其运营方式也日渐成熟,尤其在欧美国家,职业体育联赛的承办,为国家带来了丰厚的收入,其市场运作体制基本成为后来国家模仿的模式。经济全球化发展,人们经济文化需求强烈,职业体育作为一种精神文化产品,在满足人类文化需求的同时,受众不断扩大。另外,经济发展水平提高,大众闲暇时间日益充裕,个人体育参与感强烈,这又极大地丰富了体育运动的参与人群,竞赛表演、体育用品、运动培训、体育传媒、运动员经纪等一系列衍生产品日渐占据主流,并逐渐发展成为全球经济产品。2000年之后,在各个国家国民经济构成中,体育产业地位日益重要,甚至影响国家在世界格局中的位置。

表7-1 全球体育产业概况

国家/地区	规模(亿元)	GDP(亿元)	产业占国民总值比重(%)	产业雇员(万人次)	总劳动力(万人次)	总人口(万人次)	雇员占劳动人口比重(%)
中国	3 135.95	519 322.00	0.60	375.62	93 727.00	135 404.00	0.40
美国	27 080.49	992 476.31	2.67	320.00	15 550.00	31 204.00	2.10
欧盟	15 159.94	938 906.42	1.76	446.25	22 300.00	46 150.00	2.12
英国	4 169.02	157 047.17	1.69	63.24	3 220.10	6 226.00	1.46
德国	3 939.84	187 404.11	2.31	114.62	3 800.00	8 175.16	3.15

续表

国家/地区	规模（亿元）	GDP（亿元）	产业占国民总值比重(%)	产业雇员（万人次）	总劳动力（万人次）	总人口（万人次）	雇员占劳动人口比重(%)
法国	182.90	144 755.24	1.40	41.65	3 153.80	6 582.18	1.30
意大利	1 316.66	12 184.50	1.21	32.99	2 200.00	6 062.00	1.47
西班牙	878.61	68 671.88	1.28	33.62	1 976.50	4 612.51	1.77
奥地利	746.11	19 279.33	4.03	20.59	420.00	840.42	5.38
希腊	212.69	14 791.67	1.44	7.09	443.13	1 078.76	1.63
匈牙利	65.83	6 470.59	1.02	5.56	392.86	998.60	1.43

数据来源：来自易剑东《中国体育产业政策演剧：总览与观点》。

在发达国家，体育产业甚至从前期的"新兴产业"称谓转向了"支柱产业"的地位。即使2008年全世界面临金融危机，全球经济普遍低迷，但体育产业仍表现突出，成为产业发展的典范。今日，发达国家以竞赛表演、运动休闲产业为主导，与体育用品、体育旅游、体育传媒、体育商务与贸易等产业相融合形成的体育产业，表现更为多元，并逐渐形成制度体系。全球体育分布，就产业布局来看，以中国为代表的发展中国家，体育产业发展主要还是依赖体育用品制造、零售与批发的低端利润收益，尽管中国宏观经济表现为高速发展也不例外，这似乎表现很为尴尬，也更加凸显了本研究关于中国体育产业高质量发展研究所具有的现实意义。

总之，以中国为代表的发展中国家，在"体育产业中如何收益"有效性问题上，一直以来困难重重。易剑东等人指出第一，以发达国家为参照，如美职篮、英超联赛等成功运营的职业体育赛事商品本身已经具有一套成熟的运作制度体系，用它们的专业化标准来审视正在寻求发展的发展中国家的职业体育产业，起始点有误。第二，要从中国自身着手，反思中国体育管理体制本身。中国正当社会、经济、文化转型，在政府公共服务职能强化的背景下，中国体育产业制度的变迁究竟如何这一议题具有强烈的时代性。[1] 因此，本研究认为，通过对中国体育产业制度变迁演化过程进行历史分析，不但能够挖掘出中国经济社会发展方式转型过程中体育消费实践所面临的本土化现实问题，也可以借此呈现巨变下的中国经济社会治理机制的变迁图景。

2008年次贷危机爆发之后，全球经济发展一直处于低迷状态，而发达国家

---

[1] 易剑东,等.中国体育产业政策研究：总览与观点[M].北京：社会科学文献出版社,2016.

的体育产业却成为产业发展中的一股逆流,甚至从前期的新兴产业转向了支柱产业。据普兰基特研究公司(Plunkett Research)的报告,可以看出,美国的四大体育联盟——职业橄榄球、职业篮球、职业冰球和棒球联盟表现尤为突出,几乎每年都有两百多亿美元的利润收入保证,抵得上中国整个文化娱乐产业的年均总值。另以"欧洲足球五大联赛"为例,据四大国际会计师事务所之一——德勤会计师事务所(Deloitte Touche Tohmatsu)的统计,2014年1月《金元足球俱乐部报告》(ALL to Play for Football Money League)中指出,2012—2013赛季的欧洲足球联赛中,20家足球俱乐部总营业收入最高约为455.18亿欧元。分析它们的数据,即使整体经济形势不好,但职业体育产业还处于高增长的趋势,营业收入居然还能维持8%的增长势头。[1]

今日,发达国家的体育产业发展体系外延广泛、类型多样——以竞赛表演、运动健康休闲为主体,其他体育用品制造业、体育旅游、传媒等相融合,运行稳定、成熟,并具备良性的运行结构。以英格兰为例,2013年7月,《2010年英格兰体育经济价值报告》由英格兰体育协会(Sport England)发布,其中的数据分析显示,2010年英格兰的体育产业总产值高达2 122亿欧元,约占其国内生产总值的1.9%,该比重甚至超越英格兰其他行业,体育产业成为英格兰十五大产业之一。其中,体育培训、运动休闲服务的经济总值达585亿欧元,竞赛表演及赛事转播服务等的经济总值达575亿欧元,体育教育、体育公共服务的经济总值约为512亿欧元,体育器材及运动服装贸易等的经济总值达到335亿欧元,体育博彩产业的经济总值也已达115亿欧元。[2]

而相比之下,中国的体育产业发展主要还是依赖体育用品制造、零售与批发的低端利润收益,数据资料如下图。

表7-2 中国体育产业概况

类别	2006		2007		2008	
	增加值(亿元)	从业人员(万人)	增加值(亿元)	从业人员(万人)	增加值(亿元)	从业人员(万人)
体育用品、服装鞋帽制造	705.12	195.44	898.10	214.00	1 088.31	234.13
体育用品、服装鞋帽销售	76.45	11.13	110.77	15.20	141.79	18.54
体育场馆建筑	33.17	2.77	44.63	3.29	49.61	3.35

---

[1] 易剑东,等.中国体育产业政策研究:总览与观点[M].北京:社会科学文献出版社,2016.
[2] 易剑东,等.中国体育产业政策研究:总览与观点[M].北京:社会科学文献出版社,2016.

续 表

类 别	2006 增加值（亿元）	2006 从业人员（万人）	2007 增加值（亿元）	2007 从业人员（万人）	2008 增加值（亿元）	2008 从业人员（万人）
体育组织管理活动	74.80	18.71	89.36	18.98	117.56	20.87
体育场馆管理活动	18.24	2.58	23.04	22.41	30.00	2.62
体育健身休闲活动	46.98	11.78	58.79	13.32	74.49	15.03
体育中介活动	2.02	0.87	3.00	0.96	4.46	1.35
体育培训活动	4.64	1.91	7.91	2.21	13.48	3.56
体育彩票	21.47	11.11	29.63	13.37	35.27	17.64
总计	982.89	256.30	1 265.23	283.74	1 554.97	317.09

数据来源：国家体育总局。

当下的中国，体育产业发展问题日渐积累，如结构不平衡、提供方式单一、运行机制不畅等。"政府主导、市场配置、社团参与、公众受益"的运营机制还不能完全实现。在我国，体育产业发展要想实现高质量发展，就必须有"法治化、市场化、民主化、公开化、多元化"的规则体系作为保障。但这些条件的实现，亟须做出明智的中国应对方案。[①]

从发达国家走过的现代化进程来看，除去欧美发达国家和日本等亚洲发达国家，目前中国的发展极具特色，用时很短，但国民经济发展水平速度很快，并在全世界走出了一条与众不同的现代化道路。唯独体育产业发展弊端丛生，当下还不能与多数欧美发达国家相比，甚至亚洲的日本与韩国都远远超越于我国。表面上看，仅是体育产业总值在GDP上的占比差距，深层次上，内生动力不足，体育产业发展制度体系不够健全和完善才是问题所在。拿美国来举例，它们的大众健身、职业赛事表演、体育传媒、体育赞助和中介、体育场馆运营、体育用品制造和销售业等，基本构成了一个系统性的产业链条，彼此有机联系，相得益彰。一些数据显示，2011年，美国四大职业联赛、大众健身产业的收入，数值分别达240、2 140亿美元，体育产业直接从业人员人数达到130多万人。美国的大型体育场馆的运营，依托于职业联赛的有序性开展，再加上冠名、赞助、门票等的收入支持，运营效率高，利润收入稳定、丰厚；而在民间，公园、社区里的体育场地，基本属于政府公共资源的免费供给，这样又极大地

---

① 易剑东.中国体育体制改革的逻辑基点与价值取向[J].体育学刊,2011,18(01):14-25.

保障了公民的健身权益,社会效益凸显。所以,在美国,基本不存在闲置的体育场馆,体育表现出来的公益性和产业性,能够实现彼此的协调。

体育产业结构转型升级,最终目的就是要实现多样化社会需求的满足。目前,我国经济由高速增长向高质量发展转型。体育领域产业结构的调整必须与体育消费结构相适应,这对于体育产业高质量发展的实现意义非凡。另外,体育产业结构的转型也是适应当前社会矛盾变化的重要举措。要实现高质量发展,就要更加注重供给侧发力,以对经济结构进行优化,进而提升经济稳定性。① 总之,产业结构的升级体现为产业各方面的改变,要注重量的积累,提高整体档次,最终达到质变。新时代,消费是抓手,我国体育产业高质量发展的实现、供给侧结构性改革的深化都系于体育消费。我们应该看到,面对社会发展新形势、经济发展新常态,体育消费应顺应全民健身的新需求及智能化潮流,积极进行转型升级,由传统的运动空间向体育消费空间转型。王庆军指出,体育产业的发展最终依靠的是人的消费,当前"体教融合"的提出及实施,对于我国体育产业发展来说益处很多,甚至是体育产业发展的新路径。体教融合观是培养全面发展的人,而最终这些成才的人必将是中国体育产业发展的最大消费者,如果实现了这样的循环,中国体育产业高质量发展指日可待。②

通过供给侧结构性改革可以不断丰富产品供给,但如何培育体育消费,促进消费升级是接下来的重点。体育消费释放,大家一直认为是体育产业高质量发展的基石,服务业结构的转化,更要考虑需求。③ 但深层次上,体育产业发展的"民情""文化"土壤及氛围如何创造? 这也成为难题。所以,体育产业要实现高质量发展,最基本的还是要激发居民的消费潜能。民众体育消费认知不够和意识不强是我国体育产业发展的极大制约。当下,拉动经济发展的"三驾马车"中,"投资"和"出口"失去效力,"消费"被寄予厚望,"消费"应当与"供给侧改革"配合,做出应有的新贡献。最后,体育服务业的参与感与体验感,是其他一般产业无法比拟的,因此,体育产业作为未来的幸福产业,怎样高质量发展? 期盼学者们贡献智慧。④

---

① 任波,戴俊,夏成前,徐磊.中国体育产业结构的内涵解析与供给侧优化[J].北京体育大学学报,2018,41(04):16-23.

② 孙文树.体育强国:城市体育高质量发展的理论与实践——"落实十九届五中全会体育强国精神建言献策双向交流会"学术综述[J].体育与科学,2021,42(01):6-11.

③ 陈林会.我国体育产业高质量发展的结构升级与政策保障研究[J].成都体育学院学报,2019,45(04):8-14+127.

④ 程林林,李秦宇,陈鸥.我国体育经济"学术流派"的由来与现状解构:兼论中国体育产业的高质量发展[J].成都体育学院学报,2019,45(04):1-7+133.

第二节 我国体育消费实践中的
悖论事实及社会学分析

今日,体育赛事是体育产业发展中最为重要的核心产业。许多流行的体育项目深受观众及爱好者的追捧,2018年俄罗斯世界杯就是活生生的例子,64场比赛的受众人数已达300多万,门票收入据统计已超5亿多美元。[①] 体育赛事的巨大经济收益不可忽略。与20世纪90年代相比,时下中国的经济发展取得了有目共睹的巨大进步,但大众的体育消费结构并没有实质上的改变,尤其参与型和观赏型消费明显起色不大,这已成为我国体育产业发展和体育消费市场中的瓶颈问题。[②③]

国内对体育消费议题的相关研究中,研究者通过经济学,一般从两个方面进行具体分析,一是体育项目、供给市场管理及从业人员素质等供给方面,二是受众的收入和支出能力、价值取向、欣赏水平、文化程度、闲暇时间、消费动机、所处文化环境等需求方面。这两大方面的研究,得出对体育观众影响最大,心理学术语中的消费动机研究,更为流行。[④⑤⑥⑦] 但社会学研究一致认为,观赏性体育消费,其实是一种文化的体验,[⑧]更是一种实践技能。[⑨] 布迪厄的文化消费研究中更是强调,所谓的体育消费,表面上看是对体育项目的花费支出,其实是个人"惯习"的行为表现,它是一个人生活中价值观的体现,更是其生活方式的映射,甚至是实现社会区隔特有的象征形式。[⑩] 换句话说,体育消费不仅

[①] 数据来源:https://www.fifa.com/worldcup & http://welcome2018.com.

[②] 江小涓,等.体育产业的经济学分析:国际经验及中国案例[M].北京:中信出版社,2018.

[③] 刘米娜.谁去现场观看体育比赛?——城镇化进程中现场观赏型体育消费的阶层分析[J].体育与科学,2019,40(5):84-96.

[④] 骆秉全,孙文.北京市不同家庭类型体育消费特征研究[J].体育科学,2008,28(11):22-29.

[⑤] 张立新.对我国消费者现场观赛影响因素的初探——以全国排球联赛为例[J].体育科研,2014,35(2):90-92.

[⑥] 赵胜国,金涛,邰崇禧.中小城市不同类型体育人口的体育消费特征[J].上海体育学院学报,2016,40(5):42-49.

[⑦] 谢劲,孙楠.体育观众观赏运动竞赛动机研究[J].北京体育大学学报,2017(3):32-37.

[⑧] Getz D. Event Management and Event Tourism[M]. New York: Cognizant Communication Corporation, 1997.

[⑨] Crawford G. Consuming sport: Fans, sport and culture[M]. london & New York: Routledge, 2004.

[⑩] Bourdieu P. Distinction: A social critique of the judgement of taste[M]. Cambridge: Harvard University Press, 1984.

是个人对体育项目本身的兴趣使然,更能够反映社会结构中的阶层区隔。

就时下中国体育消费的群体而言,城乡群体之间在价值观和生活方式上存在巨大差异。尽管城镇化多年,但区域公共服务供给还是相差甚大,不平等的问题依然层出不穷。① 刘米娜的跟踪研究表明,在体育消费研究中,中国的社会分层以及区域差异都必须考虑在内,中国个体消费行为一直受到区域各类资源供给差异的限制。②③ 彭大松更是在研究体育锻炼分层时提出,区域的维度必须考虑在内。在中国,就是个体体育锻炼行为,也深受环境资源的制约,但所谓的环境资源,都根系于地域性的异同。④ 关于这一议题的研究,从国内过往的讨论来看,都是将全国视为同质体,不考虑地域文化的差异,这样的经验研究过于片面,容易失之偏颇。尤其体育消费研究,不能对中国民众的多元化及分层现象视而不见,要更重视地域差异。在中国整个的城镇化进程中,对体育消费进行研究,不仅要揭示出现阶段中国民众体育消费行为的影响机制,还要深入探讨其背后阶层的分化和不平等问题。因为体育消费本来就是涉及跨学科的一个研究议题。⑤

依据布迪厄的研究,社会阶层依赖于三个维度:第一,获得的资本总量,有经济资本、文化资本或社会资本三种形式。第二,资本不同形式的构成。第三,它们的关系随着时间怎么变化。在经济、社会和文化资本之间的区分构成了一套社会化的独特品位、技巧、知识和实践,它们在文化对象下被具体化,作为隐性的实践知识、技巧和性情被体现出来。这种技巧、知识、实践现象体现为感情、思想和行动的途径,布迪厄将之称为"惯习"。其实社会世界相对有许多自治的领域构成,包括政治、教育、艺术和体育。在任何一个领域,文化资本呈现出一种独特的形式,在一个相应的消费领域被制定出来。这里文化资本转化成品位和消费实践,而品位专指表现出来的偏好。在商品和实践的分类里,品位和消费实践的习惯构建了生活方式,这样,生活方式就是惯习的体系化产物,是社会化赋予的符号系统。⑥⑦ 在此理论论域中,布迪厄认为,体育消

---

① 蒋丽,李锋,方健雯.城镇化能提升居民幸福感吗?——基于区域和个体层面的多层模型研究[J].公共行政评论,2017(6):111-126.

② 刘米娜.谁去现场观看体育比赛?——城镇化进程中现场观赏型体育消费的阶层分析[J].体育与科学,2019,40(5):84-96.

③ 梁玉成.现代化转型与市场转型混合效应的分解——市场转型研究的年龄、时期和世代效应模型[J].社会学研究,2007(4):93-117.

④ 彭大松.体育锻炼中的社会分层:现象、机制与思考[J].体育科学,2012,32(5):24-33.

⑤ 陈华,吕树庭.社会分层——体育消费研究的一个新视角[J].体育学刊,2007,14(1):134-137.

⑥ Bourdieu P. Social Space and Symbolic Power[J]. Sociological Theory, 1989, 7(1):14-25.

⑦ Bourdieu P. Sport and Social Class[J]. Information(International Social Science Council), 1978, 17(6):819-840.

费,除了有经济基础作为保证,更是一组文化的日常实践,它区隔众人的各类身份,生活方式不同建构并突出了阶层地位的不同。[1]

历史上,运动中的行为参与已经构成了两种不同的现象:① 直接参与体育项目比赛或身体锻炼活动;② 作为观赏者角色的体育消费,如通过电视观赏(被动的)或在体育场(主动的)。从研究视角来看,前者与后者相比受到了社会科学研究者更多的关注,可实际上,而有关体育观赏的社会科学研究还是十分有限的,虽然全世界体育观赏在稳步发展。目前的研究通常仅辨别出两种积极体育观赏的形式:正常的观赏(Curtis and Milton, 1976; Shamir and Ruskin, 1984; White and Wilson, 1999)和更加投入的或疯狂的球迷行为(Laurie and Arnett, 2000; Madrigal, 1995)。Christer Thrane 的研究中集中于前种类型的体育观赏,更甚者遵从 Holt 的研究,把体育观赏作为一种消费形式。根据 Holt 的研究,可以用四种象征将体育观赏描述为一种消费行为,包括经历、融合、归类和互动。比如,当参加一场足球比赛时,人们有对这场比赛意义的理解,并通过各种各样主观的方式回应它(经历);比赛和相关的球队通常是观赏者自我身份认同的重要构成(融合);比赛强调了这两支球队各自支持者的区别("我们"和"他们")(归类);比赛中与其他支持者的互动(互动)。

像上面提到的,体育参与的研究明显比体育观赏的多,结果,体育参与的决定因素要比体育观赏的决定因素更容易理解。在这样的背景下,Christer Thrane 的研究目标是增加对体育观赏理解的研究。

传统上,大量经验性分析已经寻找到验证不同收入阶层的因素,如教育选择、社会流动、健康和政治偏好。近年来,思考到西方世界日益提升的收入,社会学已经把注意力从阶层和生产的研究视角转向与消费相关的现象。在这方面,社会学家关注社会分层,尤其以阶层为导向的社会学家已经开始仔细研究阶层和消费模式之间的可能联系。当把阶层和消费联系起来时,大部分作者都以布迪厄的著作作为他们观点的支撑。布迪厄最著名的书《区隔:品味判断的一个社会标准》在体育这一章节,"体育和社会阶层"主题已经受到了大量的关注。

对布迪厄而言,这个词条"体育的场域"至少有两层意义。第一,人们往往能区分出其他人的品位,但是这些带有区分性的实践也区别出了他们自己。第二,体育场域也是一个市场,在这里体育产品的供给是用来满足消费者的需

---

[1] Bourdieu P. Distinction: A social critique of the judgement of taste[M]. Cambridge: Harvard University Press, 1984.

求的(Bourdieu,1978)。布迪厄在这方面的主要贡献是给出了关于人们是怎样生成对体育产品的不同偏好和品味详尽的评论。在这方面,他尤其集中两个概念:阶层和惯习(生存心态)。依据布迪厄的研究,人们部分地形成了对体育产品的不同品味,那是一般性的生活方式,尤其体育风格,它是以阶层为基础形成的。然而,对布迪厄而言,这在一个唯物决定论的环境中不会发生,也不是人们自我意愿的产物。而且,来自不同阶层的人们通过不同的社会化形成了一套不同的性情系统——惯习。通常意义上,惯习是一套具身化的内部再结构的结构,但是它不决定行动、思想和感情(Maguire,1994)。这样,惯习可能被认为是一套解释性的机制。因此,在生活方式和体育风格上的不同部分是不同惯习的产物,而不同惯习则是不同社会背景的产物,在相应的举止上,来自同一社会背景的人们往往形成相似的惯习,紧接着这样的惯习能在相似的生活方式和体育风格上表现出他们自己。

体育消费属于文化消费行为,消费行为背后都是一种社会结构镜像的呈现,不同群体或阶层的消费选择和意愿实际上不一样,从现有的体育消费和行为选择来看,其实阶层的引领起着至关重要的作用。从学者研究实践出发阐释,改革开放以来社会分层和分化更加严峻,也更加冲突化,社会结构出现了更多的矛盾和张力。体育参与和消费行为也是社会结构镜像的客观反映,中国现有的社会结构体系里到底谁在引导社会体育的消费呢?如,2018年"双11"阿里的体育消费量占所有消费的2.8%,像马拉松或者户外越野等高端体育消费,实际上都有中产阶级[1]在推动。国内对中产的衡量和测定没有公允的标准,体育消费的阶层划分也并没有像马克思和韦伯所划分的阶层那样明晰,大多数研究忽略了体育消费与体育文化引导中社会阶层"二八倒置"[2]的影响因素。2017年广东清远举办马拉松赛,当时有2万人参赛,结果接受救治的达到12 000多人,因为主办方当时提供了三样东西,肥皂、水和能量棒。这些都是进口的东西,国内很多民众竟然把肥皂当成食品吃掉了。而一个职业的马拉松参与者,面对跑步过程中供给的这些东西,哪个是清洁用品,哪个是食品,他应当完全能够区分。这种现象背后凸显的是一种跟风心理,体育消费实际

---

[1] 陆学艺.当代中国社会阶层[M].北京:中国社会科学出版社,2018.
中产阶级和中产阶层的区分:在当前有关阶级阶层问题的争论中,有一种误导性的说法,即认为采用"阶级"一词意味着坚持马克思主义理论,而采用"阶层"一词则似乎是非马克思主义的观点。实际上,在大多数英文文献的有关论述中,并不存在"阶级"与"阶层"两个概念的明显区别,大多数理论家都采用同一个词——"class",它既可以被译成"阶级",也可以被译成"阶层"。

[2] 陆学艺.当代中国社会阶层[M].北京:中国社会科学出版社,2018.

上有中产阶级引导的"体育文化麦当劳化"的倾向。此外,我们实际上也没有界定好"中产"这个词。民间有种说法很生动,中产就是所谓的"五个一工程",要"城里有一套房,郊区有一栋别墅,有一百万的存款,有一辆豪车,最为重要的是,还要有一个红颜知己",这是民间对中产阶层的界定。然而现实来讲,这样的人才是高端消费主流,才是推动体育文化"再生产"的人。访谈中王智慧认为,做这样的研究中也没有必要做大规模的分析,着重体现现象背后的机制和理论价值才是研究的亮点所在。另外,还要对中国社会分化逻辑、社会分层与体育行为关系展开研究。从现有消费的研究来看,大部分是对于凡勃仑、布迪厄、鲍德里亚等的理论的脉络研究,针对体育消费行为背后的经济、资本以及由此导致的阶层区隔仍需要进一步研究,这也是当前社会背景下所需要的。

  访谈的过程中,体育产业研究专家程林林继续补充,他也读过中国社会科学院的陆学艺团队在《当代中国社会阶层研究报告》中做的中国社会阶层分析,这个项目对当前社会的阶层变化做了总体分析,提出了以职业分类为基础,以组织资源、经济资源、文化资源占有状况作为划分社会阶层的标准。报告中把当今中国的社会群体划分为十个阶层,并对每个阶层的地位、特征和数量做了界定[1]。程林林建议研究对象划分以这个报告做的一个人群分类为依据,在人群分类里再做一个性别或者年龄的划分,这是一个成熟的中国社会阶层分类,以此为基础再放进不同的体育场景里。

  国内学者刘米娜的研究提出,布迪厄关于阶层、惯习、品味区隔和体育消费理论及后期的实证研究,都是立足于当代欧美发达社会特质,在欧美关于这方面的研究尽管出现了很大的差异,但不能否认布迪厄体育消费理论的强大理论解释力,即社会阶层是一个动态空间组合体,这里面涵盖由经济、文化和社会资本总量、结构等,并与惯习、品味形成一个持久的、可转换的行为性情系统[2]。但在访谈中,王智慧认为对人运动行为的分析,实际上这是当前体育学研究的一个空缺,也是一个关键的问题。人的行为是在客观的社会结构和人的心智结构双重作用下得以塑造的。实际上,在布迪厄看来,惯习来源于行动者既往所处的社会历史条件,他的整个社会理论强调社会大世界由诸多社会小世界构成,小世界就是场域。通过布迪厄的实践社会学理论,我们对实践以及实践与社会之间的关系获得了一种新的认识,他的理论核心应该是惯习引导实践—实践

---

[1] 陆学艺.当代中国社会阶层[M].北京:中国社会科学出版社,2018.
[2] 刘米娜.谁去现场观看体育比赛?——城镇化进程中现场观赏型体育消费的阶层分析[J].体育与科学,2019,40(5):84-96.

再生产构建场域—场域塑造惯习—惯习引导实践进而形成的循环互构逻辑。其实布迪厄的实践研究也不具有完全的创新性。韦伯(Max Weber)构建的人的社会行动模型,就包括工具、价值、传统行动和情感行动,这些行动模型之间存在着错综复杂的亲和关系。[①] 按照布迪厄的理论,场域由人的实践活动构建,实践活动又是在惯习引导下展开的,最终还是要回到惯习的来源之中。后续学界认为布迪厄的理论陷入了决定论的弊端,当然布迪厄自己也做出了一些澄清和否认。他说,自己的实践理论强调了惯习在结构和实践中的中介作用,同时自己并没有否定惯习的可变性。[②] 布迪厄的理论能否适用或是合理,取决于"人的行动都是由惯习来支配"这一命题是否经住检验[③]。因此,研究中所强调的运动行为志研究,对人的消费惯习研究最为关键,即人的主观能动性作用到底有多大,这是该项研究的核心问题,实际上消费行为与人的主观能动性的研究要远远大于社会历史背景里的宏观历史文本梳理,也就是说个体的消费行为才是研究的核心问题,是对既往理论所产生突破的一个关键。

另外,新时代中国体育消费行为与体育文化的自觉、自信有密切的关系,在整个中国的发展历程中,每个历史阶段的体育文化认知和消费行为都有不同的表现,也就是说,它会形成不同阶段的社会心态。这种社会心态的形成,从宏观上来看要具备突生性、可变性和宏观性三个特征。社会发展实践中,体育文化的发展演进不可能完全脱离顶层设计和制度的影响,但在中国社会中体育的消费也具有特殊性,它不仅反映了一段时期内社会结构的镜像,同时也反映了社会心理或者整个民众社会心态的走向,表现为体育参与的项目选择与社会分层具有高度的相关性。有一个比较有趣的现象,曾经一段时期内,领导干部参加活动首先要打网球,因为打网球曾经是彰显身份和地位的象征,后来发展成高尔夫,现在竟然成了"跑马",马拉松也成为彰显身份、地位和形象的象征,有人统计过参加全球10次比较典型的马拉松比赛要花费大约几百万的费用。为什么说身体规训和自我约束成为符号消费?王智慧认为,戈夫曼的理论给我们一种启示,戈夫曼在《日常生活中的自我呈现》里面提到印象整饰,[④]在体育参与过程中,实际上也彰显了"台前"和"台后"的区别,体育文化被建构成多元符码操持,健身消费实践中追求的天鹅臂、人鱼线、马甲线以及公狗腰等就证明了这一点。在追求这些符码消费的同时,又看与之相匹配的饮

---

① 苏国勋.理性化极其限制——韦伯思想引论[M].上海:上海人民出版社,1988.
② 高宣扬.布迪厄的社会理论[M].上海:同济大学出版社,2004.
③ 谢立中.布迪厄实践理论再审视[J].北京大学学报(哲学社会科学版),2019,(2):146-158.
④ 欧文·戈夫曼.日常生活中的自我呈现[M].冯钢,译.北京:北京大学出版社,2008.

食或者身体行为被制造来做支撑,那么这能说参与者都是发自文化自觉地来参与消费吗?当然不是,如果去做深入研究,其中的原因肯定是复杂的,包括社会交往多元化、身体符号化以及身体工具化的倾向。健康、阳光的形象在彰显阶层和地位的同时,也会给社会交往带来一种积极的影响。据统计,整个2018年国内平均每天举办4.7场马拉松赛,这能够说明中国所有人都喜欢马拉松吗?答案是否定的。这反映了一种社会文化现象,正如楼宇烈先生在《中华文化的根本精神》所讲的,中华文化的优点是它接受外来新鲜事物的能力比较强,其缺点同样也是如此。实际上这跟信仰有一定的关系,一般来说,一神信仰中文化融入是很难的,而中华文化是多神信仰,于是佛教、伊斯兰教等都可以融入进来,中华文化就像水一样接纳它们、包容他们[①]。此外,在疫情期间兴起的居家健身潮以及体育参与的消费行为也同样值得我们关注。这时,身体锻炼与免疫力提升发生了高度的关联,通过体育锻炼来提高免疫力成为应对共识性危机的手段,但是相当多的民众对运动后恢复以及运动负荷窗口期的免疫力变化曲线缺乏理性认知。于是盲目锻炼、过度锻炼等现象也在不断出现,这在一定程度上反映了民众身体认知以及体育知识的缺失,这些同样是值得深入研究和解决的问题。

此外,在体育发展的实践中面对社会变迁和全球化浪潮,王智慧认为以农耕业文明为基础的体育文化形式并不能引领整个世界的体育文化走向,同样以工商业文明为主体建构的西方体育文化也不是全球体育文化发展所追求的终极目标。问题的关键在于体育文化的创新与再生产。对于中国体育文化而言,就是要在保留文化基因的前提下践行文化的发明、积累、传播与调适的过程。因此,揭示社会个体体育参与行为的影响机制,规避由传统与现代二元套嵌叠加所衍生的体育发展风险,探寻新时代具有中国特色的体育发展之路,推进国家体育治理能力和治理体系现代化,是研究体育文化和体育消费行为走向的重要前提。需要指出的是,不是说我们引领世界,而是要涵养理性平和的社会心态和体育消费价值观,更要形成具有自觉、自信的体育文化态势。实现这一目标的逻辑应该是文化决定制度,制度决定观念,观念体现价值,价值决定心态,心态涵养文化。这同样也是一个循环往复、不断互构的社会运行逻辑过程。然而,现实的中国体育治理在上述逻辑的生成和运行的环节还存在脱节或者缺失的地方,这正是新时代体育研究的目标和价值向度。

---

① 楼宇烈.中华文化的根本精神[M].北京:中华书局,2016.

第三节 体育技能形成的社会建构

一般而言,技能在惯常的话语体系中,无论是学术话语还是政策话语,多是作为人力资本的构成而存在,并嵌入到经济生产活动中。因此,经济学研究经常将技能视为"经济增长的引擎"。伴随着人力资本理论取得大家的认同,在宏观经济学领域,技能也就慢慢退隐在后,反而在人力资源管理的范畴内得到显现。在此理论架构中,技能形成事实上属于企业组织或者社会个体的一种投资选择策略。从社会学的研究视野来看,社会学界的专家将之认定为一种劳动能力,一般对技能的分析一定是在劳动关系的结构中讨论。技能,放置在劳动关系中,是使用者的工具性存在;技能也可以被使用者反用来作为对抗资本的依靠。通过技能或者技能组织,产业工人以此来维持劳动过程的安全,强化对生产过程的控制权,并作为与资本谈判斗争的筹码。至此,技能具有强烈的社会色彩。不过,随着福特主义和泰勒制的盛行,生产劳动过程的去技能化和客观化基本上成为社会学尤其是经典马克思主义劳动过程理论的一个共识性判断,技能分析在社会学甚至在劳工社会学理论框架中已然被边缘化了。[①] 由此可以理解,随着体育市场化、商业化及职业化的发展,体育技能形成过程逐渐外化为青少年在教育体系中的内容及竞技训练,体育产业化过程中的技能形成行动多作为一种"技术黑箱"而无法被研究者观察与分析。如果我们仅从教育学领域来理解体育技能,体育技能也只能是经过系统学习及训练后的结果。它更多反映出,微观层面教师与学生、教与学双向交流的过程。显然,在教育学理论框架,技能是专业教学及训练实践行动,而与体育技能形成密切相关的制度基础、产业结构以及社会环境等议题并没有进入分析的视野。

近些年,技术迅猛发展,新兴业态兴起,带动了巨大的经济社会结构变化。当下体教融合讨论热烈,相关的技能议题也不断重新回到学界分析视野。从本书稿前面章节的分析可知,国家强调创新发展体育产业,以此推动中国体育产业的可持续高质量发展。在今天,国家政策话语是从技术型、创新型高素质体教融合人才的培养、健康中国、体育强国、文化强国战略实施与支撑以及体

[①] 王星.走向技能社会:国家技能形成体系与产业工人技能形成[M].北京:中国工人出版社,2021.

育产业高质量发展几个层面来定位的。为应对经济发展的复杂局面,国家提出新常态、供给侧改革、一带一路、双循环等措施。所以,体育产业供给侧改革,需要兼顾两端:① 需求端。大力促进消费结构升级、优化资源配置、促进公共体育服务均等化等;② 供给端。促进育产业政策、放管服改革、运动项目产品等的供给及多元化资本要素供给的多元化等。[①] 十九届五中全会强调,"加快构建以国内大循环为主体、国内国际'双循环'的新发展格局,时下体育产业高质量发展成为研究热点。"[②]事实上,无论外界环境如何变化,体育产业的发展方式与产业结构始终是核心问题。随之在学术领域,从体育产业高质量发展的基本认知、内涵界定、历史基础、现实考量、理论依据,发展困境、影响因素分析及路径选择等议题[③]逐渐成为新的研究热点。笔者由此认识到,"技能带回"可以提到理论的高度,这本身对产业、经济社会学方面的开拓,以及教育学乃至人力资本理论的研究深入等都具有积极的价值意义。

由上可知,体育技能,低层次上,我们看到的是一种技能习得,但展开来看,它本身又蕴含着社会公共品的强烈色彩;它既是强身健体的工具,同时也是国家经济增长的引擎;它既是人群社会流动和社会地位获得的载体,也是国家竞争优势达成的核心要素之一。技能形成既是一种人力资本投资选择,也是社会融入的一种努力。[④] 所以说,技能形成政策,既可以从经济政策方面来讨论,也可以从社会政策的角度介入进行探究。然而,我国体育产业的发展中,依然存在如下问题。

（1）职业体育与群众、竞技体育之间割裂。参照西方职业体育成功的经验,职业体育产业是一种制度选择的结果,它扎根于大众体育发展。如彭国强的研究所言,美国竞技体育、大众体育产业及体育教育强国的成长同样具有不平衡性,但美国在体育产业的承续上却具有较好延续性。[⑤] 而在中国,职业体育发展,过分强调市场,远离社会,职业体育产业与群众、竞技体育之间不能整

---

① 任波,戴俊,黄海燕.中国体育产业供给侧结构性矛盾与改革路径[J].天津体育学院学报,2018,33(05):407-411.

② 刘鹤.加快构建以国内大循环为主体、国内国际双循环相互促进的新发展格局(学习贯彻党的十九届五中全会精神)[EB/OL].(2020-11-25).http://cpc.people.com.cn/n1/2020/1125/c64094-31944011.html

③ 张宇婷,焦素花.中国体育产业高质量发展研究进展[J].南京体育学院学报,2022,21(07):42-49.

④ 王星.从技能经济学到技能社会学:技能形成研究的多元面向[J].社会学评论,2022,10(04):33-53.

⑤ 彭国强,等.国家生命周期视阈下美国的体育强国成长特征与启示[J].体育与科学,2022,43(03):14-23.

体上协调一致。

（2）自身职业体育产业发展中的结构性问题难以解决。时下,我国职业体育发展时间短,自身不够成熟,再加上西方职业体育现成经验的推广及发展挤压,呈现出三个不同阶段的发展势态。① 人才培养及运行机制的初级阶段。② 运动赛事的商业化操作,基本处于中级阶段。③ 国内体育消费状况,基本可以判断为高级阶段。其后果,就是中国职业体育发展结构性矛盾不断显现。①

（3）改革难度相对大。在我国职业体育改革基本依赖于政府自上而下的推进,实践中,经常出现"上有政策、下有对策"的执行偏差,而使政府时常处于两难窘境。

这些问题的出现从反面也印证了,中国职业体育产业市场的多面性及复杂性,而要摆脱发展困局,不能一味照搬西方职业体育市场演化路径,还需要探解职业体育发展的中国路径。由此可以说,技能形成是关乎行动者的一种投资选择行为,而在此基础上形成的技能经济则是一种奠基于技能产权领域上的行为选择样态,由此产生了诸多制度安排,并对经济增长产生了直接影响。

第四节 制度中的历史:制度变迁再思

笔者没有效仿目前大多数研究的做法将制度变迁划分为几个流派,因为这样的研究行为只能会使各流派的研究观点彼此对立。相反,笔者在现有各流派研究的基础上,区分出制度本身的双重性特点,并有意识地消除人为造成的研究区隔,从整体上对制度变迁理论重新审视。历史对于我们而言,非常重要,它的重要性不仅在于我们可以从历史中积累经验、获取知识,关键在于人在过程中的参与,它把现实、历史与未来耦合在一起,现在的制度是过去制度历史的塑造,我们也只能在制度演化的过程中理解过去与现在。将制度整合到经济理论与经济史的分析中去,是改进二者最重要的步骤之一。

从制度的有效性出发,对制度的根源进行阐释,这是功能论的中心思想,这对于我们了解制度演变具有重大的现实意义。然而,这一解释的出发点在

---

① 张兵.经济社会学视域下中国职业体育市场生成逻辑及发展策略选择[J].体育科学,2017,37(07):10-16.

于"制度已定",而无法追溯到制度产生以前的历史中来探究其原因,逻辑上存在着一个很大的反转——从现存的制度设定中,反向推理出这个制度是怎样被(或已被)理性选择的。这种解释的有效性取决于一个条件,即参与者必须了解制度的有效性,并知道如何计算制度的得失。然而,在现实生活中,人们却很难掌握宏观社会的效益和成本,即便行为体可以作出评判,但评判的标准也是多种多样的,而且还受到文化环境、风俗习惯、意识形态等诸多因素的影响。关键这一论证,仍然不能说明制度中的历史无效情况,换句话说,制度的意想不到的后果和制度的结果的多样性,使我们无法理所当然地认为,倘若系统的现行效力和它的初始动机是有必要联系的。那么,制度究竟是怎样产生和演变的呢?如 Pierson 强调的,我们"有必要回到历史中,从中探寻谜底"。

一、制度源起中"历史"的理解

制度主义者对于制度的理解非常强调"结构—行动"的角度。在回答"制度是怎样影响行为的"这个问题时,各个制度流派都尝试把制度作为中介变量,把动机和结果、行动和秩序、意义和效率联系起来。由此,我们可以建立一个关于社会世界的认识的理论框架。但即便如此,关于制度的定义也有很多种不同的解释。[①]王星把制度划分为两个类别:① "制度"就是在功能层面上对规则的强调。那么,这里的制度被理解为"个人有目的行动达成的保障之结果。"[②]具体内容包括"法律法规、规章制度以及非正式的规范、习俗等。"[③]② "作为信念的制度",这里从嵌入性来理解制度本身。制度不一定出自有理性的设计,相反它是行动互动交织的产物,具体内容主要包括"互动中的共识性信念、认同等。"[④]王星认为,在实践中,"作为规则的制度"与"作为信念的制度"表现为一体两面,并不是互为排斥,这是制度二重性的基本反映。[⑤]

尽管"作为规则的制度"理论,要求我们不要把"制度根源"和"制度职能"

[①] 沃尔特·W·鲍威尔,保罗·J·迪马吉奥.组织分析的新制度主义[M].姚伟,译.上海:上海人民出版社,2008.
[②] 沃尔特·W·鲍威尔,保罗·J·迪马吉奥.组织分析的新制度主义[M].姚伟,译.上海:上海人民出版社,2008.
[③] 道格拉斯·C·诺斯.经济史中的结构与变迁[M].陈郁,等译.上海:上海人民出版社,1994.
[④] 弗兰克·道宾.打造产业政策[M].张网成,等译.上海:上海人民出版社,2008.
[⑤] 王星.技能形成的社会建构——中国工厂师徒制变迁历程的社会学分析[M].北京:社会科学文献出版社,2014.

相混淆。① 突破"作为规则的制度"理论中,从功能主义的角度看,打破"作为规则的制度"理论的重要性,这对于我们思考制度移植会遇到的适应问题,有很大的帮助。正如上面提到的,在"作为信念的制度"的学说中,制度就是一种关系,这是一种类似于规则理论的契约关系,或者说,是一种"角色关系"。② 它可以是行动者和制度的相互作用,也可以是行动者之间和制度之间的相互作用。格雷夫根据这一互动关系,将系统的构建分为三个阶段:① 行动者对基本的制度要素作出响应。在此阶段,行动者将制度要素转化为认知信息,与现有认知进行比较、吸收和综合,获得新的信息;② 鼓励其他行动者制作这些制度要素。在此过程中,行动者散布认知信息,经过二次筛选甚至是竞争,形成共同的知识。③ 制度因素导致新举措产生。在此阶段,制度所体现的行动规则功能性得以形塑。换句话说,制度起源是一个过程。这个过程实际上是制度化过程的重要构成,但是只有把制度变成一种信念,制度的工具性效用才能真正发挥作用。因此,"作为信念的制度"的信念就是建立在行动者意图和制度结果之间的交流的桥梁。

在此基础上,有学者认为,制度是特定的事件与政治斗争的结果,归纳为两方面:① 制度创造是一种信念和认识的重新建构,而不是一种效率的实现;② 在制度建立之后,无论在文本制度的生成过程中,还是在制度形成之后,都会成为矛盾的中心,都涉及各种利益相关方(群体或个人)。布迪厄的"场域",是由这些利益团体和他们所面对的行为环境组成的。制度的由来,产生于"场域",而在场域中的制度参与者,一般可以分为两种理想的角色:制度的施动者和制度的受动者,可以实现角色之间的转变,在系统建立之后,制度的施动者将会是制度的受动者,而制度的受动者可以通过利益联盟转化为新的制度的助推剂。但是,不管是制度的施动者,还是制度的受动者,在面对这种抉择时,都会从历史的或者相似的情境中汲取经验,"并以普遍的社会行为规范作为参考框架",这就产生吉登斯所说的结构化过程:① 在同一场域中,行动者的互动作用显著增强;② 在场域中,行动者之间形成了统领地位或联盟;③ 行动者间的沟通大幅增长;④ 行动者彼此都对对方的存在有了清晰的认识。在场域中,通过复杂的结构化进程,制度将格雷夫所谓的"制度化"完成,形成了一个由场域行动者共同分享的制度,这样,制度就形成了,并且形成了一种社会秩序。总之,在各个历史阶段,各种行动者的力量交织在一起,他们之间,经常发

---

① 凯瑟琳·西伦.制度是如何演化的[M].王星,译.上海:上海人民出版社,2010.
② 豪尔,泰勒.政治科学与三个新制度主义流派[M].何俊志,等译.天津:天津人民出版社,2007.

生冲突和抗衡,行动者的利益需要集中在特定的制度设计中,因而在历史上形成行动者的偏好,这不仅会对制度的建立产生影响,而且也会建构制度演进的轨迹。

二、回到历史:路径依赖与制度匹配

我们之所以必然要突破制度变迁研究中个人主义的方法论立场,反思制度由起源到重构的复杂变迁过程,其实是因为制度被解读为一种建构过程。正如周雪光所言,"制度变迁是一个多重过程,且需要时间。时间是理解一切制度变迁的重要维度。"[①]不过,笔者想表达的"历史"并不只是时间元素的理解,更多指的是将制度变迁放置入一种历时性的"过程观察"。具体而言,有三层含义:① 制度变迁的路径选择,首先是镶嵌于历史脉络。制度变迁起点的定位,不能静态地下结论,认为是制度变迁的某个"关键转折时刻",而需要回溯到"前变迁"的历史脉络。② 制度变迁是"各方力量最后斗争的结果,而不是所谓的来自理性设计"。[②] 所以说,围绕制度而展开冲突与合作最终构成了关系复杂交织的历史过程,内容丰富的制度变迁历史图式是行动者联盟力量的惯常选择。③ 制度行动者偏好并非先验于历史存在,而来自历史的建构,偏好是真实具体的,行动者对目标与利益的认知与界定会被一定时空条件下的经济、政治以及意识形态等制度性因素所塑造。[③] "偏好一致性"假设基础上的制度变迁理论(如理性选择主义)在历史上已被验证无法有效解释很多问题。

路径依赖理论者认为,需要深思的是历史因素在制度变迁中的重要性,突出那种"不可逆转的自我强化趋势"在既定制度体系中的存在。[④] 任何制度都不能离开历史文化的嵌入性,路径依赖强调的是历史联结起了现实、未来,尤其是"制度遗留"(institutional legacies),对现实中的创新及行动模式起着重要的牵绊作用。之所以说它在各国发展模式多样性及制度韧性等问题上具有较强的解释力,是由于路径依赖理论可将历史带入制度变迁过程之中,驳斥那种

[①] 周雪光.一叶知秋:从一个乡镇村庄选举看中国社会的制度变迁[J].社会 2009,29(3):1-23+224.

[②] 周雪光.一叶知秋:从一个乡镇村庄选举看中国社会的制度变迁[J].社会,2009,29(3):1-23+224.

[③] 王星.技能形成的社会建构——中国工厂师徒制变迁历程的社会学分析[M].北京:社会科学文献出版社,2014.

[④] 道格拉斯·C·诺斯.《制度、制度变迁与经济绩效》[M].杭行,译.上海:上海人民出版社,2008.

认为制度变迁过程中"真实的时间和历史是可以忽略"的论点。① 路径依赖强调历史秩序,当前的制度创新受到历史因素的制约,但制度仍然是行为人选择的既定规则,但它将行为规则的作用追溯到"前变迁"。这样自然而然地产生了一个不可忽视的事实是,在长期的制度变迁中存在许多路径依赖现象,但也存在制度变异现象,甚至两种变迁现象混杂在一起。理论层面上,路径依赖僵硬地将二者分离,主观臆想地假设"突变"将会周期性地打破长期连续的制度,可问题是周期是什么?路径依赖理论仅仅用一个"关键转折时刻"作为答案,可"关键转折时刻"又该怎样界定?有学者认为路径依赖更多是抓住了制度再制(institution production)的逻辑,而非制度变迁(institution change)逻辑,可历史过程之于制度起源与演化的相关性与其之于制度再制的相关性是截然不同的。因为不同制度参与者对"关键转折时刻"的认知与判断不一致。最后,路径依赖理论宣称"历史是起作用的",却没能解释历史是如何起作用的。显而易见的是,过去的意识形态、价值观念以及认知模式对制度路径依赖确实是起作用的,可是抽象地讨论它们之间的相关性虽然有道理,却是空洞而无关痛痒的,如诺斯所言,"路径依赖的根源到底在哪里,路径依赖如何影响人类行为,我们其实并不了解。"②

固然路径依赖理论驳斥了制度变迁功能主义的观点,但不可否认的是制度变迁过程中依然存在大量的盲点,我们还需要去进一步阐释。在此基础上笔者引入"制度匹配"(institution complementarities),用这一概念试图深化制度变迁的研究。"制度匹配"最初是历史政治学中的概念,源于对资本主义多样性的研究。P. Hall 和 Daniel Gingerich 的研究数据已证明了制度体系之间相互匹配是存在的。他们提出,单看资本主义经济制度,它是一个综合体,其中,它涵盖的比如劳资关系、金融、职业教育以及培训体系及企业治理体系等所有制度安排,一般都是系统性地以各种方式嵌入在一起。笔者认为,这个概念不仅可以用于经济制度之间变迁互动关系的研究,它在体育产业制度变迁研究中同样具有解释力。

那么制度间匹配的方式,制度匹配与变迁的相关性又是怎样表现的呢?如上所述,"作为信念的制度"理论认为,制度功效发挥的前提是制度参与者的认可与接纳,制度的建构与革新是一种充满矛盾冲突及利益博弈的历史过程,

---

① 在这种"历史化约论"眼中,市场能够筛选掉那些低效率技术,任何一个技术体系,无论它缘起何处,都将会趋向于同一种(高效率)均衡状态。

② 科斯,等.制度、契约与组织——从新制度经济学角度的透视[M].刘刚,等译.上海:上海人民出版社,2003.

而不是瞬间爆发的。制度变迁是一些社会集团利益需求所致,而不是经济理性逻辑的自然推演,正如尼尔·弗雷格斯坦所言,制度场域中"挑战者"与"在位者"之间所发生的互动是制度变迁的动力。① 主导制度变迁的利益群体通过制度变迁,时常将自己的思想价值观、利益诉求纳入制度建设之中。换言之"某个群体或联盟在斗争中获胜",也可以是相互之间达成妥协与合作,这两种表现是社会群体之间不断的政治联合博弈的结果。这些政治联合博弈的形式形塑了制度的演化轨迹。

  由此可知,制度的匹配与制度的双重性密不可分,在制度匹配均衡状态中,制度可以约束行动者的行为选择,也可能转换角色,成为社会集团实现自身利益的工具和政治斗争焦点,前者是制度作为场域中行动者行动的规则的表现,后者是这种制度匹配均衡被打破的表现。正如 Thelen 所说,我们理解社会政治现实中制度作用形式及其功能历史变迁的关键是,制度依赖的不同政治群体力量的对比变化。制度变迁的历史可以表现为路径依赖。更重要的是,从时间线上看,社会集团的利益偏好的内容会随着历史的发展而产生变化,呈现出不同的分布。不同社会集团利益偏好分布的变化可能是外部冲击或内生冲击的结果。由此产生的利益政治行为不仅是建立新制度匹配的基础,也是打破原有制度匹配模式的动力。在制度匹配格局的建构过程中,促成了一个新制度,并构建了制度演化的路径与方向。因此,制度变迁过程,更多是"权力冲突"过程,而不是简单的"效率追求"过程,也不只是经济社会学所言的"合法性需要"过程,正如尼尔·弗雷格思坦所言,制度变迁从来"就是一个政治过程,而非一个有效过程"。②

  西方发达国家职业体育的成功运作,以及它对西方政治、经济及文化的影响,让我们看到,职业体育作为一种产业,已经超越体育本身,它不仅是体育领域呈现出来的现象,更是一种文化实践。时下,职业体育存在于全世界三分之一的国家。职业体育联盟作为一种组织形式,同时也是一种制度选择及制度安排。因此,在研究世界各国职业体育产业的竞争时,除了现象层面技术水平的竞争,我们更要关注和反思的应该是职业体育"制度安排"的竞争。③

---

① 尼尔·弗雷格斯坦.市场的结构[M].甄志宏,译.上海:上海人民出版社,2008.
② 尼尔·弗雷格斯坦.市场的结构[M].甄志宏,译.上海:上海人民出版社,2008.
③ 焦素花,焦现伟.浅析中国职业体育困境的根源[J].体育世界(学术版),2007,(06):16-18.

第八章　健康中国背景下的体育产业高质量发展思考

第一节　当前我国体育消费促进产业发展存在的问题

据林建君、从湖平的体育消费综述,体育消费可以分为以下三类:观赏型、实物型及参与型的体育消费。其中,观赏型的体育消费主要指民众对各类体育赛事、表演、展览等方面进行的消费支出;实物型方面的体育消费专指体育服装、运动器材、体育期刊书报等的购买性支出;参与型的体育消费包括范围相对较广,如各种体育活动的参与,甚至包括健身训练、体育健康医疗等。[①] 体育消费最终的目的是满足人的需求,因此它涉及两个主体,一是人的需要,二是体育产品的存在,两者互为主体,相互依赖。时下,体育消费主要体现为绿色、健康消费,在我国,目前它与旅游、文化、健康、养老、教育培训并称为"六大消费领域",发展潜力大,有利于扩大内需、带动就业,形成强大的国内市场,促进境外消费回流。但是,目前还存在发展不高的巨大问题,主要是因为体育消费结构单一、民众消费水平层次低、管理体制不健全等。体育消费作为人民群众日常生活的重要构成,对体育产业市场潜力的释放,有待进一步挖掘。

一、体育消费需求不足,影响体育产业扩大规模

体育消费需求不足是我国体育产业规模扩大的桎梏,而居民收入水平低

[①] 林建君,从湖平.我国体育消费研究综述[J].体育与科学,2001,(02):18-22.

则是我国体育消费发展的主要限制性因素,2022年3月,清华五道口体育研究中心携手多家数据研究院,公布了《中国城市体育消费报告》,对比城市体育消费指数和人均GDP数据,明显发现居民收入水平对体育消费支出的重要性。报告指出全国有19个城市现阶段体育消费规模可观,具有较大的增长潜力。通过进一步分析发现,人均收入和体育消费之间的关系并不是线性的,月收入低于平均水平的消费者会大幅削减其体育消费,尤其是体育服务消费。而我国体育消费与体育产业发展好的城市主要是一线城市,因为人均收入高,市民进行体育消费的意愿和能力强。在体育商品供给上,政府重视体育产业和消费发展,新型的体育产品服务和商业模式也往往先出现在这些头部城市,如北京、上海、广州、深圳、杭州等。

据国家统计局的数据显示,自党的十八大以来,经济迅速发展,全国居民2021年人均可支配收入为35 128元,城镇居民、农村居民人均可支配收入分别为47 412、18 931元,其比例为2.5。[①] 以家庭为单位来看,80%的家庭年收入在45 000元以下,中国仍有约8亿低收入家庭人口,主要分布在农村地区。

从居民人均消费支出来分析,通过国家统计局公布的相关数据可知,2021年全国居民人均消费支出为24 100元,人均食品烟酒、衣着、居住、生活用品及服务、交通通信、教育文化娱乐、医疗保健、其他用品及服务支出分别为7 178、1 419、5 641、1 423、3 156、2 599、2 115、569元,分别增长为12.2%、14.6%、8.2%、13.0%、14.3%、27.9%、14.8%、23.2%,在人均消费支出的比重中占比分别为29.8%、5.9%、23.4%、5.9%、13.1%、10.8%、8.8%、2.4%。[②]

分析以上数据可知,第一,我国低收入家庭人口占比较大,城乡收入差距明显,这种差距必然反映到体育消费上,造成全国仅有19个城市现阶段体育消费规模可观。这说明我国虽然已经实现了全民脱贫,全面建成小康社会,但是贫富差距明显,多数居民收入水平是被平均才跻身"中高水平",多数居民收入水平较低是体育消费需求不足、体育产业规模扩大受限的主要因素。第二,我国居民人均消费支出在衣食住行方面占据大头,约78.1%(人均消费前四项相加);在教育文化娱乐、其他用品及服务消费方面占比仅为13.2%,但增长更快,分别为27.9%和23.2%。这说明我国在全面建成小康社会后,文化娱乐和

---

① 国家统计局.居民收入水平较快增长生活质量取得显著提高——党的十八大以来经济社会发展成就系列报告之十九[EB/OL].(2022-10-11).http://www.stats.gov.cn/xxgk/jd/sjjd2020/202210/t20221011_1889192.html.

② 国家统计局.中华人民共和国2021年国民经济和社会发展统计公报[EB/OL].(2022-02-28).http://www.stats.gov.cn/tjsj/zxfb/202202/t20220227_1827960.html.

服务行业方面需求旺盛。反映在体育产业上,体育用品及相关产品制造业占比依然较高(如国家 2020 年体育产业数据显示体育用品及相关产品制造业占总产出的 44.9%),但体育产业发展增速有了很好的上升空间(根据国家体育总局副局长李颖川的反馈,从 2012 年至 2020 年,中国体育产业总规模和增加值年均增速分别达 14.1%和 16.6%)。随着我国经济进入新常态,居民收入水平的持续增加,我国体育消费潜力将加快释放,体育产业规模将稳定增长。

二、体育消费中场地设施的严重缺乏,影响体育产业全域和谐发展

我国体育场地设施短缺是影响体育消费的一个重要因素,因为政府公共体育服务资源供给中,产品供给的单一造成民众选择性的单一,无形中已经影响中国整个体育产业的全域和谐发展。体育场地是民众选择体育参与或锻炼的重要空间或场所,是体育产业发展中的重要物质基础,也是政府构建公共体育服务体系、改善民生的重要抓手。在体育设施的规划建设中,人口因素没有得到充分考虑,出现了场地少,消费高的情况。全国体育场地普查数据显示,截至 2021 年底,全国体育场地达到 397.14 万个,面积已至 34.11 亿平方米,人均体育场地面积 2.41 平方米,体育场地面积分布情况和体育场地数量情况详见下图。与我国庞大的人口基数相比,体育场地存在总量相对较少、分布不均衡、功能单一、配套设施薄弱、商业化程度较低等问题。

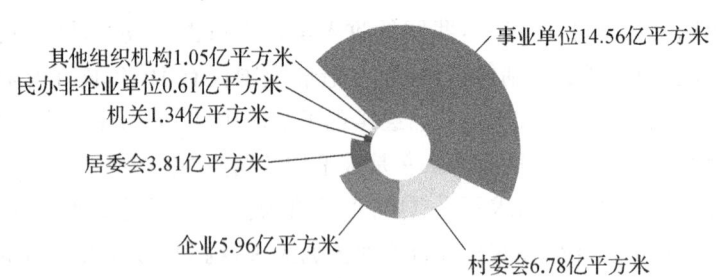

图 8-1 体育场地面积情况(分机构类型)

数据来源:2021 年全国体育场地统计调查数据。

由图 8-1 可知,事业单位的体育场地面积最大,包括各级各类学校体育场地和大型体育场馆。这些体育场地向社会开放的程度是相当低的。以作者所在的城市南京为例,每周末都要带孩子打篮球,但有限的几个场馆要么价格很高,要么距离很远,还经常约不上。附近几所高校都建有不错的场馆,但不

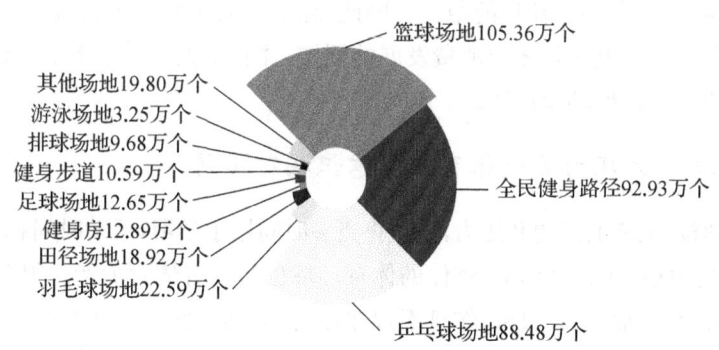

图 8-2 体育场地数量情况(分运动项目)

数据来源:2021年全国体育场地统计调查数据。

对外开放,大部分时间处于闲置状态。虽然,一些公园里有露天篮球场,但是维护得不好,地面开胶,球架锈迹斑斑,也不适宜运动。人们一般都是去小时制的收费篮球场打球,因为场地、设施等都比较好。由图 8-2 可知,篮球场地、全民健身路径和乒乓球场地占比优势明显,其他类场地占比较少,也侧面反映了我国体育运动产业结构发展不平衡。这主要是受到经济发展水平的制约,甚至乡规划、建设用地等因素也起到阻碍作用,即使一、二线城市体育场地设施,也存在供给不充分、发展不平衡的问题;一方面,人们虽然热衷于健身,但受困于场地。另一方面,由于很多体育场地设施利用率低,与人们日益增长的体育消费需求产生矛盾的问题。这就造成体育消费的供给相对比较单一,体育运动产业内部发展不协调。

三、体育消费意识不强,影响体育产业快速发展势头

体育消费意识也是影响体育消费的因素,造成消费动机薄弱,影响体育产业快速发展势头。从中国体育产业发展的现状看,消费者已经有较强的支付能力,但支付意愿并不强,消费意愿被抑制的原因是多方面的。

(一)经济基础是居民体育消费意识形成的外在物质保障

国家的经济发展水平的高低,对于居民收入和消费层次有着根基性的支撑作用,同时对民众时尚消费的敏感度也有着重要影响。因此,居民体育消费的观念接受度及认知水平均受到经济发展水平的限制。国家整体经济蓬勃发展,相应地,民众体育消费欲望会被激发。家庭年收入有了增长,家庭花费在体育消费上的资金才会有保障。然而,与西方发达国家成熟的体育消费发展

相对比,我们还有一段较长的距离。因此,经济发展水平低及传统思想中对物质性需求的过度重视是体育消费发展的桎梏,体育消费的持续释放,还需要我国经济的进一步推动及保障。

（二）各方压力导致体育消费意识相对薄弱

因学校、家庭的期望和压力,学生将更多时间用于学习,运动时间相对较少,而且有些地区缺少运动场地,整体的体育环境也制约着体育消费。很多上班族工作压力大,经常熬夜、加班,作息不规律,还会遇到工作和人际方面的不顺,这些原因会让人没有时间或者没有心情开展体育运动。成家的人将更多精力放在孩子和家庭上,也会没有更多的时间进行活动。据《2020年全民健身活动状况调查公报》的分析,2020年全国体育锻炼参与的人数比例仅为37.2%。

（三）传统观念导致体育消费意识不强

我国饮食文化源远流长,国人比较注重"食补",更愿意为保健品这样的有形商品付费,不愿为无形的体育服务掏钱。保健品、营养补剂铺天盖地,市场极大。这是一种观念和意识的差异,也是因为体育文化没有得到普及,社会上真正了解体育的人非常有限。

（四）现代社会商业功利思想对体育消费意识的影响较大

现代社会,功利思想对民众的行为有巨大影响。人们甚至不惜以身体健康为代价追求学历、财富、地位和名誉等。[①] 还有很多人是纯粹为了省钱,就中超、CBA来说,即便球场经常爆满,可更多的人还是通过网络、电视收看直播,购买年票的人毕竟占少数。有的人看了很多年球,可能都没去过一次现场。我国公共设施也逐渐健全,民众利用公园等空间开展跑步跳绳、踢毽、仰卧撑、太极拳、广场舞等活动,都不需要消费。

四、体育消费权益得不到有效保护,影响体育产业高质量发展

消费者权益得不到有效保护,造成产品满意度低、购买后有冲突等问题,影响体育产业高质量发展。人们体育参与的机会越多,体育纠纷也随之增加,尤其2020年以来,受疫情影响,体育消费预付卡退费、健身房跑路等问题时有发生。

---

① 吕仙利.试论影响民众体育消费的原因及解决建议[J].经济研究导刊,2017,(19):49+178.

据《2022年"3·15"晚会消费维权行业预测报告》显示，2022年1月1日至2月28日，他们征集的主要维权线索90余条，聚焦在九大传统行业、两个新增消费热点和一个新兴产业。其中，征集线索提及的两个新增消费热点为：预付消费17条、信息安全15条。预付消费纠纷主要集中在体育健身、美容美发、住宿餐饮等几大消费场景。据《2021年全国消协组织受理投诉情况分析》数据报告，2021年文化娱乐体育服务类别的47 376件投诉案例中，健身服务占29 494件，其中合同纠纷占15 172件，比重最大的预付费消费纠纷最为突出，因健身房老板卷款跑路引发的违权纠纷不在少数。

自2020年以来，"云健身"市场繁荣，然而一些买了网上课程的网友发现，许多健身博主并没有授课资质。中国消费者协会2020全年收到健身服务投诉23 003件，其中排在前两位的是合同纠纷和售后服务纠纷，2021年的数据中这二者依旧占比很高。

同时，体育用品中，电商平台上假货泛滥。作为中国最大电商平台，阿里巴巴占据了60%—70%的市场份额，而在其平台中，假货也是阿里巴巴面对的一个巨大难题。

相对于体育健身、体育用品这样的高频体育消费领域，非高频体育消费领域的消费者权益的保护难度可能会更大。就此问题，中央财经大学体育经济研究中心主任王裕雄认为，高频体育消费往往会有固定的消费场所和相对固定的服务人员，便于事前、事中和事后核查监管。而非高频的体育消费，例如越野赛事、路跑赛事等，体育消费者权益保护的难度更大，主要原因是由于没有固定的消费场所，并且服务是一次性交付，对于服务供给的质量是否达到约定的标准很难核查。

如今，中国体育产业已进入高质量发展新阶段，体育消费扮演着更加重要的角色，面对来自产品创新、风险防控、客户体验等多方面的挑战，体育消费者权益保护工作亟待完善和加强。

第二节　体育产业高质量发展的研究进展及其困境

2017年党召开的第十九次全国代表大会上，第一次提出了"高质量发展"这个新表述，这表明中国经济开始向高质量发展转型。党的十九大报告中提出的"建立健全绿色低碳循环发展的经济体系"为新时代的高质量发展指明了方向，同时也提出了一个极为重要的时代课题。2019年，国务院办公厅颁布

《关于促进全民健身和体育消费推动体育产业高质量发展的意见》,在体育领域也第一次强调要实现"体育产业的高质量发展",要注重体育发展的质量效益提升,采用全民健身与健康融合的形式,以达到使体育产业成为国民经济支柱性产业的目的。当下体育被大众高度认可,体育参与的人数不断增加。众所周知,体育产业不仅是一国经济状态的表现,而且能反映大众满意度及幸福感。那么,对于体育产业高质量发展的实现,该如何认识及实践呢?

学者们对我国体育产业的高质量发展已进行了深入的探讨。十九大报告指出,我国经济已由高速增长阶段转向高质量发展阶段,正处在转变发展方式、优化经济结构、转换增长动力的攻关期,建设现代化经济体系是跨越关口的迫切要求和我国发展的战略目标。必须坚持质量第一、效益优先,以供给侧结构性改革为主线,推动经济发展质量变革、效率变革、动力变革,提高全要素生产率,着力加快建设实体经济、科技创新、现代金融、人力资源协同发展的产业体系,着力构建市场机制有效、微观主体有活力、宏观调控有度的经济体制,不断增强我国经济创新力和竞争力。2018年,在有关"新时代要有新作为"的发言中,赵勇强调,"做大做强体育产业是加快体育强国建设的重大举措。按照总书记的要求,按照十九大报告中发出的伟大号召,加快推进体育强国建设,就是要跟美国等世界一流的体育强国对标。"[1]这符合新时代高质量经济发展的现实要求,在国家层面推动体育产业高质量发展的过程中,各个省市也陆续采取相关措施,助推体育产业高质量发展[2]。新时代我国体育产业将面临新的使命,高质量发展是克服多重困难和现实因素的根本手段[3]。聚焦此命题,本研究对现有的研究成果进行理论与实践层面的梳理,帮助面对体育产业高质量发展现有的困局,展望将来体育产业高质量发展的可行之路。

一、关于体育产业高质量发展的基本认知

(一)体育产业高质量发展作为学术名词的辨析界定

为实现新时代的高质量发展,首先,要界定高质量发展的内在意蕴。以体

---

[1] 人民网.新时代要有新作为[EB/OL].(2018-01).http://sports.people.com.cn/n1/2018/0113/c202403-29762979.html.

[2] 任波,戴俊.中国体育产业高质量发展:困境、逻辑与路径——基于"质量和效益为中心"的视角[J].体育与科学,2020,41(02):61-72.

[3] 丁正军,战炤磊.新时代我国体育产业高质量发展的综合动因与对策思路[J].学术论坛,2018,41(06):93-99.

育产业高质量发展的分类与核心价值为抓手,进行整理和总结,能够看出国内体育学术界对高质量发展的界定非常多样,有的从理论层面进行假设解析,有的探讨体育产业高质量发展的结构和组织,从研究的不同层面和类别中进行阐述(详见表8-1)。

表8-1 部分文献界定的体育产业高质量发展概念

代表学者	定 义
徐开娟	体育产业高质量发展是指在新发展理念的指引下,实现体育产业结构高级化、效率最佳化和价值最大化的有机统一。
金 碚	高质量发展是经济发展方式、结构和动力状况能更好地适应人民日益增长的实际需求。
吴金明	高质量发展是基于新理念、新动力、新动能和软价值、软资源、软制造主导发展的路径和模式的总称。
文丰安	高质量发展是经济的总量与规模增长到一定阶段后,经济结构优化、新旧动能转换、经济社会协同发展、人民生活水平显著提高的结果。
冯 蕾	高质量发展是对体育产业发展态势转型升级的一种应然判断。
周小亮	高质量发展是以提高经济发展质量和效益为目标,通过以人为中心变革生产方式,协调人与自然、人与人、人与社会之间的矛盾与冲突,进而提高劳动与全要素生产率,实现经济效益、社会效益和生态效益的有机统一。
邓 峰	高质量发展是满足人民日益增长的美好生活需要,建设体育强国、推进民生幸福。
任保平	高质量发展是经济发展质量的高级状态和最优状态,在理论上,高质量发展是以新发展理念为指导的经济发展质量状态。
李海杰	高质量发展是指以高质量发展为背景,实现体育产业结构优化、效率最佳化和价值最大化的有机统一。
程林林	高质量发展是生产要素投入少、资源配置效率高、资源环境成本低、经济社会效益好的发展。
史丹等	高质量发展是指产业布局优化、结构合理,不断实现转型升级,并显著提升产业发展的效益。

在《"二维五元"价值分析模型——关于支撑我国高质量发展的基本理论研究》中,吴金明针对高质量发展基本理论提出了"二维五元价值分析框架",认为它完全符合"新常态""五大发展理念""供给侧结构性改革""发展的主要矛盾"和"高质量发展阶段"等一系列重大思想、理论判断的要求。"体育产业

高质量发展"这一理念,是体育产业突破多重困境,实现转型升级的重要路径①。

可以肯定的是,相关研究富有启迪,视角宽阔,并具有鲜明时代特色的文化内涵,这是学术界对新时代体育产业发展实际的不同反映,从根本上探讨、把握体育产业的高质量发展理念。

(二) 体育产业高质量发展的根本共识和标志特征

"体育产业高质量发展"不单单是一个术语概念或一个学术主张,更是一种战略概念。通过对现有文章进行梳理,学界关于高质量发展的研究的切入点呈现多元化。程林林认为,现阶段,关于我国高质量发展的研究,几乎还在新制度经济的系统内研究,没有跳出来。相关研究需要新理论的指导,这需要各个"流派"的学者们求同存异,共同努力,提出新的理论体系。② 陈林会指出,影响体育产业结构优化升级的主要因素是需求结构与需求变化。我国体育产业还处于起步阶段,体育企业和组织作为推动体育产业结构现代化的主体正在缓慢发展。③ 体育文化环境并不完善,发展我国体育产业要立足于市场,依托各种政策条件。任波认为,新时代体育产业高质量发展要着眼于体育产业发展的提质增效,不断调整,以适应社会的主要矛盾转化,必须遵循经济社会发展的现实要求。④

体育产业供给侧结构性改革的持续深化,与有效体育需求激发的融合,这将构成体育产业高质量发展实现的基本逻辑。⑤ 在"十四五"时期,体育产业高质量发展是我国体育产业发展的基本定位,关乎我国体育强国建设。在高质量发展目标下,人民群众对美好体育的需求日益增加,对我国体育产业的质量和效益提出了更高的要求。文丰安⑥指出,推动新时代中国高质量发展,首先

---

① 冯蕾,练碧贞,任波,刘林星.新形势下海南体育产业高质量发展困境与对策[J].体育文化导刊,2022(02):84-90.
② 程林林,李秦宇,陈鸥.我国体育经济"学术流派"的由来与现状解构:兼论中国体育产业的高质量发展[J].成都体育学院学报,2019,45(04):1-7+133.
③ 陈林会.我国体育产业高质量发展的结构升级与政策保障研究[J].成都体育学院学报,2019,45(04):8-14+127.
④ 任波,戴俊.中国体育产业高质量发展:困境、逻辑与路径——基于"质量和效益为中心"的视角[J].体育与科学,2020,41(02):61-72.
⑤ 刘鹤.加快构建以国内大循环为主体、国内国际双循环相互促进的新发展格局[EB/OL].(2020-11-25).http://www.xinhuanet.com/2020-11/25/c_1126785254.htm.
⑥ 任保平,文丰安.新时代中国高质量发展的判断标准、决定因素与实现途径[J].改革,2018(04):5-16.

要制定科学合理的评价标准,只有这样,才能更加科学、全方位地衡量经济发展水平和质量,发现高质量发展的差距和问题。任保平[1]认为,经济发展不只是数量上的增加,也包括了质量上的提升。参看现有学术界对于经济发展质量内涵的框定,任保平强调,"决定新时代中国高质量发展的要素主要有:资本积累质量、技术革新的品质、人口素质和结构、资源环境质量、高效率的制度安排与开放的质量。"[2]金碚认为,"市场经济在新时期的发展中,应以人民的现实需要为基础,这一点将越来越明晰。"[3]新发展理念中,"创新、协调、绿色、开放、共享"的实现与否,将是是衡量高质量发展是否达到的一个重要参考标准。中国"扩大经济规模"的目标已基本达到,"提升发展质量"已成为新时代发展的主要趋势,高速增长的目标只体现为一元性,但高质量发展目标面向的是多维性。

综上所述,学术界普遍将体育行业的高品质发展视为一种系统的存在,它不仅涵盖经济方面,还涉及更为广泛的社会、政治、文化层次等领域。

(三)体育产业高质量发展的哲学基础、基本意涵

制度是流,思想是源。部分学者在诠解体育产业高质量发展理念时,植根于马克思哲学观的立场和价值,结合我国体育道路的实际情况,主要从以下几个典型观点进行探讨。

(1)"架构说"层面。徐开娟等认为,新时代体育产业高质量发展的思想框架,就要释放人民消费潜力,加快产业的转型升级,从传统体育空间走出来,促进向体育消费空间的转型,以供给侧结构性改革为主线,全方位提升体育产业供给体系的创新能力及适应性,推动体育产业供给链不断优化升级,实现金融支撑系统的不断调整,深化体育产业供给结构调整,促进体育市场的有效需求的提高。[4]

(2)"质量说"层面。程林林等指出,越过经济高质量发展门槛过程中,中国社会的主要矛盾由"总量"向满足人民的个性化、素质化发展。为满足人民群众不断

---

[1] 任保平,文丰安.新时代中国高质量发展的判断标准、决定因素与实现途径[J].改革,2018(04):5-16.

[2] 任保平,文丰安.新时代中国高质量发展的判断标准、决定因素与实现途径[J].改革,2018(04):5-16.

[3] 金碚.关于"高质量发展"的经济学研究[J].中国工业经济,2018(04):5-18.

[4] 徐开娟,黄海燕,廉涛,李刚,任波.我国体育产业高质量发展的路径与关键问题[J].上海体育学院学报,2019,43(04):29-37.

增长的体育需求,必将对体育产业发展质量和效益,提出新的更高要求。①

(3)"价值说"层面。任保平等表示,坚持以人为本的发展,是新时期体育产业发展的内在动力。人不单单是消费主体,更是生产和创新的主体,最大程度地满足人民的需要,这是社会主义生产的根本目标,也是助推高质量发展的重要力量。②

(4)"多元说"层面。金碚等认为,从发展质量的内容所呈现出的创新度和多维性来看,高质量发展要求其战略布局起点要具有高度的创新性,采用新的系统化思维模式,实施可取的发展战略,追求高质量发展的优化方向,甚至可以各显其能、富有特色。③

上述观点,在"什么是体育产业高质量发展"的内涵解读、概念界定、要素构成和定位方面呈现为多维度、多方位的特点,简要阐述了体育产业高质量发展的概念和现实问题,为探寻体育产业的高质量发展的入场,提供了理论依据。

二、体育产业高质量发展的历史基础、理论依据与现实图景

(一)历史基础

高质量发展在我国经济建设不断发展中形成,体育产业高质量发展的出场有其历史的必然性。新中国成立后,体育作为一种强国之道,是政府资助的一项公共事业。改革开放以后,学术界对"体育是一个消费性的概念"的观点提出了批判。1999年,朱镕基总理在九届人大二次会议上所作的《政府工作报告》中首次在谈经济问题时提到体育,表明我国体育产业的地位已经得到了国家的认可,体育产业已从体育领域迈向经济建设的主阵地。21世纪伊始,面对全球化的影响,最大的问题是如何应对体育资源配置不合理,体育市场发展不充分,体育消费规模小,体育市场法规不健全,体育企业缺乏创新力等问题④。我国体育产业发展的目标是,培养一批具备国际竞争力的体育企业。在全面

---

① 程林林,李秦宇,陈鸥.我国体育经济"学术流派"的由来与现状解构:兼论中国体育产业的高质量发展[J].成都体育学院学报,2019,45(04):1-7+133.
② 任保平,文丰安.新时代中国高质量发展的判断标准、决定因素与实现途径[J].改革,2018(04):5-16.
③ 金碚.关于"高质量发展"的经济学研究[J].中国工业经济,2018(04):5-18.
④ 董红刚,孙晋海.体育产业:以关键词为视角的学术观念史叙事[J].体育与科学,2021,42(05):37-45+65.

建设小康社会的大背景下,构建具有鲜明特征的全民健身发展模式。程志理指出,国家统计局的行业类别中,长期以来一直没有"体育产业"这一类别。2015年才发布《国家体育产业统计分类》,首次将体育产业与制造业、服务业等杂乱重叠中区分开来。① 随着研究的深入,学者们意识到,优化体育产业结构是打破结构性壁垒和分层的关键。《我国体育产业发展"十一五"规划》提出,若想进一步打破体育产业结构性壁垒,必须要打造出由社会力量参与的体育体制和运行机制。我国的体育产业要从一个国家的主要经济力量逐渐发展成为一个国家的支柱产业,体育产业也要由可持续发展向高质量发展转变。然而,国家政策主题的频繁变化既说明了我国体育产业在顺应国家政策、积极适应国际环境,也表明我国体育产业的高质量发展并非一帆风顺,结构性不平衡和技术不足的问题仍然没有得到解决②。面对当前复杂的经济发展形势,我国出台了新常态、"一带一路"、供给侧改革、双循环等举措。

(二)理论依据

体育产业高质量发展的形成有其深厚的理论基础,至少可以从以下几个理论角度加以阐释。从西方发达国家的体育产业演变过程可以看出,体育产业是纯粹的商品化、市场化的,其发展主体是市场,而政府的作用相对薄弱,体育产业是典型的经济行为③。

(1)探究高质量发展问题,应当回归马克思的商品二重性。对商品价值的研究而言,从起初的古典经济学,到马克思的劳动价值论,其表现一直体现在,以二重性的方法论为基础。④ 由于生产水平和实际需求的大幅提升,产品的使用价值也随之增加,这便是经济活动的本质。一般而言,产品性能水平越高,产品质量就越高,竞争力也就越强。但经济学对商品质量的定义,远远超过材料和产品性能。从经济角度来看,产品质量与大众真实需求的满足度息息相关,如果没有人的需求,产品的质量也就无所谓。所谓的"需要"是非常繁杂的,随着时代进步和经济发展,"需要"也在不断增加和变化⑤。综合来看,基

---

① 刘文方.从"苏宁足球俱乐部解散事件"反观我国职业体育和体育产业的发展——《体育与科学》"体育智库服务江苏体育发展"学术工作坊综述[J].体育与科学,2021,42(06):111-117.

② 董红刚,孙晋海.体育产业:以关键词为视角的学术观念史叙事[J].体育与科学,2021,42(05):37-45+65.

③ 任波,戴俊.中国体育产业高质量发展:困境、逻辑与路径——基于"质量和效益为中心"的视角[J].体育与科学,2020,41(02):61-72.

④ 金碚.关于"高质量发展"的经济学研究[J].中国工业经济,2018(04):5-18.

⑤ 金碚.关于"高质量发展"的经济学研究[J].中国工业经济,2018(04):5-18.

于马克思的商品二重性,体育产业的高质量发展应该以大众的体育需求为基础,但大众的体育需求则随着经济发展而不断变动,故它有着动态化特性。体育产业高质量发展,不仅要体现在产品质量上,更要体现在效益上。

(2) 新时代体育产业高质量发展要遵循经济社会发展的现实要求,着眼体育产业发展的提质增效,主动适应高质量经济发展和主要矛盾转变。从质量角度看,在需求侧消费结构改善的背景下,体育产业结构不合理、体育市场主体不活跃、不成熟的"体育+"、体育产业体制不健全等问题制约了我国体育产业的高质量发展。从效率的角度考虑,在社会主义市场经济体制下,我国体育产业的发展有着经济效益和社会效益的双重特性。体育产业既要助推经济发展,又要兼顾满足大众体育需求,不能顾此失彼[①]。

(3) 习近平在"两个一百年"的交汇点上特别强调了"高质量发展"的重要性,李克强总理在政府工作报告中指出,"十四五"是我国全面实现现代化建设的第一个五年。国家发展依然处在重要的战略机遇期,但机遇挑战纵横交织,需精准判断新发展阶段,认真落实新发展理念,努力构建新发展模式。

(三) 现实图景

在全面建设小康社会的过程中,我们要把"量"放在第一位,而在社会主义现代化进程中,要着力解决"质"的问题,在质的飞跃中实现量的不断增长[②]。

自改革开放以来,中国的经济发展迅猛,但高速发展的同时,低质、低效问题频发。经济增长过程中数量、质量和效率的不一致造成了许多矛盾。第一,产业结构合理化进程极其缓慢,通过"苏宁足球俱乐部解散事件",程志理认为,一个现实的问题就是我国体育产业规划的结构布局以体育制造业为主,体育服务业只处于次要地位[③]。不仅如此,除足球、篮球等少数运动项目走上专业发展轨道外,其余项目还未形成一定的职业市场;除此之外,我国体育竞技表演产业的产业化和商业化还比较薄弱,这也限制了我国体育竞技表演产业的健康、可持续发展。此外,政府主导的体育产业增长形式的局限以及产业自

---

① 任波,戴俊.中国体育产业高质量发展:困境、逻辑与路径——基于"质量和效益为中心"的视角[J].体育与科学,2020,41(02):61-72.

② 刘鹤.必须实现高质量发展[EB/OL].(2021-11-24).http://cpc.people.com.cn/n1/2021/1126/c441515-32292727.html.

③ 刘文方.从"苏宁足球俱乐部解散事件"反观我国职业体育和体育产业的发展——《体育与科学》"体育智库服务江苏体育发展"学术工作坊综述[J].体育与科学,2021,42(06):111-117.

身创新动力不足也是限制产业结构转型升级的制约原因所在。① 第二,结构失衡与要素错配。为了追求经济数量的较快增长,通过制定赶超发展战略、鼓励新兴产业来推动经济长期增长,结果往往加剧了这些要素在部门间的分配不均,生产分配过剩与稀缺并存,导致产业发展、消费结构和要素矛盾加剧。最终,要素分配效率的下降导致经济总量和质量的失衡,进而影响着我国经济的可持续发展。此外,我国体育服务业发展相对落后,与欧美等发达国家相比有很大的差距,特别是体育休闲、高水平专业比赛等现代高端服务的发展水平不高,这已成为限制体育产业转型升级的重要因素②。随着我国经济步入国际国内双循环的新阶段,我国的消费结构不断调整,城市化进程不断加快,经济下行压力逐渐加大,新冠疫情的持续冲击,我国体育产业正处于机遇与挑战并存、现实诉求与理性适应性并存的时期③。

综上所述,要实现体育产业高质量发展,就应当改变往日的思想观念和传统做法,从产业结构、布局、组织、政策及发展策略等方面进行全面反思与整治。

三、体育产业高质量发展困境、影响因素分析

(一) 政府与体育产业高质量发展

作为体育治理的核心主体,政府不仅是不同时期体育产业战略的重要阐释者,也是体育产业发展实践的核心推动者。为了深化体育产业的高质量发展,市场在资源配置中起着决定性作用,政府的统筹协调同样非常重要。政府的行动是市场运作的前提。在某些领域,尤其当经济发展涉及更深和更广的质量问题时,市场存在盲目性,无法全面调节,政府及时有效的调节是助推高质量发展必不可少的因素。结合我国目前的体育市场状况,政府必须制定相应政策完善我国的体育产业发展,以适应我国的实际需求④。

---

① 陈林会.我国体育产业高质量发展的结构升级与政策保障研究[J].成都体育学院学报,2019,45(04):8-14+127.
② 任保平,李娟伟.实现中国经济增长数量、质量和效益的统一[J].西北大学学报(哲学社会科学版),2013,43(01):110-115.
③ 姜同仁,郭振,王松,刘波.中国体育产业发展回顾与"十四五"前景展望[J].天津体育学院学报,2022,37(01):51-59.
④ 任波,戴俊.中国体育产业高质量发展:困境、逻辑与路径——基于"质量和效益为中心"的视角[J].体育与科学,2020,41(02):61-72.

(二) 体育消费与体育产业高质量发展

体育消费在体育产业发展中起着基础性作用,而且体育产业的发展的尽头还是取决于人的需求满足。目前,我国体育服务业的发展受到大众体育消费观念的制约。大众体育消费意向表现不强烈,消费动力不足。随着我国居民体育消费支出结构和水平的提高,发展高质量体育产业已成为提高居民生活质量和幸福指数的时代使命。体育产业要高质量发展,体育消费释放是动力和归宿。我国体育产业发展水平的提高,不仅在于产业结构的优化升级,更加需要的是刺激体育消费的增强,体育消费决定着对体育产业结构的调整,两者相生相成,一体两面。调整优化体育产业结构,需要着力解决体育消费升级的根源性问题。①

(三) 自然资源与体育产业高质量发展

体育产业方面高质量发展的实现,物质及人力资本的投入固然重要,但还需要兼顾自然环境的保护。自然资源是所有物质生产活动所必需的资源,对于高质量发展而言,它是先决条件。当经济、自然环境、社会三个系统相互耦合时,才能有效地减少经济增长的费用,提高经济增长的效率。因此,在技术选择方面,要以环保为核心,以降低资源消耗为目标,构建新型技术创新系统,在消费方面提倡文明健康的新型消费②。由此看来,体育产业若要实现质量和效益的统一,必须做到经济发展和资源利用互为补充,绝不过分开发。人与自然协调发展是高质量发展的基本保障。

第三节 健康中国背景下体育消费促进体育产业高质量发展的路径选择

"十四五"是体育产业加速成长为国民经济支柱产业的关键时期,也是我国体育产业转变发展方式、优化产业结构、转换增长动力的攻坚期,体育产业改革已进入深水区,政策红利释放进入关键期。伴随着我国社会老龄

---

① 张永韬,张莺凡.体育产业高质量发展视域下促进我国体育消费升级研究[J].体育文化导刊,2021(04):14-20.

② 任保平,李娟伟.实现中国经济增长数量、质量和效益的统一[J].西北大学学报(哲学社会科学版),2013,43(01):110-115.

化加速的进程,为了给新时代高质量发展指明方向,国家将体育产业划分到健康产业格局之中,全面推进"健康中国 2030 战略",给体育产业发展授予新的时代使命,提出新的历史任务,为新时代高质量发展指明了方向。在全民健身的大背景下,体育人口的增长率不断提高,以人为本的理念逐渐成为新时代我国体育产业发展的核心价值取向,体育产业要进一步践行人民健康行动理念,"助力健康中国建设。体育消费作为体育产业高质量发展的重要抓手,是实现经济内循环的新增量,更是融入健康中国建设新发展格局的基点。"

一、扩大体育消费需求,激发体育产业内循环

今日,经济发展处于新常态发展阶段,消费引领、供给驱动的特征日趋凸显。现代生活性服务消费中,国家大力支持和倡导体育消费。[①] 随着生活水平的提高,现代人对体育消费的选择,越来越看重其体验性的自目的性功能(享乐),而不仅仅是工具性功能(效能)。[②] 体育消费具有的这种特质,成为目前拉动内需的抓手。[③] 健康是人类生存的基础,同时,健康的身体与社会经济活动的正常开展密不可分。根据马斯洛需求理论,生理需要是人们的首要需求,如今,人们对健康的需求除了生理上,还有心理上的适应社会,个人的社会交往等。当下,体育消费成为研究热点,因为它不仅是绿色健康生活方式,还是我国释放内需潜力、经济结构转型升级以及改善民生健康的重要方式,这也成为我国拉动体育产业内循环的重要机遇。[④]

(一)加大健身运动宣传推广力度

人们健康意识增强,对健康生活的追求带动了诸如体育旅游、马拉松、滑雪等运动在近几年的爆发,进一步拓展了体育产业空间。因此,要加强体育健身的宣传力度,国内各级的国民体质监测中心利用好社会体育指导员的指导,加快《科学健身指南》的普及,积极推行《国家体育锻炼标准》,促进大众基本健

[①] 曲凤元.七台河市发展冰雪体育产业基本路径的社会学思考[J].山西青年.2018,(13):29+28.
[②] 焦素花,郭卫玲,倪海宁.体育消费行为变化与新余暇生活方式的生成——《体育与科学》工作坊博士后项目论证学术综述[J].体育与科学,2021,42(2):114-120.
[③] 曲凤元.七台河市发展冰雪体育产业基本路径的社会学思考[J].山西青年,2018,(13):29+28.
[④] 王睿,杨越.家庭视域下扩大我国体育消费的政策研究[J].体育科学,2020,40(01):42-50.

身技能素养的提升。① 另外,积极鼓励社会力量及群众组织的体育相关活动,广泛开展科学健身讲座指导、科学健身知识竞赛等活动;做好公共体育供给服务中,加快城乡健身信息网络,让经常参加体育锻炼成为一种大众生活方式。

(二)激发体育参与者的消费行为主体性

讨论消费行为方式,重要的是主体人的消费行为究竟是怎么产生的。民众居住的周边有健身步道,有体育公园,这些是外部环境,这种健身的环境构成环境教育,对人的运动素养的建立有积极意义。但客观的环境教育究竟如何激发主体人的文化消费行为?两者不是简单的因果关系,而应该是非线性的交互关系。政府公共服务供给中,打造优质的体育消费载体,从多层次、多样化、个性化角度供给体育消费内容,吸引体育消费群体。② 体育场地和设施是发展体育产业的基础和关键,然而我国目前体育场馆数量和功能体验上都无法满足人民需求。在大力推动大型体育场馆建设的同时,要积极推动群众身边的小型体育场馆建设,包括群众身边的边角地,体育设施进公园等等;在大力推动室内体育场馆建设的同时,要推动户外运动场地设施的建设;另外,还要注重新型、时尚的体育服务综合体设施的打造;除了硬件设施建设外,还要启动体育用品博览会、全民健身主题活动、健身俱乐部等体育服务业的载体建设;积极推动国家体育消费试点城市建设,通过培育体育消费新业态与新模式,打造体育消费新场景,进一步扩大体育产业发展的消费市场,也有助于将人们要健康、健美的需求转化为经济动能,这也是优化产业结构转型的一条可行路径。

(三)组织开展体育惠民消费活动

为应对新冠疫情,2022年7月,国家体育总局办公厅印发《关于体育助力稳经济促消费激活力的工作方案》,出台了一揽子政策措施,激发体育消费活力,推动体育产业高质量发展。随后,全国各地相应出台了一系列政策举措,极大地刺激了大众的体育参与,体育消费逐步恢复。下一步是总结疫情期间全国发放体育消费券的经验,继续加大财政对全民体育消费补贴的投入,在健身服务、体育用品、体育培训、体育保险等行业开展全民体育活动,刺激和促进居民体育消费。

---

① 杨莉.如何促进体育消费[J].科技资讯,2019,17(28):231-232.
② 焦素花,郭卫玲,倪海宁.体育消费行为变化与新余暇生活方式的生成——《体育与科学》工作坊博士后项目论证学术综述[J].体育与科学,2021,42(2):114-120.

（四）举办重大赛事、节庆活动，进一步带动健身需求

鼓励全国各地举办各种体育赛事活动，通过相关新闻平台进行及时快速的宣传推广，吸引消费群众。利用传统节日，举办具有传统民族特色、老少皆宜的活动，如划龙舟、舞龙舞狮、那达慕、打秋千等，发挥明星或运动达人示范效应，带动广大农村基层民众参与热情，增加体育人口。

二、完善体育消费政策，推动体育产业与健康产业的融合发展

我国正处于经济转型的关键时期，但人口老龄化、年轻一代慢性疾病问题突出，需要强化民众对体质健康的监察与重视，规避医疗健康事业不合理投入对经济发展的影响。十八大以来，全民健身成为国家战略中的一环，也是推进健康中国建设的重要构成。健康中国离不开对人的重视，人民群众对体育健身需求提升，体育消费潜力愈发凸显。但人的行为的复杂，用哈肯（Haken）的快变量与慢变量的关系来说，慢变量决定快变量，协同学的基本理论已经被大量的研究证实，同理，对于主体人的消费行为，他的文化认同这种慢变量将决定着各种社会性外部因素的快变量。协同学说的"有意义的信息"、总的场景是由序参数（慢变量）提供的，每当系统的宏观行为改变时，序参数就（慢变量）变得十分重要，一般说来，这些序参数（慢变量）是长期量，它们支配着短期量（快变量）。[①] 用布迪厄的场域理论来理解，一定要考虑到人的行为与社会结构的复杂性。"积极实践体育消费机制、政策、模式及体育市场产品的创新，以此加强体育与健康产业的对接与融入程度，这对健康中国建设至关重要。"[②]

（一）健康中国推进中，体育产业地位凸显

我们一般这样思考健康，"一，如何避免疾病；二，怎样治愈疾病。"[③]前者可通过保健提前绸缪。而后者只能补救。当下体育产业发展中形成的体育产品及服务，目标群体指向"治未病"，尤其在疾病预防、干预及康复方面的优势突

[①] 赫尔曼·哈肯.协同学：大自然构成的奥秘[M].凌复华，译.上海：上海译文出版社，1995.
[②] 中国体育报.体育产业全面融入健康产业[EB/OL].(2016-11-03).https://www.sohu.com/a/118075508_503577.
[③] 中国体育报.体育产业全面融入健康产业[EB/OL].(2016-11-03).https://www.sohu.com/a/118075508_503577.

出是健康产业的前端产品,能够为全面健康提供保障。① 如何解释"健康中国"? 避开字面意思,国家专注的是全局的"民生"及"国家大计",提供通盘、全周期的健康服务,让人民拥有体育。"体育产业发展中,注重多层次、多样化体育服务及产品的供给,积极鼓励消费者参与健康体验,以此丰富大众健康生活,从而实现健康中国的发展。"②

(二) 体育产业与健康中国建设目标相契合

我国体育产业的发展一切为了人民,这是健康中国发展的应有之义,这与健康中国的目标一致。伴随着生活水平的提高,居民体育消费需求和体育消费行为也正处于快速升级时期,原有单一的物质型体育消费模式逐渐被打破,以实物、欣赏、享受、体验、发展为主的多元体育消费模式持续升温,并逐步成为人们社会生活中不可缺少的组成部分。在体育消费行为变化过程中,体育消费行为方式不是消费者个体能够自主决定的,也不仅仅涉及国家消费政策的支持,它必须与其所处的宏观经济社会治理制度环境相匹配。两个变量影响了体育消费行为形成的方式,即外部因素和内部因素,外部因素与经济密切相关,内部因素涉及个体社会化水平(技能掌握水平、教育层次、人际关系、惯习等)。前者涉及收入水平,后者涉及文化消费行为选择问题。其次,在体育消费方式与区域、其他制度相匹配的过程中,产生了消费结构的制度背景,区域及制度背景也会直接形塑体育消费行为变迁轨迹甚至命运,并且对体育产业发展中消费升级及消费新业态的形成产生重要影响。③ 因此,时下我国体育产业发展中,多样化、多层次的体育服务及产品的有效供给,在健康中国建设中具有无可代替的地位。④

(三) 体育产业是健康产业体系的重要构成

国际研究指出,体育消费和不断增长的经济有着密切的关系,体育在家庭消费支出中逐渐占着很重要的比例。(Sport Industry Research Centre &

---

① 中国体育报.体育产业全面融入健康产业[EB/OL].(2016-11-03).https://www.sohu.com/a/118075508_503577.

② 中国体育报.体育产业全面融入健康产业[EB/OL].(2016-11-03).https://www.sohu.com/a/118075508_503577.

③ 焦素花,郭卫玲,倪海宁.体育消费行为变化与新余暇生活方式的生成——《体育与科学》工作坊博士后项目论证学术综述[J].体育与科学,2021,42(2):114-120.

④ 中国体育报.体育产业全面融入健康产业[EB/OL].(2016-11-03).https://www.sohu.com/a/118075508_503577.

Sport England，2008）而在国内，消费水平也随着人民生活水平的提高迅速提高。据统计，城镇居民人均消费支出，从 1978 年的 311 元已提高到 2017 年的 24 445 元，农村居民人均消费支出从 1980 年的 162 元已提高至 2017 年的 10 955 元；人民需求也从追求温饱到追求消费数量再到追求生活品质，居民消费从注重量的满足向追求质的提升，从有形物质产品消费向更多服务消费，从模仿型排浪式消费向个性化多样化消费转变。从健康产业链的供给视角切入，健康产业在供给体育消费产品方面一般有三部分组成——前端、中端和后端产品的生产、服务以及信息传播等。① 而体育产业的产品及服务供给主要包括运动干预以及打造合适的体育锻炼产品，功能是防病或者给出运动处方，从而达到缓解亚健康状态的目的。② 可以这样认为，体育产业是大健康产业的有机构成，位于大健康产业链的前端。体育产业全面融入健康产业，有助于使产品与服务的供给更加低价高效，这也是健康中国中的重要战略指向。③

三、科技助力消费升级，提升体育产业核心竞争力

当今，传统的消费模式正在被新技术所改变，互联网的渗透、新兴智能技术的崛起，智能硬件、大数据、云计算也被广泛运用于体育装备产品中，给用户带来了便利和不一样的体验感，我国的体育产业插上了科技的翅膀，迎来了新的机遇。随着国家强调体育产业高质量发展，培育新型文化业态和文化消费模式，以实物、欣赏、享受、体验、发展为主的多元体育消费模式持续升温，这也将成为体育消费升级的重要方向。④ 毫无疑问，体育消费正在发生一场变革，这是由消费需求和技术进步所驱动的。把时钟拨回到两年前，全世界应该还有 90% 的人没听说过元宇宙、Web 3.0 以及非同质化代币（NFT）等概念，时至今日，这些技术已经成为全球经济热点话题，并且快速渗透到了体育消费市场。

随着健康中国和全民健身战略的颁布实施，经常参加体育锻炼成为一种

---

① 中国体育报.体育产业全面融入健康产业[EB/OL].(2016-11-03).https://www.sohu.com/a/118075508_503577.
② 中国体育报.体育产业全面融入健康产业[EB/OL].(2016-11-03).https://www.sohu.com/a/118075508_503577.
③ 中国体育报.体育产业全面融入健康产业[EB/OL].(2016-11-03).https://www.sohu.com/a/118075508_503577.
④ 李惠,尹帮娟,冯伟.无锡智慧体育产业园发展的 SWOT 分析[J].武术研究.2020,5(11):133-136.

新的生活方式,促进体育消费提质扩能已成为提高体育产业质量、提升体育产业效益、推动体育产业成为国民经济支柱产业的重要动力。科学健身、追求健康生活,日益成为大众的主动性选择。互联网新技术的进一步发展为体育健身领域带来新的驱动力,能够更有效满足用户多元化、个性化、智能化的健身需求,健身领域的智能化代表着整个体育产业新技术应用的发展水平。制造业的核心竞争力的支点逐步由量变转向质变,人工智能与5G物联网在科技健身领域大量应用,健身智能化逐渐成为一种时尚,蕴含着巨大的发展空间。因此,只有大力提升科技创新及产品服务质量,才能在新兴体育消费形态中立于不败之地。

四、保护体育消费权益,促进体育服务业提质增效

随着大众健康意识的增强,体育消费愈益成为百姓生活中必不可少的有机构成,体育领域消费者的权益保护问题也备受人们的关注。如今,中国体育产业已迈入高质量发展新阶段,体育消费面对来自产品创新、风险防控、客户体验等多方面的挑战,体育消费者权益保护工作亟待完善和加强。

体育消费者维权意识增强,相应法律法规逐步完善,体育消费纠纷的发生有效降低。要加强体育市场监管、知识产权保护,培育一批具有竞争力和影响力的国产自主体育品牌。创新能力强且拥有自主品牌的本土体育企业,向规模更大、实力更强发展,其余中小型体育企业在补充短板的同时向"专、精、特、新"的方向发展。着重推动体育消费领域标准化体系建设,完善健身休闲业、竞赛表演业标准体系,推动场地设施、器材装备、从业资质等的标准建设,建立起规范的市场秩序,严惩违法违规经营的体育企业,以品牌塑造和优质服务引领体育消费产品质量的提升,以赢取市场。

五、培养终身运动习惯,壮大体育产业的市场主体

全民健身是体育产业发展的基础、源泉与动力,因为人民群众是体育产业的消费主体,也是体育市场的终端群体。全民健身的发展与体育产业的发展密不可分。党的十九大提出实施健康中国战略;2019年国务院公布健康中国行动,提出实施全民健身行动,鼓励个人至少有一项运动爱好;2019年9月,国务院进一步发布《关于促进全民健身和体育消费促进体育产业高质量发展的意见》,其中提出,推动体育产业成为国民经济支柱性产业,让经常参加体育锻

炼成为一种生活方式;2021年《"十四五"体育发展规划》提出,实施数字体育建设工程,打造全民健身服务一张网。各项利好政策为体育事业、全民健身的广泛开展提供了基础。体育产业是五大幸福产业之一,是朝阳产业、无烟产业,在为人民创造美好生活方面发挥着不可替代的作用。

在2021中国体育文化博览会、中国体育旅游博览会(简称"两个博览会")分论坛——全民健身与健康中国论坛上,维度数据科技产业集群总经理熊涛受邀出席并就"健康中国"背景下我国的全民健身发展这一主题发表了精彩的演讲,熊涛在演讲中表示,全民健身是我国的重要发展战略,也是体育产业发展的基础,做好全民健身建设,需要解决有人、有钱、有闲、有地的"四个有"问题。[1] 进入"十四五"时期,如何利用新技术,打造全民健身服务一张网,实现数字体育综合管理是当前需要解决的问题。落实全民健身国家战略,使人民身体素养达到较高水平,是建设体育强国的重要工作任务。在我国从体育大国向体育强国迈进,体育产业高质量发展的新形势下,全民健身发展需要创新发展模式:① 加强"四有"建设,培养终身运动习惯,以扩大体育人口为核心,加强全民健身宣传工作,使全民健身观念深入人心,让运动成为一种习惯。如澳大利亚的"找30分钟"运动(每人每天抽30分钟进行锻炼);法国的"3个8"运动(游泳80米,跑步800米,步行8 000米);美国的"总统体育奖"制度(参加规定的锻炼后获总统签署的证书);德国的"家庭体育奖章"制度(动员全家参加);法国的"大众体育奖状"制度;比利时的"每家一公里"计划(家庭成员跑步不少于1千米)。此外,培育新的消费业态、加强体育技能培训、加强体育载体建设也是推进全民健身发展的有效途径。② 推进全民健身与数字化深度融合,打造十分钟健身圈。我国已进入5G发展时代,全民健身发展也迎来了良好的数字化发展机遇。目前,我国网民规模达9.89亿,电子政务发展指数为0.79,迈入全球领先行列,数据已成为生产要素,信息技术在推进现代化治理中作用越发突出,数字化治理成为全民健身等社会治理的必由之路。③ 坚持供需两端发力,推动全民健身发展。从扩大体育供给来看,一是要大力发展运动项目产业,吸引社会力量广泛参与,丰富竞赛表演、健身指导、技能培训等各类产品和服务;二是要支持有条件的运动项目打造规则明晰、层次多样、群众喜爱的赛事活动体系;三是要推动建设体育新空间、创造体育消费新场景,打造一批特色鲜明、服务功能完善、经济效益良好的体育服务综合体。从挖掘体育

---

[1] 维度数据科技.全民健身与健康中国论坛——维度视角下我国全民健身发展路径探索[EB/OL].(2021-12-14).https://www.163.com/dy/article/GR4UM4QE0518V0RN.html.

消费潜力来看,一是要促进体育消费提质扩容,积极培育智能、时尚消费等新模式新业态。二是要加强体育培训,引导企业通过互联网＋培训等模式,持续提高居民的体育运动技能和水平。三是要加快线上线下互动融合,开发满足群众居家健身、线上观赛参赛等需求的产品和服务。

近些年来,城乡居民在服装鞋帽等体育用品方面的消费持续增长,以健身、培训为代表的服务类体育消费占比也逐步提升。在前不久的"6·18"购物节上,京东数据显示,服务类体育消费成交额是去年同期的2.5倍;在唯品会平台,跑鞋、运动套装、运动T恤、运动裤等商品交易成交火爆;在拼多多平台,运动健身品类的产品销量也相当可观。这表明体育消费潜力和体育产业的活力正在释放。尽管疫情给体育产业带来了冲击,但也激起了人们对生活方式和生活态度的反思,加强体育锻炼,让体育成为生活重要组成部分,已经成为疫情防控中人们的共识。从长期看,这使得体育产业更拥有了更加广阔的发展空间。拉动体育消费,除了政府引导,还应降低健身门槛,提升大众健身意识,让体育真正融入生活。

附　录

1　访谈提纲

（1）扬州大学体育学院颜军教授：关于方法学角度的深入思考，方法是为了我们解决问题而服务的，而不是为了方法而方法，现在方法学研究有一个发展趋向，社会科学研究已在追随量化方法，量化成为研究潮流，您是如何看待这种现象的？

（2）江苏省体科所《体育与科学》主编程志理教授：问题①，学术研究中，您认为问题结构和研究假设如何建立？目前，您是如何看待中国的体育消费研究的？问题②，从"苏宁足球俱乐部解散事件"拓展到对我国职业体育改革与体育产业发展的思考，您是如何科学地看待我国体育产业发展过程中出现的结构性问题的？如何看待体育服务业在我国整个体育产业中的比重问题？

（3）成都体育学院程林林教授：作为资深的体育经济学研究专家，我想向您提几个问题。问题①，当今国际贸易环境巨变，尤其是中美经贸关系如何？目前，体育产业亟须高质量发展，您对国家提出要立足做大国内体育消费市场，是怎么思考的？问题②，健康中国、体育强国的必经之路中，很多学者都在谈体育产业高质量发展的重要性，请您谈谈健康中国、体育强国与体育产业高质量发展之间有什么样的内在关联？问题③，2018年以来，媒介传播领域不断出现"体育产业寒冬"（新华社语）及"体育产业冷与热"（《人民日报》语）等的话语舆情；实践领域，2016—2018年的资本狂欢基本落幕，体育产业粗放式发展模式带来的负面消息不断充斥在人们生活中间，这对体育产业的可持续性发展极为不利。针对体育产业发展的现实状况，您是如何看待体育产业要实现高质量发展的处境？

(4) 中国人民大学社会与人口学院王智慧教授：问题①，以布迪厄的惯习为中介的主观能动性能起多大作用，到底能不能接受实践的检验？问题②，在整个中国体育消费结构呈现中，中国的体育消费行为是由谁来推动的？中产阶层在体育消费中到底是处于什么样的地位？问题③，中国体育消费参与研究中一定要凸出人的作用。那么集体表象背后个体存在的意义在哪里？

(5) 江苏省体育科学研究所袁鹏研究员：问题①，体育消费实践技能作为体育消费行为变化和新余暇生活方式生成的桥梁，在中国的体育产业发展中，能起到什么样的作用？问题②，健康中国和体育强国的战略背景下，到底什么样的手段和因素能够影响和促进民众积极参与体育消费？您能否举例说明存在哪几种体育消费行为方式？体育消费行为又是如何作用于个体的思维方式与行为模式呢，又是如何促进个体生活方式生成的呢？

(6) 安徽工程大学体育学院董红刚教授：问题①，就西方体育产业形成理论的学术脉络，我们发现体育产业的政策选择是西方国家非常重要的理性选择，也是西方发达资本主义国家进行经济社会治理的主要内容之一。那么，您作为这方面的研究学者，能从社会建构论的角度谈谈我国体育产业发展的西方镜鉴问题吗？问题②，体育产业的发展在我国是伴随着实践的探索、学者的争鸣、政策的发布而出场的，对于三者的互动，尤其是国家与社会、事业与产业两组概念，您是如何看待的？

(7) 南京理工大学社会学院刘米娜博士：问题①，文化历史的研究法在体育消费研究中的重要性，您是怎么看待的？问题②，体育产业政策作为新中国体育发展的重要指导性文件，它是塑造体育消费行为的重要制度性条件，您是否同意？您的理解是什么？

(8) 泉州师范学院任慧涛博士：问题①，职业体育是市场（商品）经济的产物。职业足球市场作为职业体育的重要组成部分，理应遵循市场体制的一般规律，但从经济学角度来看"苏宁足球俱乐部解散事件"，国内俱乐部的收入和球员的费用出现巨大的反差，这是因为我们的职业足球市场还没有完全按照市场经济规律来办事吗？问题②，我们从计划经济到市场经济转轨的过程中，足球职业化发展方面存在什么样的问题？请您谈谈。

(9) 首都体育学院邢晓燕教授：问题①，有人说，中国职业足球从资本的介入，到资本的困惑，再到资本的抗争，现在已进入了资本的狂欢。邢教授，您是怎么看待这个说法的？问题②，在足球里面反映出来的问题，不仅仅是体育本身的问题，也牵扯到整个经济发展的问题，您怎么理解中国职业足球已经不仅仅是一个单纯的体育问题？问题③，从资本引入的意义上来看，足球可以成为一种有利可图的商业操作，您觉得资本运作对职业联赛中俱乐部运营产生的影响在哪些方面？

（10）苏州大学法学院赵毅教授：针对江苏"苏宁足球俱乐部解散事件"，您是如何思考我国职业体育产业发展中的治理问题的？

2 访谈对象的基本情况

访谈专家的基本情况一览

姓名	单位	职务(称)	访谈主题	访谈时间
颜 军	扬州大学体育学院	教授	体育消费行为研究的方法学探讨	2020.07
程志理	江苏省体科所《体育与科学》编辑部	主编	体育研究中关于"事实—现实—切实三元互证证据链"的阐释	2019.10
程林林	成都体育学院	教授	体育产业高质量发展	2020.10
王智慧	中国人民大学社会与人口学院	教授	中国的社会分层与体育消费关系的探讨	2020.11
袁 鹏	江苏省体育科学研究所	研究员	消费实践、体育消费行为变化与新余暇生活方式生成的关系	2020.09
董红刚	安徽工程大学体育学院	教授	职业体育的内生性及社会文化建构问题	2021.07
刘米娜	南京理工大学社会学院	博士	中国的体育赛事观赏消费问题	2019.11
任慧涛	泉州师范学院	博士	如何从"苏宁足球俱乐部解散事件"反观我国体育产业的发展	2021.08
邢晓燕	首都体育学院	教授	体育产业高质量发展与提升体育竞赛表演业市场份额的问题	2021.08
赵 毅	苏州大学法学院	教授	从"江苏苏宁足球俱乐部解散事件"看职业足球的市场退出机制	2021.12

3 体育产业统计分类表(2019)

代码			类别名称	说　明	国民经济行业分类代码及名称(2017)	
大类	中类	小类				
01			**体育管理活动**			
	011	0110	体育社会事务管理活动	指各级政府部门体育行政事务管理机构的管理活动	9224*	社会事务管理机构
	012	0120	体育社会组织管理活动	指体育专业团体、体育行业团体和体育基金会等的管理和服务活动	9521* 9522* 9530* 8912	专业性团体 行业性团体 基金会 体育保障组织
	013	0130	体育保障组织管理活动			
02			**体育竞赛表演活动**			
	021	0210	职业体育竞赛表演活动	指商业化、市场化的职业体育赛事活动的组织、宣传、训练,以及职业俱乐部和运动员的展示、交流等活动。主要包括足球、篮球、排球、棒球、乒乓球、羽毛球、拳击、马拉松、围棋、电子竞技等运动项目	8911*	体育竞赛组织
	022	0220	非职业体育竞赛表演活动	指非职业化的专业或业余运动项目比赛、训练、辅导、管理、宣传、运动队服务、运动员交流等活动,以及赛事承办者和相应推广机构等组织的活动	8911*	体育竞赛组织

续表

代码			类别名称	说 明	国民经济行业分类代码及名称(2017)	
大类	中类	小类				
03			体育健身休闲活动			
	031	0310	运动休闲活动		5623 8930	体育航空运动服务 健身休闲活动
	032		群众体育活动			
		0321	民族民间体育活动	指区域特色、民族民间体育(其中包括少数民族特色体育)以及体育非物质文化遗产的保护等活动	8840*	文物及非物质文化遗产保护
		0322	其他群众体育活动	指由各级各类群众体育组织(其中包括各级体育总会、基层体育俱乐部等)、体育类社会服务和文体活动机构、全民健身活动站点等提供的服务和公益性群众体育活动	8870* 8919	群众文体活动 其他体育组织
	033	0330	其他体育休闲活动	指体育娱乐电子游艺厅服务,网络体育游艺、电子竞技体育娱乐活动,游乐场体育休闲活动等	6422* 9012* 9013* 9020*	互联网游戏服务 电子游艺厅娱乐活动 网吧活动 游乐园
04			体育场地和设施管理			
	041	0410	体育场馆管理		8921	体育场馆管理
	042	0420	体育服务综合体管理	指以运动健身、体育培训、体育用品销售、运动康复等体育服务为主,融合了餐饮、娱乐、文化等多项活动的综合体的管理	7222*	商业综合体管理服务

续 表

代码			类别名称	说 明	国民经济行业分类代码及名称(2017)	
大类	中类	小类				
05	043	0430	体育公园及其他体育场地设施管理	指对设在社区、村庄、公园、广场等可提供体育服务的固定安装的体育器材、临时性体育场地设施和其他室外体育场地设施的管理(如全民健身路径、健身步道、拼装式游泳池),以及对体育主题公园的管理等	7850* 8929	城市公园管理 其他体育场地设施管理
05			体育经纪与代理、广告与会展、表演与设计服务			
05	051		体育经纪与代理服务			
05		0511	体育经纪人		9054	体育经纪人
05		0512	体育保险经纪服务	指体育保险经纪服务	6851*	保险经纪服务
05		0513	体育中介代理服务		8991	体育中介代理服务
05		0514	体育票务代理服务	指体育票务服务和体育票务代理服务	7298*	票务代理服务
05	052		体育广告与会展服务			
05		0521	体育广告服务	指各类体育广告制作、发布等活动	7251* 7259*	互联网广告服务 其他广告服务
05		0522	体育会展服务		7283	体育会展服务
05	053		体育表演与设计服务			

续 表

代码			类别名称	说明	国民经济行业分类代码及名称(2017)	
大类	中类	小类				
		0531	体育表演服务		9052	体育表演服务
		0532	体育设计服务	指体育产品工业设计、体育服装设计、体育产品和服务的专业设计、体育和休闲娱乐工程设计等服务	7484* 7491* 7492*	工程设计活动 工业设计服务 专业设计服务
06			体育教育与培训			
	061	0610	学校体育教育活动	指专业体育院校的教学活动,高、中等院校的体育运动,体育经济、体育管理等专业的教学活动,各级各类学校的体育课程教学活动,各级各类学校的校园体育活动	8321* 8331* 8332* 8334* 8336* 8341*	普通小学教育 普通初中教育 职业初中教育 普通高中教育 中等职业学校教育 普通高等教育
	062	0620	体育培训		8391 8392 8399*	职业技能培训 体校及体育培训 其他未列明教育
07			体育传媒与信息服务			
	071	0710	体育出版物出版服务	指体育类图书、报纸、期刊、音像制品、电子出版物出版和数字出版服务	8621* 8622* 8623* 8624* 8625* 8626* 8629*	图书出版 报纸出版 期刊出版 音像制品出版 电子出版物出版 数字出版 其他出版业

续 表

代码			类别名称	说　明	国民经济行业分类代码及名称(2017)	
大类	中类	小类				
	072	0720	体育影视及其他传媒服务	指体育新闻的采访、编辑和发布服务,体育广播、电视、电影等传媒节目的制作与播出以及体育摄影服务等	8060* 8610* 8710* 8720* 8730*	摄影扩印服务 新闻业 广播 电视 影视节目制作
	073	0730	互联网体育服务	指互联网体育健身与赛事服务平台,体育APP应用,以及互联网体育信息发布、体育网络视听、体育网络直播、体育大数据处理、体育物联网和"体育＋互联网＋其他业态"的融合发展活动等其他互联网体育服务	6422* 6429* 6432* 6450* 6490*	互联网游戏服务 互联网其他信息服务 互联网生活服务平台 互联网数据服务 其他互联网服务
	074	0740	体育咨询		7246	体育咨询
	075	0750	体育博物馆服务	指用于展现体育历史发展过程、收藏展示体育文物、宣传体育科普知识、弘扬体育文化、传承体育精神等的博物馆	8850*	博物馆
	076	0760	其他体育信息服务	指电子竞技数字内容服务、体育运动地理遥感信息服务和其他数字体育内容服务,以及体育培训、赛事、健身软件和电子竞技产品制作等体育应用软件开发与经营等信息技术服务	6513* 6571* 6572* 6579* 7242*	应用软件开发 地理遥感信息服务 动漫、游戏数字内容服务 其他数字内容服务 市场调查

续表

大类	代码 中类	小类	类别名称	说　明	国民经济行业分类代码及名称(2017)	
			其他体育服务			
	081	0810	体育旅游服务	指观赏性体育旅游活动(如观赏体育赛事、体育节、体育表演等内容的旅游活动)，组织体验性体育旅游活动的旅行社服务，以体育运动为目的的旅游景区服务，以及露营地、水上运动码头、体育特色小镇、体育产业园区等的管理服务	5531* 6140 7221* 7291* 7869*	客运港口 露营地服务 园区管理服务 旅行社及相关服务 其他游览景区管理
08	082	0820	体育健康与运动康复服务	指体质测试与监测服务，运动理疗服务，运动康复按摩服务，科学健身调理服务，科学健身指导服务，专科医院、中医医院、民族医院和疗养院提供的运动创伤治疗、运动康复等服务，运动康复辅具适配服务，运动减控体重、运动养生保健等其他体育健康服务	8053* 8412* 8414* 8415* 8416* 8522* 8992	养生保健服务 中医医院 民族医院 专科医院 疗养院 康复辅具适配服务 体育健康服务
	083	0830	体育彩票服务		9041	体育彩票服务
	084	0840	体育金融与资产管理服务	指体育基金(含体育产业投资基金)管理服务，运动意外伤害保险服务，体育投资与资产管理服务，体育资源与产权交易服务	6720* 6731* 6732* 6760* 6814* 7212* 7213*	公开募集证券投资基金 创业投资基金 天使投资 资本投资服务 意外伤害保险 投资与资产管理 资源与产权交易服务

续表

代码			类别名称	说　明	国民经济行业分类代码及名称(2017)	
大类	中类	小类				
	085	0850	体育科技与知识产权服务	指体育科学研究服务,运动医学和实验发展服务,体育装备新材料研发,体育知识产权相关服务	7320* 7340* 7350* 7520*	工程和技术研究和试验发展 医学研究和试验发展 社会人文科学研究 知识产权服务
	086	0860	其他未列明体育服务		7481* 7482* 8211* 8219 8999	工程管理服务 工程监理服务 建筑物清洁服务 其他清洁服务 其他未列明体育
09			体育用品及相关产品制造			
	091		体育用品及器材制造			
		0911	球类制造		2441	球类制造
		0912	冰雪器材装备及配件制造	指雪上、冰上运动项目器材装备及配件制造。主要包括滑雪类运动项目(含滑雪、北欧两项等)、滑冰类运动项目(含滑冰、花样滑冰、冰壶、冰球、雪橇运动等)的器材装备及配件制造,其他雪上、冰上运动器材装备及配件制造	2442*	专项运动器材及配件制造
		0913	其他体育专项运动器材及配件制造	指除冰雪器材装备外的各项竞技比赛和训练用器材及用品、相关体育场地器材设施的生产活动	2442*	专项运动器材及配件制造

续 表

代码			类别名称	说明	国民经济行业分类代码及名称(2017)	
大类	中类	小类				
		0914	健身器材制造		2443	健身器材制造
		0915	运动防护用具制造		2444	运动防护用具制造
		0916	特殊体育器械及配件制造	指武术、散打器械和用品制造,运动枪械及其用弹制造	3329* 3399*	其他金属工具制造 其他未列明金属制品制造
		0917	其他体育用品制造		2449	其他体育用品制造
	092		运动车船及航空运动器材制造			
		0921	运动汽车、摩托车制造	指生产、改装运动型多用途汽车,以及越野、山地、场地等运动摩托车制造	3630* 3751*	改装汽车制造 摩托车整车制造
		0922	运动船艇制造	指赛艇、皮划艇、帆船、帆板、汽艇、摩托快艇、小艇、轻舟等运动器材及辅助用品制造	3733*	娱乐船和运动船制造
		0923	航空运动器材制造	指体育航空器运动器材及零配件制造	3749*	其他航空航天器制造
	093		体育用相关材料制造			
		0931	运动地面用材料制造	指体育场馆的运动场地用木地板、塑胶和地胶的制造,运动场、高尔夫场等场地用的人造草坪制造	2034* 2916 2928*	木地板制造 运动场地用塑胶制造 人造草坪制造

续 表

代码			类别名称	说 明	国民经济行业分类代码及名称(2017)	
大类	中类	小类				
		0932	体育用新材料制造	指用于体育用品、设备、器材等的金属合金材料、高强玻璃钢、高强合成纤维、高强碳纤维、高分子复合纤维等材料的制造	2651*	初级形态塑料及合成树脂制造
					2652*	合成橡胶制造
					2653*	合成纤维单（聚合）体制造
					2659*	其他合成材料制造
					2829*	其他合成纤维制造
					3061*	玻璃纤维及制品制造
					3062*	玻璃纤维增强塑料制品制造
					3240*	有色金属合金制造
	094		体育相关用品和设备制造			
		0941	运动服装制造		1811	运动机织服装制造
					1821	运动休闲针织服装制造
		0942	运动鞋帽制造	指纺织面运动鞋、运动皮鞋、运动用布面胶鞋、运动用塑料鞋靴及其他运动鞋制造，相关运动服饰制造，不包括运动帽、游泳帽的制造	1830*	服饰制造
					1951*	纺织面料鞋制造
					1952*	皮鞋制造
					1953*	塑料鞋制造
					1954*	橡胶鞋制造
		0943	体育场馆用设备制造	指体育计时记分系统设备制造，体育场馆塑料座椅制造，体育场馆灯光、音响、电子屏幕等设备制造	2140*	塑料家具制造
					3873*	舞台及场地用灯制造
					3934*	专业音响设备制造

续 表

代码			类别名称	说 明	国民经济行业分类代码及名称(2017)	
大类	中类	小类				
					3939*	应用电视设备及其他广播电视设备制造
					4028*	电子测量仪器制造
					4030*	钟表与计时仪器制造
		0944	体育智能与可穿戴装备制造	指体育场馆、健身房等场所和体育训练、竞赛、健身等活动用的智能设备和用品制造,可穿戴运动装备制造,运动智能无人机制造	3961*	可穿戴智能设备制造
					3963*	智能无人飞行器制造
					3969*	其他智能消费设备制造
		0945	运动饮料与运动营养品生产	指运动功能性饮料、运动营养食品生产	1491*	营养食品制造
					1529*	茶饮料及其他饮料制造
		0946	体育游艺娱乐用品设备制造	指供室内、桌上等游艺及娱乐场所使用的运动游乐设备(保龄球、台球、沙狐球、桌式足球等)、体育游艺器材和娱乐用品(军棋、跳棋、扑克牌等),主要安装在室内游乐场所的电子游乐设备,以及体育比赛用飞镖等弹射用具和汽车、火车、航空等仿真运动模型等产品的制造	2319*	包装装潢及其他印刷
					2451*	电玩具制造
					2452*	塑胶玩具制造
					2453*	金属玩具制造
					2454*	弹射玩具制造
					2459*	其他玩具制造
					2462	游艺用品及室内游艺器材制造
		0947	运动休闲车制造	指野营宿营车挂车、房车及其配件制造,运动休闲两轮车及配件制造,非公路休闲车及配件制造	3660*	汽车车身、挂车制造
					3761*	自行车制造
					3780*	非公路休闲车及零配件制造

续 表

代码			类别名称	说 明	国民经济行业分类代码及名称(2017)	
大类	中类	小类				
		0948	运动康复训练和恢复按摩器材制造	指运动康复训练器材、恢复按摩器材制造	3586* 3856*	康复辅具制造 家用美容、保健护理电器具制造
		0949	户外运动器材及其他体育相关用品制造	指户外帐篷、运动眼镜等户外运动器材制造,体育项目用网(兜)制造,体育奖杯和纪念证章以及其他体育相关用品制造	1782* 1784* 3389* 3587* 3792*	绳、索、缆制造 篷、帆布制造 其他金属制日用品制造 眼镜制造 水下救捞装备制造
10			体育用品及相关产品销售、出租与贸易代理			
	101		体育及相关产品销售			
		1011	体育用品及器材销售		5142 5242	体育用品及器材批发 体育用品及器材零售
		1012	运动服装销售	指运动及休闲服装批发、零售服务	5132* 5232*	服装批发 服装零售
		1013	运动鞋帽销售	指运动鞋帽批发、零售服务	5133* 5233*	鞋帽批发 鞋帽零售
		1014	运动饮料与运动营养品销售	指运动功能性饮料、运动营养食品批发、零售服务	5126* 5127* 5225* 5226*	营养和保健品批发 酒、饮料及茶叶批发 营养和保健品零售 酒、饮料及茶叶零售

续 表

代码			类别名称	说 明	国民经济行业分类代码及名称(2017)	
大类	中类	小类				
		1015	体育出版物销售	指体育图书、报纸、期刊、音像、电子和数字出版物的批发、进出口和销售服务	5143* 5144* 5145* 5243* 5244	图书批发 报刊批发 音像制品、电子和数字出版物批发 图书、报刊零售 音像制品、电子和数字出版物零售
		1016	体育游艺等其他体育用品及相关产品销售	指台球、飞镖、沙狐球、仿真运动模型以及游艺娱乐用品及其他体育文化用品批发和进出口服务,休闲运动车零售服务	5149* 5238 5249	其他文化用品批发 自行车等代步设备零售 其他文化用品零售
		1017	体育用品及相关产品综合销售	指百货、超市销售中的体育及相关产品零售服务	5211* 5212*	百货零售 超级市场零售
		1018	体育用品及相关产品互联网销售	指体育用品、运动康复等器材、器具以及运动服装鞋帽的互联网批发和零售,体育电子商务服务	5193* 5292*	互联网批发 互联网零售
	102	1020	体育用品设备出租		7122	体育用品设备出租
	103	1030	体育用品及相关产品贸易代理	指体育用品及相关产品贸易经纪与代理活动	5181* 5189*	贸易代理 其他贸易经纪与代理
11			体育场地设施建设			
	111		体育场馆建筑和装饰装修			

续 表

代码			类别名称	说　明	国民经济行业分类代码及名称(2017)
大类	中类	小类			
		1111	体育场馆及设施建筑	指体育馆工程服务、体育及休闲健身用房屋建设活动，以及城市自行车骑行和健身步道、跑步道工程建筑活动	4720　体育场馆建筑 4813*　市政道路工程建筑
		1112	体育场馆装饰装修	指体育场馆建筑的装饰装修	5011*　公共建筑装饰和装修
	112		体育场地设施工程施工和安装		
		1121	足球场地设施工程施工	指足球场地设施工程施工	4892*　体育场地设施工程施工
		1122	冰雪场地设施工程施工	指冰雪场地设施工程施工	4892*　体育场地设施工程施工
		1123	其他体育场地设施工程施工	指除足球场、冰雪场之外的其他体育场地设施工程施工	4892*　体育场地设施工程施工
		1124	体育场地设施安装		4991　体育场地设施安装